零售运营管理

钱鑫　沈于琛　阳金萍　主编

东南大学出版社
SOUTHEAST UNIVERSITY PRESS
·南京·

内 容 简 介

本教材以零售企业的运营为主线,以提升零售企业绩效为目标,结合零售企业运营管理的实际,融合行业协会的职业标准,教授学生零售运营认知、零售企业的组织结构、采购管理、商品陈列管理、库存管理、公共关系管理、实体门店管理、零售运营绩效管理等8个项目,使其掌握零售企业运营管理人员必备的基本知识和技能。同时,本教材同步开发了网络开放课程,授课平台设置在中国大学慕课平台,针对教材内容制作了丰富的动画、微课、教学视频等。

图书在版编目(CIP)数据

零售运营管理/钱鑫,沈于琛,阳金萍主编.—南京:东南大学出版社,2022.7
 ISBN 978-7-5766-0020-9

Ⅰ.①零… Ⅱ.①钱… ②沈… ③阳… Ⅲ.①零售商业—商业管理 Ⅳ.①F713.32

中国版本图书馆 CIP 数据核字(2021)第 279025 号

责任编辑:谢淑芳　责任校对:韩小亮　封面设计:毕真　责任印制:周荣虎

零售运营管理

主　　编:钱　鑫　沈于琛　阳金萍
出版发行:东南大学出版社
社　　址:南京市四牌楼2号(邮编:210096　电话:025-83793330)
网　　址:http://www.seupress.com
经　　销:全国各地新华书店
印　　刷:广东虎彩云印刷有限公司
开　　本:700 mm×1000 mm　1/16
印　　张:14.25
字　　数:302千字
版　　次:2022年7月第1版
印　　次:2022年7月第1次印刷
书　　号:ISBN 978-7-5766-0020-9
定　　价:42.00元

本社图书若有印装质量问题,请直接与营销部联系。电话(传真):025-83791830

目　　录

第一章　零售运营认知* ……………………………………………………… 1

第一节　零售相关概念认知 …………………………………………… 3
一、零售的概念 ……………………………………………………… 3
二、零售的特点 ……………………………………………………… 3
三、零售商的概念 …………………………………………………… 4
四、零售商的分类 …………………………………………………… 4

第二节　零售运营业态解析 …………………………………………… 5
一、零售四次重大变革 ……………………………………………… 5
二、零售不同业态特征 ……………………………………………… 8
三、新零售运营模式初识 …………………………………………… 10

第三节　零售运营管理体系概览 ……………………………………… 16
一、运营战略与规划 ………………………………………………… 17
二、运营流程与执行 ………………………………………………… 17
三、运营改革与创新 ………………………………………………… 18

【同步测试】……………………………………………………………… 18

第二章　零售企业的组织结构* …………………………………………… 20

第一节　零售企业组织结构设计 ……………………………………… 22
一、零售企业组织结构设计原则 …………………………………… 22
二、零售企业组织结构设计的程序 ………………………………… 23
三、零售企业组织结构变革的主要影响因素 ……………………… 25

第二节　实体零售企业的营运组织体系 ……………………………… 27
一、连锁零售企业的组织结构解析 ………………………………… 27
二、零售企业总部的组织结构与部门职责设定 …………………… 30

三、零售门店的职能与组织结构 ………………………………………… 32
　　四、零售企业配送中心的功能及组织结构 ……………………………… 34
第三节　网络零售企业的组织结构 …………………………………………… 36
　　一、网络零售企业分类 …………………………………………………… 36
　　二、网络零售企业组织架构及部门职责 ………………………………… 40
【同步测试】 …………………………………………………………………… 42

第三章　零售企业采购管理* …………………………………………………… 44
　第一节　零售企业采购的原则 ……………………………………………… 45
　　一、商品采购的概念 ……………………………………………………… 45
　　二、零售企业采购六大原则 ……………………………………………… 45
　第二节　零售企业采购的基本模式 ………………………………………… 47
　　一、单体零售企业采购模式 ……………………………………………… 47
　　二、连锁零售企业采购模式 ……………………………………………… 48
　第三节　零售企业采购流程管理 …………………………………………… 50
　　一、零售企业采购业务流程 ……………………………………………… 50
　　二、供应商管理 …………………………………………………………… 53
　　三、采购合同管理 ………………………………………………………… 56
【同步测试】 …………………………………………………………………… 58

第四章　零售企业商品陈列管理* ……………………………………………… 60
　第一节　商品品类管理与商品配置表 ……………………………………… 61
　　一、品类管理认知 ………………………………………………………… 61
　　二、品类管理流程 ………………………………………………………… 63
　　三、商品配置的策略 ……………………………………………………… 65
　　四、卖场磁石点商品陈列 ………………………………………………… 69
　第二节　商品陈列工具管理 ………………………………………………… 70
　　一、货架管理 ……………………………………………………………… 71
　　二、端架管理 ……………………………………………………………… 72
　　三、堆头管理 ……………………………………………………………… 73
　　四、其他陈列工具管理 …………………………………………………… 76
　第三节　商品陈列策略 ……………………………………………………… 77

一、商品陈列一般原则 ……………………………………………… 77
　　　二、商品陈列方法 …………………………………………………… 79
　　　三、促销陈列技巧 …………………………………………………… 82
　【同步测试】 …………………………………………………………………… 86

第五章　零售企业库存管理*　…………………………………………… 88
第一节　零售企业的库存管理方法 ……………………………………… 90
　　　一、ABC 库存分类管理方法 ……………………………………… 90
　　　二、"零库存"管理方法 …………………………………………… 92
第二节　进货入库作业管理 ……………………………………………… 96
　　　一、收货管理 ………………………………………………………… 96
　　　二、入库作业管理 …………………………………………………… 99
第三节　在库作业管理 …………………………………………………… 100
　　　一、堆码与苫垫 ……………………………………………………… 100
　　　二、在库商品盘点 …………………………………………………… 102
　　　三、在库商品保管与养护 …………………………………………… 105
第四节　出库作业管理 …………………………………………………… 108
　【同步测试】 …………………………………………………………………… 111

第六章　零售企业公共关系管理 ………………………………………… 113
第一节　培养顾客忠诚 …………………………………………………… 114
　　　一、顾客忠诚的类型 ………………………………………………… 117
　　　二、顾客忠诚的影响因素 …………………………………………… 118
　　　三、培养顾客对企业的忠诚 ………………………………………… 121
第二节　会员制营销 ……………………………………………………… 124
　　　一、会员制认知 ……………………………………………………… 124
　　　二、会员制营销 ……………………………………………………… 128
第三节　顾客投诉与退换货管理 ………………………………………… 134
　　　一、顾客投诉的原因 ………………………………………………… 134
　　　二、顾客投诉的处理流程 …………………………………………… 137
　　　三、顾客投诉处理的方法与技巧 …………………………………… 142
　　　四、顾客退换货管理 ………………………………………………… 145

第四节 公共关系危机控制与管理 …………………………………… 147
  一、公共关系危机的定义 …………………………………………… 147
  二、公共关系危机的成因 …………………………………………… 147
  三、公共关系危机管理 ……………………………………………… 149
【同步测试】………………………………………………………………… 152

第七章 实体门店管理 ……………………………………………………… 155
第一节 店长作业管理 ……………………………………………… 159
  一、店长的定义 ……………………………………………………… 159
  二、店长的角色 ……………………………………………………… 159
  三、店长的工作职责 ………………………………………………… 161
  四、店长应具备的能力 ……………………………………………… 162
  五、店长的工作流程 ………………………………………………… 162
  六、店长的工作重点 ………………………………………………… 164
第二节 收银作业管理* ……………………………………………… 167
  一、收银员的主要工作职责 ………………………………………… 167
  二、收银员的工作流程 ……………………………………………… 168
  三、收银作业管理的重点 …………………………………………… 170
第三节 防损作业管理 ……………………………………………… 176
  一、损耗及防损 ……………………………………………………… 177
  二、损耗产生的原因 ………………………………………………… 178
  三、门店防损管理的要点 …………………………………………… 179
第四节 门店安全管理 ……………………………………………… 182
  一、门店安全及管理的内容 ………………………………………… 182
  二、引发门店消防安全事故的原因 ………………………………… 183
  三、门店消防安全管理的重点 ……………………………………… 184
【同步测试】………………………………………………………………… 185

第八章 零售运营绩效管理 ………………………………………………… 188
第一节 零售企业 IT 系统与 ERP 管理 …………………………… 189
  一、零售企业 IT 系统 ……………………………………………… 189
  二、零售企业 ERP 管理 …………………………………………… 193

第二节　运营成本控制管理 …………………………………… 197
　　一、运营成本的含义 ………………………………………… 197
　　二、运营成本控制 …………………………………………… 198
第三节　毛利管控与毛利额提升 ………………………………… 200
　　一、毛利的定义与计算 ……………………………………… 200
　　二、毛利的管控 ……………………………………………… 201
　　三、毛利额的提升 …………………………………………… 202
第四节　提升门店业绩 …………………………………………… 206
　　一、提升客流量 ……………………………………………… 207
　　二、提升客单价 ……………………………………………… 210
　　三、提升销售额 ……………………………………………… 212
【同步测试】 ………………………………………………………… 216
参考文献 ………………………………………………………… 219

第一章　零售运营认知*

【学习目标】

1. 了解零售、零售商等相关基础概念。
2. 熟悉零售业四次重大变革过程。
3. 掌握各种零售业态特征,能够区分各种零售业态。
4. 理解新零售内涵,能够深入分析新零售运营模式。
5. 熟悉零售运营管理体系。

【关键概念】

零售;零售商;变革;业态;新零售;运营模式;管理体系

【内容体系】

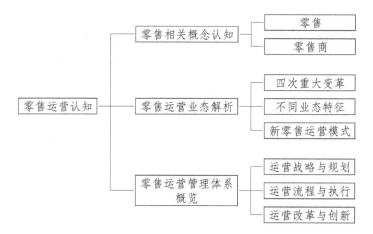

图1-1　零售运营认知的内容体系

【导入案例】

疫情之下　零售人的困境与坚守

自武汉发生新型冠状病毒肺炎疫情以来,在全国范围内,越来越多的零售、餐饮等连锁企业

---

* 章、节标题后标有"*",表示有配套视频。

出现了防疫用品门店告急的情况。不算不知道,一家零售企业维持正常卖场运营,同时又要保障员工健康,所需要的防疫用品其数量是惊人的。以3 000 m² 的超市为例,每日员工需要350个一次性医用防疫口罩(每人2个),消毒液10瓶。

口罩、消毒液等防疫用品告急只是疫情爆发以来,本土零售业所面临困境的冰山一角。

在接受CCFA采访时,北京超市发董事长李燕川的声音几乎沙哑:"从大年初二到今天(1月30日),我们员工已经连轴转了5天,上岗时间太长。"他在朋友圈写道:"公司每天果菜300吨进库、出库、送店、整理、上货架。就是上千吨的工作量。包装商品每天有3大车上货架,每天要3遍全卖场消毒,购物车、筐每天不停地消毒,多大的工作量呀,现在外地员工不能回来上班,少了许多人手,真心痛员工。"

中国连锁经营协会调研显示,由于疫情防控需要,企业返乡员工回程受限,造成门店营运、物流配送等方面人员缺编50%左右。

除了商品运输难、务工返城难等难题,疫情的爆发也让不少零售企业的经营压力骤增。例如春节期间,部分蔬菜等民生商品进价成本激增,但为保供应、平物价,超市、便利店等零售企业对蔬菜等民生商品持续负毛利销售,再加上新增加的防疫用品支出也越来越大,企业经营成本大幅上涨。

在危险中坚守

尽管面对多重困境,不少零售企业依然选择克服困难,保供应,稳物价,为消费者提供日常生活所需的商品。零售企业的员工们放弃春节假期,奋战在一线。他们奋战在卖场、奋战在配送中心,奋战在批发市场、供应基地,在一个个平凡的岗位上,为抗击疫情作出了自己的贡献。

在缺编中坚守

线下零售业不仅是靠门店、商品与消费者连接,还需要一线员工来服务消费者。这也是电商所无法取代的体验。但是现在,人手不足成为线下零售企业的普遍困难。为保障供应,在人手紧缺的情况下,超市发总部全员放弃春节假期休息,和门店员工一起奋战在一线。门店员工白天卖货,晚上去配送中心支援卸货,分货装车,再送货到门店。据超市发方面透露,在超市发果菜配送中心,配送人员每天都在挑战配送量的极限,24小时坚守在配送点工作,每天配送量超出同期3倍。

在误解中坚守

相较于加班加点的工作,人员的短缺、防疫用品的短缺、经营的压力、来自部分消费者的不理解和指责,才是让坚守在一线的零售从业者们最心痛的事。

受春节期间员工返乡影响,零售企业门店一线员工少,加班加点干活、在岗时间过长、频繁调岗是常态,难免出现业务不熟悉、服务不到位,甚至有个别蔬菜等价格短期内标价失误的情况,但这并非主观故意,哄抬价格。疫情期间,零售企业纷纷作出承诺,稳定物价,保障供应。

面对疫情,零售企业一方面要保障供应,另一方面也要保障员工的健康安全。一些零售企业把员工健康放到了KPI考核之中,竭尽所能保障奋斗在一线的员工健康。"现在赚不赚钱、亏不亏钱我都不太在乎了,主要担心员工的身体健康。当前情况下,员工的健康、员工零感染才是最重要的KPI!"一名零售企业高管对CCFA如是表示。

在这场疫情防控阻击战中,一方面零售企业要坚守本分,爱岗敬业,成为城市民生活消费的守护者;另一方面,也希望各地方政府和社会重视并理解零售企业负重前行所面临的实际困难,帮助零售企业减轻负担,共克时艰。

(资料来源:http://news.winshang.com/html/066/8824.html)

思考:这场抗"疫"之战,零售企业面临怎样的挑战与机遇?

第一节 零售相关概念认知

一、零售的概念

在早期的文明时代,人们能够制作或种植自己需要的商品。但到了现代社会,很多商品的制作非常复杂,单靠个人不能完成,这些商品通常由厂商生产,被商店购买后再卖给客户。我们将这种活动称为零售。

零售,顾名思义,就是零星销售,将商品和服务直接销售给最终消费者,从而实现商品价值和服务价值的一种商业活动。在整个商品流通过程中,零售是终端环节,商品一旦被零售,就不再进入流通领域。

二、零售的特点

① 零售是面对最终消费者的商业活动。零售活动较之生产制造商和批发商的活动有不同的对象。生产制造商和批发商活动的对象主要是生产者和中间商,他们购买商品的目的是生产加工和再出售;而零售是向最终消费者出售商品,最终消费者购买商品的目的是自己消费。

② 零售不仅出售有形的商品,同时也出售服务。比如包含着伴随商品出售提供的送货、安装、维修等各种服务。

③ 零售对象不仅是指个人或家庭的购买者,也包括非生产性购买的社会集团。但零售多为满足个人或家庭的生活需要,且交易规模小,次数多。

④ 零售不再仅仅局限于固定的门店与卖场。无店铺的零售活动,如网上购物、电视购物、手机购物、自动售货机销售等,已经成为国内外发展最快、广受中青

年消费者欢迎的零售形式。

⑤ 零售门店布点多,分布面广,多为小规模经营,能吸纳众多的就业人口。据调查,目前零售行业的人才需求量依然很大。

三、零售商的概念

我们一般把从事零售的商业经营者称为零售商,其介于制造商、批发商与消费者之间(图1-2),是以盈利为目的从事零售活动的组织。

零售商主要开展的商业活动有:提供商品与服务组合,聚集、分装和搭配商品,仓储保管商品,提供商品展示服务以及销售商品、创造价值等。

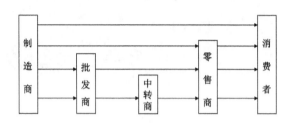

图1-2 消费品流通路径

零售商活动的特点:交易规模小,次数多,即兴购买多,且受情感影响较大;进店购物仍是消费者的主要购物方式;消费者人数众多,需求差异性大;现场选购,一次完成交易。在活动过程中,零售商主要承担组织商品的职能、服务的职能、储存商品职能、信用职能、信息传递职能以及娱乐职能。

零售业承担着把产品从生产领域转移到消费领域的重要任务,其税收在国家财政收入中占有相当大的比重,并为社会提供大量就业机会,是反应国民经济发展状态的晴雨表,对社会安定起着保证作用。

四、零售商的分类

按照不同的划分标准,零售商的分类也不同。

1. 按经营模式划分

按经营模式可分为独立商店、连锁商店、特许经营商店、出租部门、垂直零售商店、消费合作社、国有零售商店等。

2. 按有无店铺划分

按有无店铺划分可分为有店铺和无店铺。有店铺的就是大家非常熟悉的可供消费者入店购物的场所;无店铺的零售商不提供购物场所,消费者坐在家中就可完成购物,比如自动售货机、邮购商店、登门推销、网络商店等。

3. 按经营范围划分

按经营范围可分为专业商店、百货商店、超级市场、便利店、仓储式商店等。

第二节　零售运营业态解析

一、零售四次重大变革

现在的你,可以和小伙伴们穿梭于各种占地规模大、购物环境舒适豪华、商品品类繁多、服务优质的商场、大卖场等,也可以宅在家里吃着零食、吹着空调,在互联网上轻轻松松购物。但如果让你穿越到19世纪中期之前,你会发现,早期的商店,规模都很小,店内环境凌乱,经营品种单一,购物舒适度立刻跌爆!分分钟让你想飞回现在。

我们现在拥有的舒适的购物体验,是源于19世纪中期以来,零售业经历的四次重大变革,即百货商店、超级市场、连锁经营、网上商店,又称为零售业的四次革命。

1. 百货商店——第一次零售革命

1852年,法国人阿里斯蒂德·布西科在巴黎创立了世界上第一家百货商店——博尔马谢。百货商店的诞生,标志着零售业的第一次重大变革。

相较于当时传统的小店、专业店,百货商店规模大,集中了不同类别、众多品牌的各种商品,能满足消费者选择性购物、一站式购物的需求;优美的购物环境,极大地满足了消费者舒适购物的需求;明码标价则满足了消费者明明白白购物的需求;规范化的优质服务又满足了消费者"我是上帝"的心理需求。

【知识拓展】

阿里斯蒂德·布西科,法国商人,1810年7月14日出生于Bllême,1877年12月26日在巴黎去世,世界上第一家百货商店博尔马谢(Bon Marche)的创始人。起初,他在Bllême父亲的店里做助手。1828年,他跟随一个布商,定居巴黎,1834年,在巴黎巴克街(Bac)上的小圣汤姆斯店(Petit Saint-Thormas)里担任披巾柜台的管理人。两年后,阿里斯蒂德和玛格丽特结婚。阿里斯蒂德和他的妻子在1848年认识了保罗·维多(Paul Videau),同年小圣汤姆斯店倒闭。1852年,阿里斯蒂德花费45万法郎和保罗合伙买下位于街道左侧、拥有4个柜台12名雇员的博尔马谢商店。1863年1月31日,保罗退出博尔马谢商店,阿里斯蒂德向亨利·弗朗索瓦·梅拉得借了15 000万法郎,继续发展博尔马谢商店。1887年,博尔马谢商店面积达到52 800 m²。到他去世,他为他的妻子留下了拥有3 500个雇员、价值7 200万法郎的商店,相当于1852年的

160倍。

2. 超级市场——第二次零售革命

超级市场的出现标志着第二次零售革命的爆发，其导火索为20世纪30年代的经济危机。

当时,西方国家的零售市场,产品过剩,价格走低,而百货商店装潢成本高昂,销售人员众多,购物结算方式传统,致使其流通成本居高不下。如何才能降低流通成本、提高流通效率呢？

百般无奈中,一些工厂推出了一种新的敞开式的自销商品模式,也就是打开仓库大门,备好推车和提篮供顾客使用,让顾客进入仓库在货架上自选商品、自我服务。这里出售的都是有合理包装的规格化商品,在包装上标有品名、重量、售价、厂牌、出厂日期等。顾客们选好后到仓库门口即可一次性结算。这样做既节省了中间商的销售成本,也给了顾客低价的实惠。

美国首先采用了这种销售形式。第二次世界大战后,许多国家也相继开办了这种商店。出售的商品开始以食品为主,之后向日用百货、服装、衣料、家用电器、家具等方面发展,规模不断扩大。

超级市场的迅速流行,得益于以下变革：

① 简单的装潢、以货架为主的商品陈列,极大地降低了销售成本。

② 无人售货、一次性结算大大降低了人力成本。

③ 采用电子计算机计价、收款、开票,简化和缩短了交易过程,提高了销售效率。

④ 消费者走近商品,自选自助,满足了自主购物、自我消费的心理。

当前零售巨头们多采用超级市场的业态模式,沃尔玛、家乐福、麦德龙无不如此。

3. 连锁经营——第三次零售革命

连锁最早出现于1859年,美国的大西洋与太平洋茶叶公司,其主营业务是零售茶叶、咖啡。

但连锁经营模式需要有便捷的交通系统以满足物流配送,还需要可靠及时的信息网络系统满足经营管理,所以其在西方国家的广泛应用主要在20世纪60年代以后,因此我们把这次革命列在超级市场之后。

连锁经营的基本特征：通过跨区域市场开拓,实现多店铺经营,规模化经营；企业内部则引进工业生产的专业化理念,传统商业经营的"购、销、运、存"被分割为总部负责采购与管理,门店负责销售工作,配送中心负责配送与储存。其工作的单一化促进了效率和水平的提升,也极大地冲击了单体经营的商店。

【知识拓展】

表1-1 连锁经营与传统单店经营优劣势对比

对比	连锁经营	传统单店经营
优势	1.资源整合,获取规模效益 2.形象、商品和服务统一,易于维持消费者忠诚 3.网络化组织带来迅速扩张 4.现代管理技术,实现精细化管理 5.制度化规范管理,消除人为因素的影响	1.商店自主性强,主动性高,能调动管理者的积极性 2.商店具有较高的灵活性,能随时根据消费者需求变化调整经营策略 3.管理层级少,沟通容易,能迅速作出决策 4.特色经营,能弥补市场空缺
劣势	1.门店独立性有限,缺乏灵活性,难以完全满足当地消费市场的特殊需要 2.门店无法单独核算,赢利水平难以体现,影响了员工的积极性 3.容易出现总部与门店沟通不足和决策延误现象	1.辐射有限,难以获得规模效益 2.无法采用现代管理技术,仍是人工操作的粗放型管理 3.经验管理为主,容易受个人因素的影响 4.规模小,难以吸引消费者和合作者

4. 网上商店——第四次零售革命

网络技术的应用与普及,引发了零售业的第四次变革,它甚至改变了整个零售业。网上商店逐渐成为人们购物的重要渠道。

据国家统计局公布,2018年,全国网上零售额90 065亿元,比上年增长23.9%。其中,实物商品网上零售额70 198亿元,增长25.4%,占社会消费品零售总额的比重为18.4%。如果说实体零售店的经营在我国始终处于追赶西方的状态的话,电子商务、网上零售在我国则处于世界领先的地位。

网上商店给消费者带来了较大的便捷、较多的商品选择、较合理的价格、较方便的沟通和交流,也给网店经营者带来了较低的经营成本、较平等的交易机会、较大的市场空间和全天候的交易时间。

以上便是零售业的四次变革过程。零售业是适应了社会、经济和技术的发展而发展的,追求以更高效率、更低成本完成商品交换工作。

【想一想】

随着互联网与信息技术的迅猛发展,不久的将来传统零售会消失吗?

二、零售不同业态特征

1. 零售业态的概念

零售业态,是指为满足特定的消费需求而形成的店铺营业形态,是针对目标顾客的独特需求,按照既定的战略目标,有选择地运用商品结构、价格政策、销售方式、店铺选址、规模及形态等手段,提供商品和服务的种类化经营形态。

不同的业态承担不同的社会功能和消费需求,如超市是满足家庭消费者对每日必需品的需求,便利店则是满足个人消费者的即刻需求,而大卖场的社会功能则是满足"一站式"购物的消费需求等。

2. 零售业态的分类及特征

国家质量监督检验检疫总局和国家标准化管理委员会联合发布了《零售业态分类》(GB/T 18106—2004)国家标准,该标准自2004年10月1日实施。《零售业态分类》将零售业态分为17种,分别是:食杂店、便利店、折扣店、超市、大型超市、仓储会员店、百货店、专业店、专卖店、家居建材店、购物中心、厂家直销中心、电视购物、邮购、网上商店、自动售货亭、电话购物。前12种为有店铺零售业态,后5种为无店铺零售业态。

(1) 食杂店

食杂店主要开设于居民区或传统商业区内,是以香烟、酒、饮料、休闲食品为主,独立、传统的无明显品牌形象的零售业态。在商品的品质和价格上,食杂店往往不具优势,所以逐渐被便利店所取代。

(2) 便利店

便利店与食杂店的功能定位和特点基本一致,但便利店多为连锁经营,比食杂店更加正规,提供的商品和服务更丰富,营业时间更长,价格相对较高。比如日本的7-11、全家、罗森等。

(3) 折扣店

折扣店,主要位于居民区、交通要道等租金相对便宜的地区,店铺装修简单,提供有限服务,商品价格低。通常拥有不超过2 000个品种、经营数量有限的自有品牌。我们平时逛街时会时不时地看到一些有品牌的或无品牌的折扣店。

(4) 超市

超市是开架售货、集中收款、满足社区消费者日常生活需要的零售业态。根据商品结构的不同,可以分为食品超市和综合超市。

(5) 大型超市

大型超市营业面积一般在 6 000 m^2 以上,品种较齐全,是能满足顾客一次性购齐的零售业态。如永辉超市、华联超市等。

(6) 仓储会员店

仓储会员店主要位于城乡结合部的交通要道,以会员制为基础,实行储销一体、批零兼营,以提供有限服务和低价格商品为主。如好事多、山姆会员店。

(7) 百货店

百货店主要位于商业中心,经营品类齐全,实行统一管理,分区销售,注重服务,设置餐饮、娱乐等服务项目,满足顾客对时尚商品多样化选择需求。如天虹、百盛等。

(8) 专业店

专业店以专门经营某一大类商品为主,具有专业性、深度性,品种丰富,选择余地大,是百货商店的分化形式。例如,办公用品专业店、家电专业店、药品专业店等。如海王星辰连锁药店等。

(9) 专卖店

专卖店以中高档消费者和追求时尚的年轻人为目标顾客,专门经营或被授权经营某一主要品牌商品。如 NIKE 专卖店、CK 专卖店等。

(10) 家居建材商店

家居建材商店以专门销售建材、装饰、家居用品为主,采取开架自选方式,提供一站式购物和一条龙服务。如红星美凯龙。

(11) 购物中心

购物中心是多种零售店铺、服务设施集中在由企业有计划地开发、管理、运营的一个建筑物内或一个区域内,向消费者提供综合性服务的商业集合体,包含了百货店、大型综合超市、饮食店、各种专业店、专卖店等租赁店,各个租赁店独立开展经营活动。如苏州中心、龙湖天街等。

(12) 厂家直销中心

厂家直销中心一般远离市区,由生产商直接设立或委托独立经营者设立,专门经营本企业品牌商品,并且多个企业品牌的营业场所集中在一个区域的零售业态。如纽约的伍德百瑞、加拿大的尼加拉厂家直销中心等。

以上是12种有店铺的零售业态。

无店铺的零售业态有:

（13）电视购物

电视购物以电视作为向消费者进行商品推介展示的渠道并取得订单的零售业态。经常看电视的父母长辈尤其会关注这种零售业态。

（14）邮购

邮购是主要以邮购商品目录作为向消费者进行商品推介展示的渠道,并通过邮寄的方式将商品递送给消费者的零售业态。这是在美国兴起的一种新潮购物方式。

据美国《堪萨斯城之星》杂志1990年3月25日的一篇调查文章指出:有关邮购业的数据显示,1989年,9 170万美国人(基本占美国成年人口的一半)通过直接邮购的方式购物。如今,由于受到网购业务冲击,各大邮购公司已经慢慢退出历史舞台。

（15）网上商店

网上商店是通过互联网进行商品买卖活动的零售业态。它是深受现在年轻人喜爱的购物方式。

（16）自动售货亭

自动售货亭是通过售货机进行商品售卖活动的零售业态,其目标顾客以流动顾客为主,主要贩卖香烟和碳酸饮料,但商品品种正愈加丰富。

（17）电话购物

电话购物是主要通过电话完成销售或购买活动的一种零售业态。其商品品种单一,通过厂家、经营商或者第三方物流实现货物的转移。

三、新零售运营模式初识

2016年10月,阿里云栖大会上,马云在演讲中第一次提出了"新零售",他认为:"未来的十年、二十年,没有电子商务这一说,只有新零售。"

有学者认为,马云提出的"新零售"的核心要义在于推动线上与线下的一体化进程,其关键在于使线上的互联网力量和线下的实体店终端形成真正意义上的合力,从而完成电商平台和实体零售店面在商业维度上的优化升级。同时,促成价格消费时代向价值消费时代的全面转型。也有学者提出"新零售"就是"将零售数据化",将其总结为"线上＋线下＋物流,其核心是以消费者为中心的会员、支付、库存、服务等方面数据的全面打通"。

新零售的特点是全渠道、数字化、社群化。它是企业以互联网为依托,运用大数据、人工智能等先进技术手段,对商品的生产、流通与销售过程进行升级改造,进而重塑业态结构与生态圈,并对线上服务、线下体验以及现代物流进行深度融合的零售新模式。

新零售产业驱动因素主要来自于消费升级、新兴技术、政策推动、物流网络等方面。

1. 消费升级

第六次人口普查数据显示,中国 80 后到 00 后的人数已超过 6 亿,占总人口数的 45.6%。80 后、90 后和 00 后愈来愈成为中国消费的主力军[①]。主力消费群体崛起,他们对产品价格不敏感、购买意愿更强、注重产品品质、追求个性。随着居民收入增加、消费结构升级,消费者更注重品质和体验,更倾向绿色消费,关注健康、个性化服务等。

2. 新兴技术

以大数据、云计算为工具,零售企业深度挖掘、分析用户数据,洞察消费者需求,供应链体系全面升级,促使线上线下深度融合,全渠道开通,门店选址、商品陈列、物流效率多重提升。物联网技术的应用方便了图像、人脸识别,以及消费者数据收集,使得商家能够跟踪用户行为、收集用户数据,从而实现个性化推荐、精准营销,提升了运营效率。支付宝、微信、银联云闪付等移动支付平台的出现,推动了无人超市、无人便利店等新业态的发展,支付流程的优化也提升了用户体验。

3. 政策推动

从 2016 年《国务院办公厅关于推动实体零售创新转型的意见》,到 2017 年《国务院关税税则委员会关于调整部分消费品进口关税的通知》、国务院办公厅印发的《关于积极推进供应链创新与应用的指导意见》,再到 2018 年《关于推进新零售发展(2018—2022)若干意见》,再到 2019 年《中华人民共和国电子商务法》、国务院办公厅印发的《关于促进平台经济规范健康发展的指导意见》《优化营商环境条例(草案)》等,都对新零售产业起到了有力的驱动作用。

4. 物流网络

据统计,截至 2019 年,直接通邮建制村有 55.6 万个,农村地区快递网点逾 3 万个,公共取送点 6.3 万个,乡镇快递网点覆盖率 96.6%[②]。城乡"最后一公里"物流打通,为下沉市场的爆发提供了便利。

---

① 数据来源:国家统计局、艾媒数据中心(data.iimedia.cn)。
② 数据来源:中国邮政局、艾媒数据中心(data.iimedia.cn)。

【知识拓展】

2019中国新零售产业热点及现状分析

1. 下沉市场:消费升级主力军,市场潜力巨大

数据显示,截至2019年上半年,中国农村网民数量达到2.25亿人,中国农村互联网普及率约为39.8%(图1-3)。随着乡村网络普及,低线城市的消费潜力有望进一步释放,下沉市场户的消费升级需求将成为推动中国新零售发展的重要力量。

2. 下沉市场:新消费增长点引发巨头激烈争夺

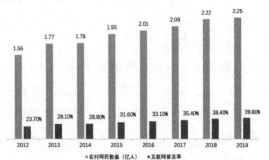

图1-3 2012—2019H1 中国农村网民数量及互联网普及率

注:2019H1中国农村互联网普及率为估计值
数据来源:CNNIC、艾媒数据中心(data.iimedia.cn)

2019年3月,阿里巴巴重启"聚划算"。2019年Q2财报显示,新增的超过2亿的用户,70%以上来自下沉市场。

2019年6月,拼多多推出"百亿补贴"。2019年Q3财报显示,"百亿补贴"入口的日活用户已突破1亿,参与计划的国内外品牌已超过2 800家,补贴商品也超过23 000款。

京东拼购改名"京喜",于2019年9月19日上线,10月31日正式接入微信一级入口。"双十一"期间,京东全站新用户中来自京喜的有近4成,而京喜用户中,有超过7成来自3～6线城市用户下沉新兴市场。

依靠6 000家苏宁小店和3 000家零售云店,苏宁易购进军下沉市场。

3. 社交电商:颠覆传统模式,深受资本青睐

iiMediaResearch(艾媒咨询)数据显示,2019年社交电商共有32家平台获得融资,融资总金额达16.1亿元人民币(图1-4)。流量之争的背景下,具备去中心化、用户黏性高、便于营销等特点的社交电商平台再度获得资本青睐。

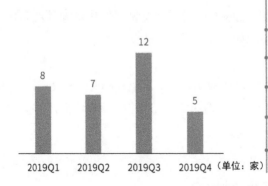

图1-4 2019中国社交电商融资情况

数据来源:艾媒数据中心(data.iimedia.cn)

4. 社交电商：优胜劣汰，二八效应显现（表1-2、表1-3）

表1-2 "优胜"的社交电商

时间	事件
2019年3月	阿里重启"聚划算"
2019年3月	"小红店"上线内测，搭载于微信小程序中
2019年5月	"云集"正式登陆纳斯达克
2019年7月	"什么值得买"在深交所创业板上市
2019年7月	贝贝集团正式发布"贝仓"
2019年7月	"洋码头"启动会员制社交电商全球优选，并推出合伙人制度
2019年10月	京东推出"京喜"

表1-3 "劣汰"的社交电商

时间	事件
2019年3月	"花生日记"因涉嫌传销（直销）违法行为被罚
2019年3月	"云集品"因网络传销被深圳警方查处
2019年6月	"万色城"赴港上市失败
2019年12月	"淘集集"宣布破产

5. 社交电商：用户持续高增长，合规经营是关键

iiMediaResearch（艾媒咨询）数据显示，预计2020年中国社交用户规模将达到5.77亿人（图1-5）。社交电商运营的模式虽然能以更低成本获取流量，但在各种社交玩法探索的同时，也容易衍生出运营模式问题。特别对于社交零售平台，分级商城运营的模式如果不注重监管，很容易发展成为传销模式，平台及商家需要始终注重电商平台产品零售的本质，注重运营模式的合规性。

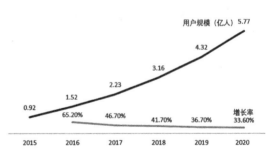

图1-5 2015—2020中国社交电商用户规模及预测

数据来源：艾媒数据中心（data.iimedia.cn）

6. 私域流量：开启营销新模式，巨头频频亮剑

抖音表示，未来将优化提升关注流量和本地流量的权重占比，为创作者带来更多粉丝和同城流量。腾讯提出".com2.0"，利用公众号、小程序商城、支付二维码等工具帮助客户搭建私域流量；5—7月，微信展开了大规模微信号清理活动，严厉打击私域流量黑灰产业。快手宣布对商家

号产品功能和服务体系进行全方位升级,帮助商家沉淀私域流量,提高商业转化。天猫宣布"旗舰店2.0升级计划",强调会帮助商家从对"货"的运营全面转向对"人"的运营,从单节点的模式走向多维度、多产品的运营。

7. 私域流量:红利见顶,营销创新深耕存量用户

数据显示,截至2019年上半年,中国互联网网民规模为8.54亿人,同比增速为6.6%(图1-6)。网民高增长之势难以为继。红利见顶驱使线上企业创新营销模式,在开拓下沉市场的同时开发私域流量,深耕存量用户价值。

8. 刷脸支付:巨头大力推广,赋能商家运营

微信:3月,微信对标"蜻蜓"推出了自家的刷脸支付产品"青蛙";8月,微信推出升级改版后的新一代刷脸支付产品"青蛙Pro",并称将会对刷脸支付进行100亿元补贴。

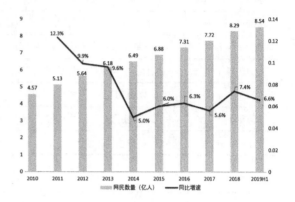

图1-6 2010—2019H1 中国网民规模及增长率

数据来源:CNNIC、艾媒数据中心(data.iimedia.cn)

支付宝:4月,支付宝"蜻蜓二代"诞生,并宣布将对刷脸支付投入30亿元的补贴;10月,支付宝推出蜻蜓Plus一体机与蜻蜓Extension分体机,同时取消30亿元补贴的上限,改为补贴无上限。

云闪付:10月,中国银联旗下云闪付APP正式推出刷脸支付服务,并在宁波、长沙、杭州、嘉兴、合肥、广州、武汉7个城市陆续展开,支持17家银行卡,覆盖商户包括餐饮、票务、百货、零售等上百家门店。

9. 刷脸支付:用户渗透快速,提升消费体验

iiMediaResearch(艾媒咨询)数据显示,2019年刷脸支付户达1.18亿人,增长快速,预计2022年将增至7.61亿人(图1-7)。支付是零售业重要一环,支付手段的变革对零售业效率的提升有显著作用。继二维码支付以后,刷脸支付技术助力支付效率再次提升。此外,刷脸支付还能提升支付安全,有效改善用户的支付痛点。未来,刷脸支付将会在用户和商家的双向推动下,快速渗透普及。

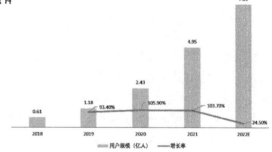

图1-7 2018—2022 中国刷脸支付用户规模及预测

数据来源:艾媒数据中心(data.iimedia.cn)

第一章 零售运营认知

【典型案例】

2019年中国新零售实践典型案例:盒马鲜生

1. 生鲜新零售领导者,打造多场景服务体验

盒马鲜生创立于2016年,是阿里巴巴对线下超市完全重构的新零售业态。除了盒马鲜生,还有盒马F2、盒小马、盒马菜市、盒马小站、盒马mini等新型业态(表1-4),可以满足不同商圈、不同场景、不同消费人群的多样化需求。艾媒咨询分析师认为,盒马鲜生开创了生鲜行业的新模式,创新地将餐饮与超市相结合,并将消费、仓储、配送及物流集于一体,打造多场景的服务体验区,具有很强的代表性。

表1-4 盒马鲜生新零售业态

业态	简述	目标客户	特点
盒马鲜生	主力店,面积在4 000~6 000m²	一二线中高收入人群	餐饮+超市
盒马F2	面积在500m²左右,强调便利性	商务白领	提供快餐、饮品、果切等,设置自提柜,可直接下单带走
盒小马	与大润发合作,面积在800m²左右	社区居民	以生鲜为主
盒马菜市	面积在2 000~3 000m²,以菜品、肉食为主	社区居民	对标菜市场,无餐饮,联营模式为主
盒马小站	面积在300~500m²	城郊居民	前置仓+门店,以生鲜为主
盒马mini	面积在500m²左右,社区超市	社区居民	海鲜类、熟食类,现制现售

2. 背靠阿里生态系统,线上线下双轮驱动

背靠阿里生态系统,盒马通过线上APP在实现导流、获客目的的同时搜集客户数据,通过大数据对客户的消费偏好、消费习惯进行分析,并进行精准营销;盒马的线下实体店则以提升客户体验为主,采用"餐饮+零售"的经营模式,将超市、餐饮、仓储、物流等功能集于一体,打造"一店二仓五中心"的经营体系(图1-8)。艾媒咨询分析师认为,盒马

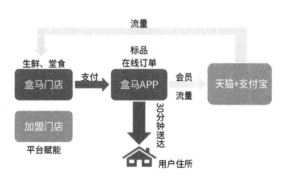

图1-8 盒马鲜生的经营体系

模式难以复制,阿里庞大的生态系统为其提供了强有力的资源保障,但能否较好地利用资源实现盈利,还有赖于其自身管理及运营能力的持续优化和提升。

3. 直采+自有品牌,持续完善供应链

盒马鲜生已形成全球直采、本地化直采、自有品牌三大采购模式(图1-9)。艾媒咨询分析师认为,直采+自有品牌的模式,最大限度地减少了中间环节,降低了采购成本,便于从源头上把控产品品质,但对于产地的筛选及管理同样考验企业运营能力。

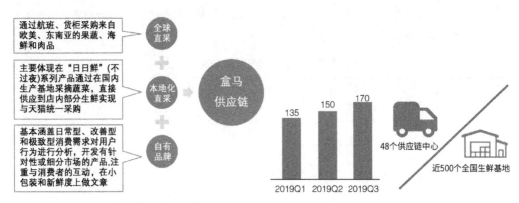

图1-9 盒马鲜生的采购模式

图1-10 2019盒马鲜生自营门店数统计(家)与冷链物流配送网络

案例来源:艾媒报告中心

4. 快速扩张暴露风险,运营短板有待提升

在成立近4年的时间里,盒马鲜生快速发展,截至2019Q3,盒马生鲜自营门店数达到170家(图1-10)。艾媒咨询分析师认为,依托阿里大平台,盒马鲜生在大数据、人工智能等新技术研发及应用方面具有先天优势,数字化程度较高,有利于其快速扩张。但在快速扩张后,盒马模式所存在的风险也日益暴露,供应链管理及门店运营方面的能力有待加强。

第三节　零售运营管理体系概览

【导入案例】

屈臣氏个人护理用品商店自1989年在中国香港诞生以来,目前在店铺装饰方面已经发展到第五代执行标准,然而无论你到任何地区的任何分店,除了店铺经营面积的大小与形状差异,你都很难发现其他方面的变化,店铺门面、墙壁的颜色、店铺布局、员工的服装都一模一样,所有的店铺都在进行相同的促销活动。店铺招牌统一的中文英文"屈臣氏"在绿色底边映衬下,变得格外显眼、清晰,这种独有的形象,很容易在众多商业标志中迅速凸显出来,店铺内明亮的灯光更让顾客感觉舒适,代表健康的"心"形、代表美态的"嘴唇"、代表欢乐的"笑脸"等图案呈现在店铺的墙壁上、货架上、收银台上和购物袋上,这一切都给顾客带来了欢乐、温馨、有趣的感觉,向消费者传递着乐观的生活态度。还有非常多的可爱造型的图案,使整个店铺显得轻快、活跃、温馨,让女性顾客流连忘返。

屈臣氏认为:成功的经营运作,有赖于各系统的建立及相应程序的有效执行;而在工作中,又必须懂得运用"常理",在运用常理的过程中,必须留意业务细节。

屈臣氏有着一套非常完备的运营管理体系,在店铺形象、顾客服务、日常管理、异常事故处理等方面都有着管理标准。

从零售企业的职能和在供应链中所处的环节来看,无论何种形态的零售企业都是围绕向消费者提供商品服务来运营的。

零售企业通过资金、人力等的投入,规划一套完整的可向消费者提供有价值的商品销售服务(这套服务中包含与商品销售相关的增值服务,如质量保证、发票开具、定制等)的战略规划,根据战略规划设计完整合理的组织体系、运营流程,形成有效的运作体系。企业日常运营围绕该运作体系展开。为确保企业在市场竞争中的地位,争取更好的生存与发展,零售企业更应在维持现有运营体系的基础上进行改革与创新,突破市场竞争中的阻碍,争取竞争优势。

零售企业的运营管理体系包含运营战略与规划、运营流程与执行、运营改革与创新三部分。这三个部分又包含着若干方面的管理。

一、运营战略与规划

战略是零售企业为开发与增强核心竞争力、获得市场优势而设计的方向性行动纲领。面对复杂的市场竞争环境,零售企业可以根据企业战略选择适合的经营行为。

如企业确定针对高端消费人群销售生鲜,就可围绕这一定位规划组织体系、经营模式、经营流程。以生鲜从生产到消费之间短时效性的特点,可在生产基地相邻高生活水平城市建设相对完善的销售网点,同时可配合建设销售网站,采用多渠道销售,网点选址考虑以高档社区为主,建立含冷链的高效物流配送系统,规划以提高销售品牌与商品品牌形象为主旨的公关与营销体系,这些都属于战略规划范畴。

二、运营流程与执行

运营流程是以战略为指导制定的,流程制定后,零售企业的日常经营行为按流程执行,即为日常运营。

以百丽为例,百丽是鞋类品牌,渠道建设中直接发展零售终端。该公司运营战略决定上市,基于此目标,日常运营相对就要调整。国内相当多的零售企业发展到一定程度,或出于筹集资金扩大经营规模的目的,或出于通过发行股份回馈管理层的目的,都有上市的战略计划,而零售企业上市有一定的业绩要求,如达到规定的零售额,为此零售企业需要在日常运营上作相应调整,如从追求效益转向追求销售额,从而加快了开店速度,增强了促销力度。

三、运营改革与创新

零售企业要在市场竞争中有所作为,需要在运营上不断突破,达到资源的更优化配置。零售的本质是销售商品与服务,这一点不管是在何种市场环境下都不会改变,但销售商品与服务的方式会随着社会技术的发展与市场环境的变化而革新。

之前集中配送方式大规模运用于零售行业就属于当时的运营创新,今天的零售企业已经把规模物流看作是一种必然,改革与创新集中在自有品牌开发、电子商务、品类管理以及流程再造。

我们将围绕零售企业的运营管理体系,聚焦零售企业的经营业态、组织结构、采购管理、商品管理、库存管理、公共关系管理、门店管理、绩效控制等方面展开学习与探索。

【同步测试】

一、单选题

1. 在文明时代( ),人们能够制作或种植自己需要的商品。
   A. 早期　　　　B. 中期　　　　C. 后期　　　　D. 晚期
2. 现代社会,有很多商品制作非常复杂,这些商品通常由( )生产。
   A. 销售商　　　B. 中间商　　　C. 厂商　　　　D. 批发商
3. 零售,就是零星销售,将商品和服务直接销售给最终的( )。
   A. 生产者　　　B. 开发者　　　C. 消费者　　　D. 运营者
4. 零售商按经营模式划分,有( )。
   A. 私有零售商店　B. 连锁商店　　C. 非出租部门　D. 生产合作社
5. 零售商按经营范围划分,有( )。
   A. 非专业商店　　B. 个人市场　　C. 百货商店　　D. 多站式商店

二、多选题

1. 零售对象指的是( )。
   A. 个人　　　　　　　　　　　B. 家庭的购买者
   C. 公司　　　　　　　　　　　D. 非生产性社会集团

2. 零售形式包括( )。
   A. 网上购物　　　　　　　　　　B. 超市购物
   C. 手机购物　　　　　　　　　　D. 自动售货机销售
3. 零售门店的特点有( )。
   A. 布点少　　　　　　　　　　　B. 多为大规模经营
   C. 分布面广　　　　　　　　　　D. 吸纳众多就业人口
4. 零售商主要开展的商业活动是( )。
   A. 提供商品与服务　　　　　　　B. 出售仓储商品
   C. 购买商品　　　　　　　　　　D. 聚集、分装和搭配商品
5. 从事零售的商业经营者被称为零售商,它是介于( )之间的。
   A. 制造商　　　B. 批发商　　　C. 消费者　　　D. 运行商

三、判断题

1. 商品通常由运营商生产,被商店购买后,再卖给客户。我们将这种活动称为零售。（　　）
2. 在整个商品流通过程中,零售是开始端环节,一旦出售,就不再进入流通领域。（　　）
3. 零售是面对最终生产者的商业活动。（　　）
4. 生产制造商和批发商活动的对象主要是生产者和中间商。（　　）
5. 最终消费者购买商品的目的是自己消费。（　　）

四、简答题

1. 零售的主要特点包括哪些?
2. 新零售的特点有哪些?

第二章　零售企业的组织结构*

【学习目标】

1. 熟悉零售企业组织结构设计的八项原则。

2. 掌握零售企业组织结构设计的程序，能够根据企业实况自主设计组织结构。

3. 掌握零售企业组织结构变革的影响因素，能够据此判断企业是否需要变革组织结构。

4. 熟悉连锁企业组织结构的基本形式，掌握其总部、门店、配送中心的功能和组织结构。

5. 了解网络零售企业的分类，掌握其组织结构和部门职责。

【关键概念】

组织结构；组织结构设计；部门职责；变革；连锁企业；网络零售企业

【内容体系】

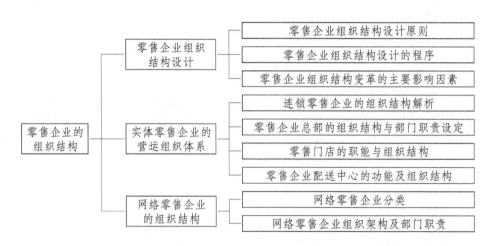

图 2-1　零售企业的组织结构

第二章 零售企业的组织结构

【导入案例】

不同的组织结构折射出企业不同的战略思想与治理文化

组织架构服务于公司的实际经营,它是不会撒谎的,如果一家企业非常重视某项新业务,那么组织架构就会体现出公司的重视。例如,企业会给该业务部门充分的资源和支持(包括人力、财力、技术),在该业务的重要岗位任命值得信任的核心人物,并对其充分赋权。反之,如果一家企业声称要执行重大转型或者业务创新,但是业务部门、人事安排、考核管理机制并没有产生实质变化,那说明企业释放的信息并不值得完全信任。

阿里的治理体现"政治学"思维模型。阿里是一个人才云集的精英组织,同时体系非常庞大。阿里的管理挑战包括两点:一是培养集团接班人,二是防止内部腐化等,因此阿里需要在分权、集权上找平衡,体现了很多政治学的理念。

小米的文化体现"生态学"思维模型。小米和生态链公司大多是硬件制造业,行业竞争非常激烈,所以雷军和兄弟企业组成了"内部+外部"的创业者联盟,一起打天下。"生态链"有三个特点:第一是长期共赢,这是通过雷军的"铁人三项"实现的;第二是包容互助,小米对生态链公司的波动更宽容,更多是雪中送炭解决供应链上的难题;第三是多样性,所以小米在关键时期总会有王川、张峰等外部高管给予鼎力支持。

京东的治理体现"军事学"思维模型。零售是一个传统的行业,京东有12万物流员工,因此企业的核心竞争力在于基层员工的执行力。京东的管理渗透着刘强东的"铁腕治理"色彩,企业更像一个军队,权力体系森严,奖惩考核机制的设计非常精密。

美团点评的组织仍在剧烈的变化中,其发展的过程中更多体现了"博弈论"的思想。美团早期从千团大战胜出,是背靠阿里融资以及阿里B2B前副总裁干嘉伟打造的铁军。之后,在关键时刻转入腾讯战营,合并大众点评成立"新美大",在短短时间内完成了垄断。这也与王兴等初创骨干更多的是年轻一代高知精英有关。

"大中台小前台"的理论来自美军的作战理论。美军目前的作战单位都是11人以下小班排(类似前台),而导弹智慧系统类似于后台。但是管理上的难度在于,后台资源无法被前台直接有效使用,并且更新迭代迟缓。设置"中台"就是为了提炼前台共性需求,把后台产品做成标准化组件供前台部门使用。张勇在2015年首次提出"大中台小前台"概念,2018年任命张剑锋负责大中台,开发未来最重要的产品"阿里商业操作系统"。刘强东2018年提出了"积木型组织"理论,随后京东商城、物流、金融三大集团都重新改组成为"前台、中台、后台"。

类似进行大中后台改造的企业还包括华为、永辉。永辉早期分为两大事业集群进行内部赛马,而在2018年又重新合并两大集群,并且将采购、财务、人力合并成"大中后台";而前台的新零售业态,仍然践行合伙人利益制度,充分调动前台岗位积极性。

(资料来源 http://www.chinaipo.com/business/82078.html)

思考:疫情时期,案例中的各企业做了哪些战略战术调整?会不会影响其组织结构的设计?

第一节　零售企业组织结构设计

一、零售企业组织结构设计原则

零售企业的员工众多,事务繁杂,科学地设计组织结构对于零售企业相当重要。随着零售企业从单店向大型连锁企业发展,零售企业组织机构的分工越来越细,专业化越来越强,零售企业就必须精心设计其组织结构,以便适应其发展。高效的零售企业组织结构设计必须遵循一定的原则。

1. 服从企业总目标原则

不同的零售企业派生出不同的企业战略目标,但无外乎企业自身的盈利目标和向社会承担责任的公司目标。零售企业一旦确定了企业的战略目标,总部的组织结构设计就要服从每一项工作的任务和目标,尤其是价值链上的目标,体现一切设计为目标服务的宗旨。

2. 分工与协作原则

分工与协作是社会化大生产的客观要求。零售企业组织机构设计中要坚持分工与协作的原则,做到协作明确,分工合理。对于每个部门和每个员工的工作内容、工作范围、相互关系、协作方法等,零售企业都应有明确规定。根据这一原则,在进行连锁企业组织机构设计时要处理好分工和协作的关系。

3. 命令统一原则

命令统一原则的实质就是在管理工作中实行统一领导,建立严格的责任制,消除多头领导和无人负责现象,保证经营活动的有效指挥和正常运行。

命令统一原则下的零售企业组织结构设计要求有:

① 从最高级到最低级存在连续的等级链条,明确上下级的职责、权力和联系方式;

② 一级组织只能有一个负责人,实行首长负责;

③ 下级只受一个领导指挥,防止出现多头领导;

④ 上级不应越级指挥下级,以维护下级权威,但可以越级检查;

⑤ 下级只对直接上级请示工作,但可以越级上诉。

4. 集权和分权相结合的原则

集权就是权力相对集中于最高层领导,由其统管所属单位和人员的活动。分权与集权恰好相反,它使直接控制面扩大,减少了从最高层到基层的管理层次,使最高层与基层之间的信息沟通较为直接。

集权应以不妨碍基层人员积极性的发挥为限,分权应以上级不失去对下级的有效控制为限。集权与分权是相对的,不是一成不变的,应根据不同情况和需要加以调整。

5. 合理管理幅度原则

管理幅度也叫管理跨度、管理宽度,即一个领导者直接而有效地领导与指挥下属的人数。管理幅度应根据不同职位而有所不同,如分店经理应能对分店所有员工实施管理,而部门经理应能对本部门员工实施管理。一般而言,管理幅度与管理层次成反比,管理层级越多,管理幅度越小,反之亦然。

在零售企业结构设计中,管理幅度的确定应综合考量各方面的因素,如计划的完善程度、工作任务的复杂程度、企业员工素质的高低、完成工作任务需要的协调程度和企业信息沟通渠道的通畅与否。

6. 权责对等原则

设置了部门与岗位,有了分工,就应有必须承担的责任,也就要有与责任对等的权力。

在零售企业的组织章程、营运手册中,对担任各项工作的人员,分派给他的是什么职务、行使什么权力、履行什么责任均有明文要求。每个工作岗位都需要有掌握相关技能、知识、经验的人才,为此,可以通过考查经历、测验、面试等方式来了解每个员工的知识、技能、兴趣、经验,以安排适当的职位。

7. 执行部门与监督部门分设原则

例如,门店受总部营运部门管理,营运部门设立专门的督导组,或由总部设立专门的督导部门对门店经营进行监督。执行部门和监督部门分设,也就是说,一个人不能既当裁判员,又当运动员。

8. 协调有效原则

组织方案的设计应遵循协调有效的原则,而不应在执行组织设计方案之后,部门之间无法相互监督控制;或者是出现运营机制效率低下这一现象,都说明组织方案设计没有遵循协调有效原则。

二、零售企业组织结构设计的程序

零售企业组织设计应以企业营运目标为依据,其设计程序主要包含如下几个环节。

1. 确立企业营运的目标任务

零售企业的主要任务有商品采购、组织配送中心的运输配送和库存管理、监管门店经营、处理收据与财务记录、对销售进行预测、明确预算。网络零售企业根据企业性质不同,还有平台服务、入驻商家服务等任务。

企业应以目标任务为指针,设定阶段性目标,力求目标明确化,并制定因环境变化而调整的权宜原则,作为拟订工作计划的依据。

2. 功能分化

零售企业应基于专业分工及提升效率的原则,依工作功能差异性对其加以分类,或按照类似性加以汇整,使各项工作因功能依序形成职位、单位、部门。

工作分类可通过功能、产品、地理或综合运用上述因素进行。按功能划分,将不同业务领域,如促销、采购等进行分类;按产品划分,即以商品或服务为基础划分工作;按地理划分,即以不同性质的商圈进行划分。大型零售企业还可按以上因素进行综合划分。

3. 授权负责、沟通协调

企业在组织工作经划分整合后,各部门、单位、职位间的纵向指挥及横向分化,必须赋予职权和职责,并建立沟通协调及整合的通道,如此才能顺利执行工作任务,达成目标。

此程序要遵循六项原则:

① 明确授权原则:明确的职位权力;

② 权责对等原则:职权与职责应相对等;

③ 绝对责任原则:责任不可上推下受;

④ 控制幅度原则:依主管、部属素质及工作性质,设置各层级主管指挥控制的范围;

⑤ 层级原则:在不影响零售企业组织运作的情况下,组织层级越少越好;

⑥ 指挥统一原则:各部门或单位只能有一位主管。

4. 形成组织结构图

零售企业经过整合、协调,明确管理层次、管理幅度、管理岗位及职责等,使其组织结构稳定下来,形成连锁企业组织结构图。然后,企业根据各部门的工作性质,确定任职人员的素质要求,再通过招聘等方式为各部门配备人员,并明确其职务和职责。

在具体运营过程中,随着企业经营规模不断扩张、技术升级和公司战略的调整,组织不断契合与协调,形成相对较为稳定的组织结构和具有一定稳定性的企业组织结构图。

三、零售企业组织结构变革的主要影响因素

【典型案例】

早在2012年,中国家电零售领军企业国美电器在组织架构上就作出了全新的调整。组织结构设计的基本思路是建立以品牌及战略规划为龙头,以采购、销售等经营体系事业部制为核心,以IT信息技术、物流、售后、财务、人力资本等支持体系为服务平台的矩阵式组织结构。最显著的变化有三个方面:第一,以消费者体验为导向,重视运营。为更好、更精准地服务消费者,国美此次组织结构调整加强了营运体系的职能和资源配置。第二,以供应链整合为焦点,强化采销。组织结构调整后,国美将以事业部为单位与供应商进行互动,在新ERP系统构建的协同平台上与供应商实现信息共享,从而达到供求双方的无缝对接,根据市场需求采购、制造产品,强化协同营销新模式。第三,以强化未来增长引擎为目标,增设新业务单元。国美此次组织结构调整充分考虑了新业务的增长,对电子商务、物流、售后等业务进行了强化,从组织上保障这些新业务的快速增长,从而使得消费者在国美享受到更高质量的消费体验。

国美集团总裁王俊洲认为,组织结构的全新设计,能够支持国美更快更好地推进五年发展战略,实现跨越式的提升。在这次调整中,比较显著的是业务中心向事业部转变,这实际上是放大了各部门的经营空间,独立核算,增强了自主决策权,鼓励每一个部门、每一个门店、每一位员工创造更大的价值,这反映了国美基于新的发展环境、新的商业模式和新的信息系统平台上对企业组织管理的新思考。王俊洲特别指出,营运体系依据门店分类和多品牌战略也形成了相应的事业部,组成了差异化的、满足不同消费需求的门店经营管理模块,精细化的程度可以说是"改革到毛细血管"。

适宜、高效的组织结构能够最大限度地释放企业的能量,使组织更好地发挥协同效应,达到合理的运营状态。相反,组织结构不合理会严重阻碍企业的正常运作,甚至导致企业经营的彻底失败。

组织变革,是指组织面对外部环境和内部条件的变化而进行改革,它为组织发展提供达到目的的手段。

具体来说,它是运用行为科学和相关管理方法,对组织的权力机构、组织规模、沟通渠道、角色设定、本组织与其他组织之间的关系,以及对组织成员的观念、态度和行为,成员之间的合作精神等进行有目的的、系统的调整和革新,以适应组织所处的内外环境、技术特征和组织任务等方面的变化,提高组织效能。

影响组织结构变革的因素有以下几个方面:

1. 企业战略

企业的组织结构是其实现经营战略的主要工具,不同的战略要求不同的结构。一旦战略形成,组织架构应作出相应的调整,以适应战略实施的要求。

著名管理学者艾尔弗雷德·D.钱德勒指出:战略决定结构。战略选择的不同能在两个层次上影响组织的结构:不同的战略要求开展不同的业务活动,这会影响管理的职能结构;战略重点的改变,会引起组织的工作重点转变以及各部门在组织中重要程度的改变,因此要求对各管理部门之间的关系作相应的调整。

2. 业务特点

如果企业业务种类众多,就要求组织有相应的资源和管理手段与之对应,来满足业务的需要,因此部门或岗位的设置就应增多,所需要的人员也要相应增加,组织相对就复杂一些。一般情况下,业务种类越多,组织内部部门或岗位设置就越多。

企业的各个业务联系越紧密,组织机构设计就要考虑部门及部门内部业务之间的相互作用,不能采用分散的组织结构,业务相关程度越大,越要进行综合管理。如果企业业务之间联系不紧密,或业务之间的离散度很高,那么组织各部门或岗位之间的联系就越少,部门或岗位的独立性就越强。业务相关程度较低时,可以分别对每一个业务采用不同的政策、不同的管理要求,进行分散管理。

3. 经营技术

信息技术在当今的零售企业经营中的运用已十分普遍,它将企业从封闭的经营与管理带入整个社会的开放协同工作中,引起了整个产业链从传统孤立到有机协同互动的变化。

信息技术运用程度和方式的不同又直接影响着零售企业内部组织结构的不同。例如,沃尔玛为了实现顾客快速响应并降低物流成本而设计了持续补货系统,将企业内部的信息系统与供应商信息系统有机地连接起来,实现了信息共享平台和合作双赢,这一套新的商业流程的运用要求沃尔玛的组织结构进行相应的调整。

此外,信息技术的应用还将导致企业管理层次的减少而出现组织结构扁平化趋向。

4. 人力资源

人力资源是组织结构顺利实施的基础。在组织结构设计中,对人员素质的影响考虑不周会产生较严重的问题。员工素质包括价值观、智力、理解能力、自控能力和工作能力。

当员工素质提高时,其本身的工作能力和需求就会发生变化。对于高素质的员工,管理制度应有较大的灵活性,例如,弹性的工作时间、灵活的工作场所、较多的决策参与权以及有吸引力的薪资福利计划等。

人力资源状况会对企业的层级结构产生影响。管理者的专业水平、领导经验、组织能力较强,就可以适当地扩大管理幅度,相应地,也会导致管理层级的减少。

人力资源状况会对企业的部门结构产生影响。如实行事业部制,就需要具有比较全面领导能力的人选担任事业部经理;若实行矩阵结构,则项目经理就要有较高的威信和良好的人际关系,以适应其责多权少的特点。

人力资源状况还会对企业的职权结构产生影响。企业管理人员管理水平高、管理知识全面、经验丰富、有良好的职业道德,管理权力即可较多地下放。

【知识拓展】

用人方案创新

对比合伙人制、总裁负责制、职业经理人制、班委制、管培生的优缺点。

高管的管理方面:较为前沿的管理制度包括合伙人制、总裁负责制等。高薪聘请"职业经理人"不再是顶级企业青睐的方案。马云很少采用职业经理人,阿里创业之初就采用"合伙人制"激发"18罗汉"的积极性,而后续加入的集团高管,只要作出了卓越贡献,就会被列入集团合伙人榜单。实践证明合伙人制是阿里能够不断孵化出颠覆性产品的重要原因。京东在上市前后聘请了第一批资历丰富的职业经理人,美团点评在拓展新业务时,引入了行业内优秀人才,但后续的离职率也较高。

中层培养、接班人选拔方面:阿里俞永福首创"班委制",适用于在成熟部门培养接班人。阿里零售业务、美团外卖业务都采用"班委制"。而京东中层主要来自管培生,对企业忠诚度更高。班委制的优势是能够吸纳外来的年轻骨干。

基层的管理方面:对于人员较多的基层部门(例如物流、销售部),早期企业普遍基于绩效考核进行晋升/淘汰(京东九宫格考评,美团 PIP)。而近年来,各行各业都在基层部门进行"合伙人制度"改革,通过开放加盟,裁员控亏、经营亏损。例如:永辉在店长层面开放合伙人,京东物流开放合伙人计划的 BIG BOSS。

(资料来源:http://www.chinaipo.com/business/82078.html)

第二节　实体零售企业的营运组织体系

一、连锁零售企业的组织结构解析

【典型案例】

7-11便利店刚开始是"单店经营",后来引进连锁的经营方式,在国内开展"直营连锁"经营;

再后来,随着直营连锁店的增多,直接管理变得困难,于是公司发生重大变革,引进"特许经营"的方式。随着公司的发展,特许经营形式也逐渐复杂化,在直接特许的基础上出现了"区域授权"经营。区域授权经营又发生分化,诞生出两种特许经营方式:一种是受许商只可开设直营连锁店,不能转让特许权;另一种形式为既可开设直营连锁店,又可再行转让特许权,招募次受许商。目前是多种连锁特许形式并存,各种特许形式有机分工,彼此补充。

被称为第三次零售业革命的连锁经营,是现代市场经济条件下对商业企业经营的异常变革,它彻底摆脱了传统商业手工作坊式的小商业运作模式,成为现代商业经营的科学管理方法和组织形式。

1. 连锁企业及其组织结构

连锁企业指经营同类商品、使用统一商号的若干门店,在同一总部管理下,采取统一采购或授予特许权等方式,实现规模效益的经营组织形式。

连锁企业组织结构是指连锁企业的各构成部分及它们的相互关系。连锁企业的基本组织结构包括总部、门店、配送中心三个相互支持、相互配合的重要部分,并形成稳定的三角支撑架构(图 2-2)。其中,总部是领导层和决策层,属于决策后勤作业单位。通过总部的标准化、专业化、集中化管理,使门店的作业简单化、高效化。门店是连锁经营的基础,承担具体的销售功能。配送中心是物流机构,是连锁经营成功的保证。

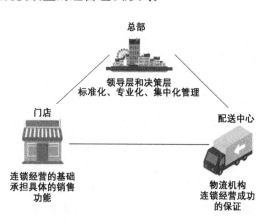

图 2-2 连锁企业三角支撑架构

2. 连锁企业组织结构的基本形式

根据连锁经营活动的需要和企业的实际,连锁企业组织结构的基本形式主要有以下 3 种:

(1) 直线型

直线型是连锁企业最早和最简单的组织结构形式。这是指连锁企业各级行政单位从上到下实行垂直领导,下属部门只接受一个上级的指令,各级主管负责人对所属单位的一切问题负责。总部不另设职能机构(可设职

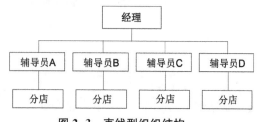

图 2-3 直线型组织结构

能人员协助主管负责人工作),一切管理职能基本上都由行政主管自己执行(图2-3)。

这种形式的主要优点是结构比较简单,责任分明,命令统一;主要缺点是要求行政负责人通晓多种知识和技能,亲自处理各种业务。在业务比较复杂、企业规模比较大的情况下,把所有管理职能都集中到经营者一人身上,显然是不切实际的。此种形式比较适用于连锁企业的创业阶段,或企业规模较小的情况。

(2) 直线职能型

随着连锁企业规模扩大,门店数量逐渐增多,经营管理事务将会越来越多,也越来越复杂,经营者由于知识、能力和精力等限制无法独立完成所有管理职能,势必会增加职能管理部门来协助经营者管理,直线职能型组织结构形式就应运而生了。

直线职能型是按连锁经营管理的职能设立管理部门来协助经营者工作,并对各门店进行专业指导的组织结构形式(图2-4)。其优点是分工明确,易发挥专业优势;指挥统一,易调度资源;规模经济效益较好。其缺点是部门间协调困难,不利于调动部门积极性,不利于关注整体利益。此形式主要适用于环境较稳定、市场较集中、规模中等的连锁企业。

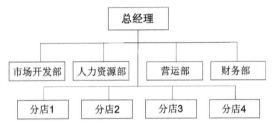

图 2-4 直线职能型组织结构

(3) 事业部制

当连锁企业规模扩张到一定程度后,连锁企业经营管理的范围越来越大,内容越来越复杂,许多运作已很难完全由总部直接控制。为了适应企业扩张的需要,许多大型连锁企业采用事业部制的组织结构形式来对分店进行管理(图2-5)。

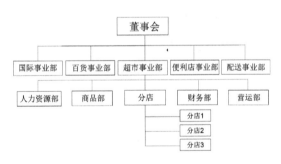

图 2-5 事业部制组织结构

这是以最终成果(销售收入及利润)形成的内在联系为依据,将相关的研究开发、营运、财务等部门组合成一个相对独立的利润中心,实行分权管理的组织结构形式,主要有产品事业部和地区事业部两种。

这种模式的主要优点:有利于调动部门积极性,便于事业部内部的协调,适应力和竞争力加强,有利于培养综合管理人才,有利于高层领导集中精力研究企业发展的战略问题。但也存在着易滋长本位主义、资源调动困难、易产生短期行为、机构重复设置、总编制与管理费用增加和控制困难等问题。此种形式主要适用于环境变化快、多元化经营和地域分散的大型连锁企业。

二、零售企业总部的组织结构与部门职责设定

连锁企业总部是连锁体系的核心和枢纽,它除了自身具有决策职能、监督职能之外,还承担整体经营的设计职能。其基本职能是:基本政策制定、连锁门店开发、商品采购管理、商品配送管理、资金运作管理、商品促销管理及门店营运督导等。

连锁分店则是连锁体系的枝杈和触角。如果是直营连锁,总部与分店是上下级关系;如果是特许连锁或自愿连锁,则总部与分店之间是一种经济合同关系,在法律上是平等的、在业务上是合作的、在运营上是指导与被指导的关系。连锁总部的组织机构设置既会受到连锁体系模式的影响,也会受到连锁体系规模大小的影响,还会受到连锁体系的创建人、合伙人的影响。

例如,中百控股集团是我国中西部地区连锁规模最大、商业网点最多的大型现代化商业上市公司。它的连锁总部的组织结构非常清晰,董事会下设 CEO、常务副总裁,也就是管理层,其下再设若干职能部门,即开发部、营运部、采购部、财务部、人事部、信息部(图 2-6)。

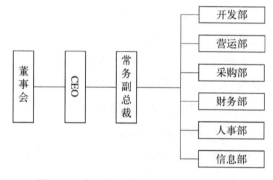

图 2-6 中百控股集团总部组织结构

无论连锁企业规模、业态及形式如何,就一般而言,连锁总部包括的职能部门主要有开发部、营运部、采购部、财务部、人事部、信息部。

1. 营运部

营运部的主要职责:

① 制定连锁企业总的营业目标和各分店的营业目标,督促其执行;

② 负责分店商品配置、陈列设计及改进;

③ 对分店的营运进行监督和指导;

④ 编制连锁店营业手册,并检查与监督营业手册的执行情况;

⑤ 指导分店改善现场作业,派出指导人员对不同连锁店进行指导并考察其工

作情况；

⑥ 负责促销策略的制定，负责促销活动计划的制定与执行；

⑦ 负责门店经营情况及合理化建议的反馈与处理；

⑧ 调查、收集并分析竞争对手的信息，制订相应的对策；

⑨ 负责企业形象策划及推出，以及公共关系的建立与维护等。

2. 采购部

采购部的主要职责：

① 负责采购模式的制订；

② 负责商品货源的把关、新商品开发与滞销商品淘汰；

③ 负责商品采购价格的管理，负责商品销售价格的制订；

④ 制订与实施不同区域不同产品大类的商品组合策略；

⑤ 负责商品储存、商品配送制度的制订及作业流程与控制。

3. 财务部

财务部是连锁店统一核算制度的主要实施部门，统一对外纳税，以各分店的营业收入、毛利率、费用、利润作为考核各分店的经济指标。财务部将各分店的营业收入统一管理，支付各分店的进货成本和各项费用，分摊总部的费用，统一缴纳税收。

财务部的具体职责：

① 负责融资、用资、资金调度；

② 编制各种财务报表、会计报表；

③ 审核进货凭证，处理进货财务，与供应商货款对账并付款；

④ 统计每日营业额；

⑤ 进行发票管理；

⑥ 进行税金申报、缴纳，编制年度预决算；

⑦ 进行会计电算化及网络管理等。

4. 人事部

人事部的主要职责：

① 负责公司人事制度的制定与执行；

② 负责员工工资福利制度的制定与执行；

③ 进行人力资源规划，人员招聘、培训；

④ 负责奖惩办法的制定及执行；

⑤ 进行企业合同管理及公司权益的维护；

⑥ 负责企业保安制度的制定与执行。

5. 信息部

信息部的主要职责是进行信息化平台的建设与维护,如:

① 系统维护,即负责设备系统网络的维护;

② 信息分析,即负责分析各种经营信息和数据;

③ 信息维护,即负责信息资料的保管、维护等;

④ 数据维护,即负责数据库维护软件的测试和更新;

⑤ 电子商务,即负责网站的架设、维护等。

三、零售门店的职能与组织结构

7-11便利店从一开始的单店经营,发展成为如今的日本零售业巨头、世界最大的连锁便利店集团,与其各门店在统一的组织架构下的规范运营是分不开的。

连锁门店的组织结构相对较简单,因为连锁企业门店一般不具有决策职能,其商品采购、配送、财务等作业由总部集中统一管理;门店主要是负责执行总部的方针和决策,管理较简单,一般实行店长负责制,规模较小的门店可实行直接管理,规模较大的门店可设一些职能部门协助店长进行管理。

门店的组织结构以门店的职能为基本前提,依门店的性质、业态特征、规模大小及商品结构等因素的不同而有所差异。

1. 门店的基本职能

门店是连锁企业总部各项政策、制度、标准、规范的执行单位,也是利润的直接创造者,主要承担销售管理、商品管理、人事管理、财务管理、情报管理和环境管理6个方面的基本职能。

(1) 销售管理职能

销售管理职能就是跟进市场销售情况、发展趋势,并据此提出对策和建议;制定销售计划,提出促销建议,落实促销方案;总结促销工作,为企业制定新的销售计划提供依据。

(2) 商品管理职能

商品管理职能主要包含对商品陈列、商品库存、商品质量、商品损耗、商品销售状况等方面进行管理。

(3) 人事管理职能

人事管理职能包含员工管理和顾客管理两个方面。对员工是进行科学管理和培训,提高员工素质,为顾客提供良好的服务;对顾客是建立顾客档案,了解顾客需求,提供个性化、针对性的售后服务。

(4) 财务管理职能

财务管理方面主要是负责收银管理及凭证管理,严格控制各项费用开支,降低经营成本等。

(5) 情报管理职能

情报管理职能是负责店内经营情报、竞争者情报、消费者需求情况管理,总结运营工作的经验和教训,不断提高门店经营管理水平。

(6) 环境管理职能

环境管理职能主要是创造干净整洁的购物环境,让顾客舒适购物;加强安全管理,创造安全的购物环境。

2. 典型门店组织结构

门店是连锁企业经营者和顾客进行交易的场所。图 2-7 是一个典型的门店组织结构图。

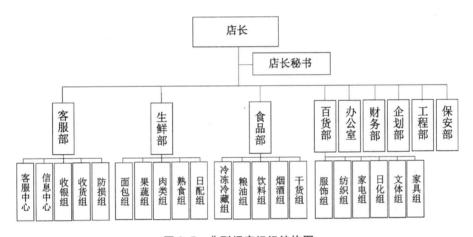

图 2-7 典型门店组织结构图

一般来说,门店通常按食品、生鲜、百货分类设置三个部门,再辅以相关服务部门——包括客服部、办公室、财务部、企划部、工程部和保安部——形成分店的组织架构。人力资源部和采购部可由总部统一负责,也可在分店设置相应部门,负责分店的人事、商品采购工作。

门店各个部门各司其职,职责明确:

① 客服部主要负责收货、退货、收银、客户服务、信息处理等工作;

② 生鲜部主要负责生鲜食品的加工和经营管理等工作;

③ 食品部主要负责干货食品的经营管理等工作；

④ 百货部主要负责百货类商品的经营管理等工作；

⑤ 办公室主要负责人事招聘、工资发放、工资,以及食堂、办公用具采购的管理等工作；

⑥ 财务部受总部委托,进行日常财务收支的核算和管理等工作；

⑦ 企划部主要负责 POP 广告的制作、促销人员的管理、广告活动的策划等工作；

⑧ 工程部主要负责店内设备的维修、设施的保养、电力线路的改造等工作；

⑨ 保安部主要负责安全、消防、防损、防盗及紧急事件的处理等工作。

四、零售企业配送中心的功能及组织结构

【典型案例】

海尔成都配送中心

海尔成都配送中心集集货、分拣和配送为一体,是一个流通型配送中心,也是海尔全国配送中心中唯一的自管仓储,主要满足四川省各地区客户对海尔产品的需求,有时也存在着各配送中心间的工贸调货。一方面它继承了代管仓储的优点,另一方面它又存在一些不足。

海尔成都配送中心采用公共仓储形式,租用安天仓储基地中的五个仓储。仓储采用铁皮隔热顶棚、钢筋框架式结构,中间设有两个通气孔,四周设有六个 1 m×1 m 的玻璃天窗。

海尔成都配送中心的安全设施设备比较齐全。唯一设计不合理的就是仓储外围的安全通道,此通道不足 1 m 宽,导致货物不能从外围的安全通道直接出货,影响出货速度、增加搬运强度,甚至影响仓储面积的利用率。

海尔拥有先进的操作系统,对出入库货物的要求也是非常严格的。海尔配送中心要求仓储管理员日事日毕、日清日高,即:每天的工作每天完成,每天工作要清理并要每天有所提高。

仓储管理员每天要将所接《运输质量反馈单》和《中心配送单》按要求收、发完毕,不能拖延至第二天,当天的事当天完成。收、发货物均要做到"人单合一,单单相符",否则仓储管理员可以不予收、发货。

海尔成都配送中心实行"6S"仓储管理,具体内容如下:

整理:将有用的和无用的物品分开;将无用的物品清理走,留下有用的物品。

整顿:将有用的留下后,依规定摆放整齐;定位、归位、标识,保证使用方便。

清扫:打扫、去脏、去乱等保持清洁的过程;对过程有具体明确的频次及规范要求。

清洁:清扫要有明确的标准,使环境保持干净亮丽、一尘不染;维护成果,杜绝一切污染源、质量污点和安全隐患。

素养:每位员工养成良好习惯、自觉进行整理、整顿、清扫、清洁的工作;变成每个岗位的"两

书一表",并能日清日高。

安全:人、机、料、法、环均处于安全状态;消灭一切存在安全事故隐患的机制。

(资料来源:http://byt.xiebao18.com/datum/show－26421.html)

配送中心是从事货物配备(集货、加工、分货、拣选、配货)并组织对用户的送货,以高水平服务实现销售或供应的现代流通部门。

1. 配送中心的基本功能

配送中心的基本功能可从经济和服务两个方面来考察。配送中心在物流系统中的价值主要体现在它对整个系统的贡献,即配送中心是建立在成本—效益的基础上的。

在物流系统中增加配送中心能使运输总成本下降,且其下降的幅度大于配送中心的固定成本和变动成本之和,那么物流总成本就会降低,这说明了配送中心存在的合理性。配送中心在经济方面主要有集中、整理分类、加工和储存四个功能。

(1) 集中功能

原来由供应商分别将商品送至目标门店,现在通过配送中心先接收各供应商的商品,然后将商品送至某一特定门店,把它们整合成单一的一次运输,其好处就是能减少运输费,最重要的是能减少门店收货时的拥挤现象。

(2) 整理分类功能

在没有配送中心的情况下,供应商只能小批量装载,分别将商品运至指定门店;有了配送中心之后,配送中心根据门店的订货,将商品分类整理后,再递送至各个门店。此时,长途运输转移的是大批量的货物,使供应商的运输成本相对较低,连锁商品的进价也可以随之降低,同时对于大量运输的跟踪也相对容易。

(3) 加工功能

配送中心通过对商品的加工,然后扩大经营范围和提高配送水平,满足广大消费者的需要。通过加工还可以提高商品的价值,从而提高连锁企业的经济效益。

(4) 储存功能

有些商品的品种有限或商品的生产具有季节性,所以,商品的储存就很重要,为了防止缺货,常常需要提前储备;农产品在特定的时间里收获,却在全年消费,因此,一定的储存提供了存货缓冲,使配送活动在采购和客户需求的限制条件下提高了效率。

除经济利益外,在物流系统中,通过配送中心还可以获得间接利益。这些利益也许并不能降低成本,但它们可使整个物流系统在空间和时间方面提高效率,改善服务。例如,在靠近顾客购买的门店增加一个配送中心,虽然在经济上增加了成本,但是由于加快了递送速度,增加了递送频率,使门店的库存减少,大大提高了服务水平,增加了企业的市场份额、收入和毛利,从而增加了企业的总利润。

另外,配送中心的建立还有利于企业形象的提高。与供应商的直送相比,配送中心提供的递送服务更快,也能更快地对门店的需求作出反应。因此,配送中心的服务可以提升连锁企业的形象,间接提高连锁企业的市场份额,使利润不断增加。

2. 配送中心的组织结构

配送中心的组织结构设计是把为实现配送中心组织的目标所要完成的工作划分为若干个性质不同的业务工作,然后把这些工作组合成若干个部门,并确定部门职责与职权的过程。

按职能来划分,配送中心可分为检验组、库管组、储运组、信息组和技术组,由配送中心经理直接管理。

① 检验组负责检验进入企业货物的型号、数量、质量,并记录相关信息。

② 库管组负责所有货物的出入库管理及在库管理。

③ 储运组负责所有货物的出入库搬运、码放及装卸、本市送货、外地发货、打包、货站提货(指退换货和返修货)、核算运费以及货运站管理。

④ 信息组负责采集、处理、发布库存及货物配送信息。

⑤ 技术组负责到货的技术鉴定,以及售前技术安装、调试、验机。

第三节　网络零售企业的组织结构

一、网络零售企业分类

随着网络技术在商业领域的大规模应用,网络零售企业兴起,网络零售市场消费提质、升级明显。网络零售企业是相对于实体零售企业而言,在现实中不存在实体店,或不以实体店销售为主,而是通过在网上开设交易网站,吸引顾客用计算机或手机等移动终端登录商家网站,销售商品的零售企业。

在国家发布的零售业态标准中,网络零售被称为网上商店,即通过互联网进行买卖活动的零售业态。无论是企业的组织模式、销售方法,还是运营方式,网络零售企业都与传统实体企业有很大的差异。

网络零售企业经过十多年的快速发展,分化出不同的经营模式,并有不同的发展侧重点,部分单一经营模式则有跨模式、综合化发展的趋势。

1. 从经营主体和经营对象的角度划分

根据经营主体的不同及经营对象的不同,网络经营零售企业与电子商务企业可分为 B2B、B2C、C2B、C2C、O2O 等经营模式。其中 B2B 和 C2B 并不属于网络零售范畴,应视为企业采购,为了便于大家理解,此处一并阐述。

(1) B2B(Business to Business)

B2B,即以交易为目的,上下游企业之间通过网络进行交易的商业模式,交易双方主体都是企业,没有消费者参与,所以这种商业行为并不属于零售。

典型的如阿里巴巴,是商品批发平台,企业可在阿里巴巴网站上注册并批发商品,销售对象则是各类采购企业。再如具有宝钢背景的东方钢铁电子商务有限公司建立的东方钢铁在线交易平台网站,在 2014 年上海电子商务 B2B 企业中排名第二,其交易对象也都为企业。

(2) B2C(Business to Consumer)

B2C,即企业通过网络把产品或服务销售给顾客。其中销售主体是零售企业,购买者是个人。

B2C 模式就像是把大卖场开到网络上,只是没有实体门店,可销售的单品数可能更多,少量专注于特定品类的卖家单品数可能较少且较专业。京东、1 号店等网络零售企业为典型的 B2C 企业。

(3) C2B(Consumer to Business)

C2B 不是指由零售企业向消费者出售商品,而是指零售企业以消费者的需求为核心规划、开发或采购商品,甚至由消费者来主导商品的开发。

(4) C2C(Consumer to Consumer)

C2C 是指交易双方都是个人的商业行为。在此情况下,卖方和买方作为个人存在交易信息不透明的情况,即交易双方无法有效找到拥有有效供给或需求的对方,或者找到了也无法获得对方的信誉信息而不敢继续交易。通常情况下需要通过一个第三方交易平台获得一定的信誉保证,典型例子如淘宝网。

商家(个人)在网站注册个人真实信息,消费者也同样如此,网站通过一定的运营手段与流程确保交易的有效进行。整个交易过程中,交易双方是买方和卖方,淘宝网(零售企业)本身不是交易的当事人,只是为交易提供服务的人(平台)。在国内,平台型的网站不对交易本身抽成,其盈利点在于为交易顺利达成提供的各类服务,如卖方在网页上购买的促销广告位,为参与网站举办的活动而支付的对价等。

(5) O2O(Online to Offline)

O2O严格意义上也不是网络零售的一种类型,而是线下实体企业应对零售网络化的一种反应,是线下业态和线上销售的结合。

当实体零售企业发现网络零售企业对其市场造成巨大冲击、大卖场等部分业态甚至受到生存威胁时,不得不寻求变革,一方面改变内在经营机制,使其本身运行更具效益;另一方面则寻求把网络零售企业的优势化为己用。这一过程中,业界提出的最受关注的概念即为O2O,也即实体零售企业不仅利用传统线下渠道销售商品,也利用线上渠道,包括电脑、手机等客户端软件与消费者建立联系、沟通信息、销售商品。现在,不仅实体零售企业,网络零售企业也在采用自行开店或与连锁零售系统合作的方式开展O2O。

【典型案例】

宝贝格子:内容电商＋实体连锁运营模式

宝贝格子成立于2012年,以垂直跨境母婴电商平台为基础,围绕母婴市场不断向外扩张业务,2015年底登录全国中小企业股份转让系统。公司于2017年正式开展跨境母连锁业务,目前已发展成为集线下母婴场景消费、线上LBS社群分销为一体的新零售平台(表2-1)。

表2-1 2017—2019Q3 宝贝格子营收情况

财务指标	2017	2018	2019Q3
营业收入/元	210 491 267.56	410 435 637.05	334 823 921.36
营收同比增速/%	50.62	94.99	59.82
净利润/元	1 877 549.65	26 625 407.78	35 324 233.89
净利润同比增速/%	—	1 318.09	201.29

宝贝格子目前业务主要包括线上内容电商和线下实体连锁两大板块。线上内容电商主要运用"APP＋微信＋微博＋小程序"的"1＋N"的内容矩阵,打造新零售＋医疗＋教育综合平台。线下实体连锁围绕母婴全品类商品,打造集母婴家庭消费、婴幼儿娱乐为一体的多场景消费连

图2-8 宝贝格子主要业务内容

锁品牌(图2-8)。

数据是推动新零售产业发屏的核心要素之一,利用数字化技术赋能管理在业内已经形成共识(图2-9)。零售企业除了需要借助多种渠道完成数据积淀,最关键的是要具备对数据的精细化运营管理能力。如此,企业才有可能最大化的利用大数据资产,最终达到数据赋能的效果。

2. 从经营模式的角度划分

根据企业是否直接与消费者进行交易可将其分为平台型电商与自营型网络零售企业。前者被称为电商,是因为其不直接向消费者销售商品,后者因其直接向消费者销售商品而被称为零售企业。

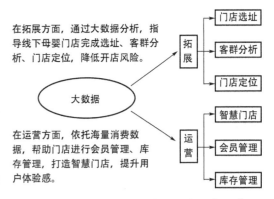

图2-9 宝贝格子利用大数据进行拓展与运营

资料来源:艾媒报告中心

(1) 平台型电商

平台型电商的运营商并不直接向消费者销售商品,而是搭建商品销售平台,吸引商家入驻,由入驻商家向消费者销售商品,运营商通过收取服务费用盈利。

国内早期平台型电商最著名的是易趣,后被ebay收购。2003年后建立的淘宝网利用不向入驻经营者收取费用的模式迅速占领市场,取代了易趣的市场地位,并更加快速地发展起来。淘宝代表了国内典型的平台电商的运营与盈利模式,即不直接向商家收取入驻平台或销售商品的费用,而是向商家提供广告、促销、数据分析等各类增值服务以收取费用。

(2) 自营型网络零售企业

网络零售领域先是出现垂直的概念,即B2C的网络零售企业专注于一类商品经营,如早期的京东、新蛋经营家电,当当经营图书,1号店经营日常生活用品。但随着网络零售的发展,自营网络零售的概念更适用于平台型电商相区隔。

自营网络零售是指经营销售网站的零售企业直接通过网络向消费者销售商品。自营网络零售发展到今天并不一定只销售一类商品,如现在的京东自营部分,商品范围已大大超越了电子产品领域,京东自身也在淡化专营电子产品的形象。

自营型企业与平台型企业的区别就在于是否由商家直接向消费者销售商品。平台电商与自营型网络零售企业是可以重合的,即一个企业既可以经营电商平台,也可以从事商品自营业务。几个典型的网络零售企业都是从垂直电商发展为自营型网络零售企业,后又发展为自营与平台兼营的综合性零售电商企业。如京东,既自采商品直接向消费者销售,又作为平台招收入驻商家销售商品给消费者。

二、网络零售企业组织架构及部门职责

与实体零售企业相比,网络零售企业的主业相同,即销售商品,但在达成这一目标的方式上存在很大不同。网络零售企业的主要职能包括技术开发、运营、采购、物流配送、行政财务、招商等,企业组织机构设计围绕其职能展开。

1. 网络零售企业组织架构

首先,我们来看平台电商部门组织架构图与自营型网络零售企业组织架构图(图2-10、图2-11)。

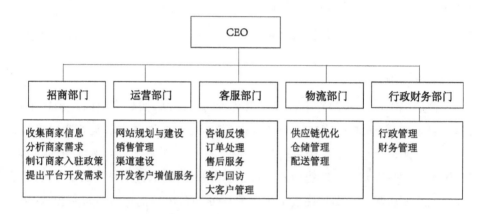

图2-10 平台电商部门组织架构图

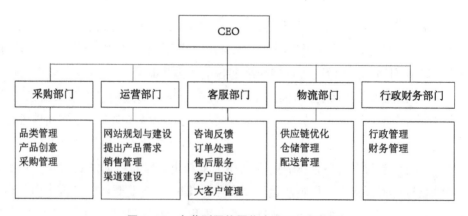

图2-11 自营型网络零售企业组织架构图

平台型电商,网站销售的商品由入驻商家提供,其本身不需要处理商品,未设置采购部门,却有自营型网络零售企业没有的招商部门,二者运营部门、客服部门、行政财务部门及物流部门的设置有很大的相似性,但在具体运转与执行细节上有差异。如自营型网络零售企业的物流部门需要把商品配送给消费者,而平台型电商的物流部门在大部分情况下不发送商品,只是对订单物流状况进行监督。

相较于平台电商,自营型网络零售企业有采购部门,负责商品规划与采购。

2. 网络零售企业部门职责

(1) 采购部门

采购部门负责在市场调查的基础上进行品类规划,深入了解商品的价格体系,了解供应商信息,制定采购计划,实施采购,在完成采购任务的基础上发现并引进新品,调整品类结构和采购计划。

(2) 运营部门

网络零售企业的运营部门作业内容与实体零售企业存在较大差别。实体零售企业的运营部门主要负责管理门店运营,销售商品;网络零售企业的运营部门则主要负责网站及系统的开发与建设、销售管理及渠道建设等。由于各企业对运营的理解不同,对运营职能范围的界定也有差异,有的企业运营部门包揽了前述网络零售企业运营部门负责的所有内容,有的则把网站、系统的开发与建设单立,专门设立了技术部门。

(3) 客服部门

与实体零售企业销售人员直接与顾客接触不同,网络零售企业交易中与顾客的交易通过企业的交易系统完成的,也即顾客在交易过程中面对的不是企业员工,而是软件系统,顾客只有在提出服务咨询与售后要求时才可能与工作人员联系,部分企业甚至把这一部分工作也交给了企业服务系统。交易系统毕竟只能处理程式化的交易情况,不能满足顾客太复杂的需求,此时需要客服部门来维护客户关系,如咨询反馈、需人工处理的订单、售后服务、客户回访、大客户管理等。

(4) 物流部门

对线上零售企业来说,相对实体零售企业很重要的一个优势是能高效高质地把商品递送到顾客手中。随着竞争加剧,高质量传递商品成了基本要求。一个网络零售企业达到一定规模后,物流全由自身承担,其物流部门必然成为企业所有部门中规模最大的、成本发生最高的、管理难度也是最大的部门,所以成熟的网络零售企业的物流部门多利用社会物流能力(如快递企业的运力),结合自身的物流能力,打造高效物流体系。

（5）招商部门

平台型或综合型的网络零售企业存在招商部门，部门职责主要有：制定商家入驻政策、收集商家信息、与商家谈判、引进入驻商家、分析商家需求、对商家进行管理及服务、提出平台开发需求等。

（6）其他部门

网络零售企业总部还具有人事、财务、行政、企划等职能，根据企业设立的理念可分设人力资源、行政管理、财务等部门。

值得一提的是，随着新零售的提出与落地，线上与线下的结合越来越紧密，很多网络零售企业已经在线下开设了体验店、商品自提店等等，网络零售企业的传统组织架构需要进行调整与变革，不再是只顾及网上业务来往的管理，线下门店的有效运营管理也应纳入组织管理中来。

【同步测试】

一、单选题

1. 零售企业应基于专业分工及提升效率的原则，依工作功能（　　）加以分类。
   A. 差异性　　　　B. 一般性　　　　C. 相似性　　　　D. 统一性

2. 信息技术的应用将导致企业（　　）的减少而出现组织结构扁平化趋向。
   A. 生产层次　　　B. 销售层次　　　C. 应用层次　　　D. 管理层次

3. 随着公司的发展，特许经营形式也逐渐（　　），在直接特许的基础上出现了"区域授权"经营。
   A. 简单化　　　　B. 复杂化　　　　C. 信息化　　　　D. 商业化

4. 门店是连锁经营的基础，承担具体的销售功能，（　　）是物流机构，是连锁经营成功的保证。
   A. 总部　　　　　B. 配送中心　　　C. 分部　　　　　D. 商店

5. 在没有配送中心的情况下，（　　）只能小批量装载，分别将商品运至指定门店。
   A. 销售商　　　　B. 零销商　　　　C. 供应商　　　　D. 生产商

二、多选题

1. 零售企业经过（　　），使其组织结构得以稳定下来，形成连锁企业组织结构图。
   A. 整合协调　　　B. 管理幅度　　　C. 管理岗位　　　D. 沟通

2. 将企业内部的（　　）系统有机地连接起来，实现了信息共享平台和合作双赢。
   A. 零售商　　　　B. 供应商信息　　C. 部门　　　　　D. 信息系统

3. 连锁企业的基本组织结构包括（　　）三个相互支持、相互配合的部分，并形成稳定的三角支撑架构。
   A. 总部　　　　　B. 分部　　　　　C. 配送中心　　　D. 门店

4. 商品管理职能主要包含对（　　）等方面进行管理。

A. 商品陈列状况　　　B. 配送中心　　　C. 库存中心　　　D. 商品销售

5. 自营型网络零售是指经营销售网站零售企业直接通过网络向(　　)销售商品。

　A. 生产者　　　B. 消费者　　　C. 零售者　　　D. 开发者

三、判断题

1. 随着零售企业从单店向大型连锁企业发展,零售企业组织机构的分工越来越简单,越来越专业化。　　　　　　　　　　　　　　　　　　　　　　　　　　　　　　(　　)
2. 集权与分权是相向的,不是一成不变的,应根据不同情况和需要加以调整。　(　　)
3. 管理幅度与管理层次成反比,管理层次越多,管理幅度越小,反之亦然。　(　　)
4. 在不影响零售企业组织运作下,组织层级越少越好。　　　　　　　　　(　　)
5. 一般情况下,业务种类越多,组织内部部门或岗位设置就要越多。　　　(　　)

四、简答题

1. 直线职能型模式的主要优点是什么?
2. 零售门店的基本功能有哪些?

第三章 零售企业采购管理*

【学习目标】
1. 掌握零售企业采购六大原则,能够在实际采购工作中遵循这些原则。
2. 熟悉单体和连锁零售企业采购模式,并能够区分这两种模式。
3. 掌握采购业务的具体流程,能够承担零售门店简单的采购任务。
4. 能够科学协调各类供应商。
5. 能够有效签订采购合同。

【关键概念】
采购;采购原则;采购模式;单体零售;连锁企业;采购流程;供应商;供销合同

【内容体系】

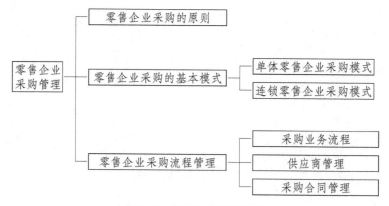

图3-1 零售企业采购管理

【导入案例】

沃尔玛"一站式"采购模式

沃尔玛是世界上最大的商品零售企业,它所销售的熟食、新鲜蔬果、肉类、海鲜冷冻品、服装服饰、图书文具等商品的采购是企业发展的基础,也是带来更大利润的根源。对于这些商品的采购,沃尔玛采用了"一站式"采购这种新型的采购模式。

所谓"一站式"采购是指为客户提供一个全方位、多渠道的采购平台,它集合了众多供应商,客户进入这个平台后无须为采购而费心,平台会为客户提供一系列后续服务,满足代购、配送及节约管理等要求,解决客户所需。如果客户采购种类多数量大的话,平台还可提供一个采购整合方案,为客户节约成本,合理搭配资源。因此,沃尔玛把将顾客最需要的商品采购回来,给顾客提供一个一次性购足商品的平台作为采购重点,为顾客提供质优价廉的大众商品,使顾客的购物更加方便快捷。而且,沃尔玛每周都有对顾客期望和反映的调查,通过信息收集、市场调查等方式,根据顾客的期望,及时更新商品的组合;组织采购,改进商品陈列摆放,从而营造一个舒适的购物环境。

(资料来源:http://www.wal-martchina.com/,根据沃尔玛官网整理)

第一节 零售企业采购的原则

一、商品采购的概念

商品采购是指零售企业在分析商品销售数据和市场需求状况的基础上,提出采购规划和具体采购计划,并依规定程序遴选供应商,开展商务洽谈,确定商品价格、交货方式及相关条件,最终签订合同并按合同要求收货付款的过程。

商品采购是零售活动的起点,直接影响零售企业的经营效益。良好的商品采购是经营成功的一半。

二、零售企业采购六大原则

零售企业的商品采购有着一系列的原则。

1. 适销对路原则

即零售企业应根据消费者需要、根据商品销售情况购进商品。适销对路包括商品品种、品牌、规格、花色、款式、质量、价格等各个方面都要符合目标顾客的需求。

商品的适销对路也是一个动态的过程,零售企业的商品供给与消费者的需求动态适应、相互依存,这个过程中消费者是动态的主体,零售企业需要围绕消费者需求及其变化而相应地变化,动态地提供适需、适销的商品,始终做好顾客的采购代理。

这个采购原则不禁使人想起活跃在我们微信朋友圈里的代购们。他们大多数不属于某个零售企业,而主要是开展个人自由业务,但微信代购们的商品采购是紧紧围绕着消费者的需要,并根据其需求的变化而动态提供适需、适销商品的。

2. 勤进快销原则

即采购商品时在控制批量基础上,按照多批次、周期短、品种全的原则组织进货。采用这一原则的目的是加速商品周转和资金周转,防止市场行情变化给企业带来经营风险。

当然,控制批量、多批次等运用到不同企业、不同商品品种上,其要求往往也不尽相同,必须结合具体企业规模、商品情况具体分析。

3. 以进促销原则

即零售企业对于一些紧俏商品、流行商品、有前景的新商品、新品种,广开进货门路,扩大进货渠道,以商品来促进、拉动顾客消费。

4. 储存保销原则

即零售企业保证各类商品有足够的库存,特别对销售平稳、货源紧俏的商品,要保证其销售顺畅,不脱销断档。

5. 经济核算原则

即要求零售企业尽可能降低采购成本,扩大采购效益。因此,在采购商品时,要根据进货折扣、进销差价、经营费用,以及企业可能获取的利润情况进行严格的量本利分析,科学核算,合理运用资源,获得最佳效益。

6. 信守合同原则

在商品经济条件下,运用经济合同,以法律形式确立商品买卖双方达成的交易条件,维护双方各自的经济权利和应承担的经济义务,以及各自的经济利益,保证企业经营活动能够有效地进行,已成为企业经营的基本原则。零售企业在采购活动中要信守合同,就是要保证合同的合法性、严肃性、有效性,发挥经营合同在企业经营中的作用,树立企业的良好形象,协调好零售企业与商品供应者和商品需求者之间的相互关系,保证企业购销活动的顺利进行。

第二节 零售企业采购的基本模式

一、单体零售企业采购模式

【想一想】

大学生小明在大学毕业后,想自主创业,他与几个大学同学不谋而合,于是就在学校附近开了个甜品店。在讨论到原材料的采购时,小明提议去他们经常光顾的一个连锁品牌的甜品店讨教采购渠道与采购方法,但与对方交流之后才发现,那个连锁品牌的甜品店不需要自己门店的员工去采购,是由总部统一采购然后送货给门店的。

小明与一起创业的几个同学傻眼了,他们的甜品店不是连锁的,而是独立的,那该如何进行原材料的采购呢?

尽管零售企业越来越趋向于大规模连锁型发展,但独立的单体零售企业仍广泛地存在着,并且在数量上占绝大部分。

1. 单体零售企业的特点

相对于连锁零售企业来说,单体零售企业各方面自主性强,主动性高,灵活性强,能随时根据消费者需求变化调整经营策略,管理层级少,沟通容易,能迅速作出决策。这种零售企业的店长是企业的法人代表,可以完全按照自己的经营意愿开展经营活动。

单体零售企业卖场规模一般比较小,经营商品通常在 2 000 种以下。一般进货量较小,配送成本较大,必须努力实现采购的科学管理。

2. 单体零售企业商品采购模式

单体零售企业的商品采购模式主要有如下 3 种具体形式。

(1) 店长或经理全权负责

商品采购的权力完全集中在店长或经理的手中,由他选择供应商,决定商品购进时间和购进数量。

(2) 店长授权采购部门经理具体负责

零售企业店长将采购商品的工作下放给采购部门的经理,由采购部门经理根据零售企业经营的情况决定商品采购事宜。

（3）各商品部经理具体采购

零售企业商品部经理是一线管理人员，他们熟悉商品的经销动态，比较了解消费者的偏好，可以根据货架商品陈列情况以及仓储情况灵活地作出商品采购决策，因此，这种形式比上述两种形式更为有效。

不论采用哪种形式，单体零售企业由于规模较小，经营商品品种较少，在商品采购数量方面不占优势，在与供应商的价格谈判中常常处于劣势地位，也就不利于其实行低价格策略。

二、连锁零售企业采购模式

连锁零售企业采购模式按集权的程度可分为集中采购模式和分散采购模式。网络上播报的零售采购商联盟的新闻报道，就是属于集中采购模式。

1. 集中采购模式

集中采购模式是指零售企业总部设立专门的采购机构和专职采购人员统一负责商品采购工作，如统一规划同供应商的接洽、议价、商品的导入、商品的淘汰等。零售企业所属各门店只负责商品的陈列以及内部仓库的管理和销售工作，对于商品采购，各分店只有建议权，可以根据自己的实际情况向总部提出有关采购事宜。

全球大型家电品牌海尔采取的采购策略就是利用全球化网络，集中购买。以规模优势降低采购成本，同时精简供应商队伍。

集中统一的商品采购是连锁零售企业实现规模化经营的前提和关键，只有实行统一采购，才能真正做到统一陈列、统一配送、统一促销策划、统一核算，才能真正发挥连锁经营的优势。

集中采购模式的优点在于采购力量集中、采购成本低；采购监控严，可以规范采购行为，防止腐败；能够更好地与生产企业建立长期合作关系；有利于公司内部采购与门店销售的专业化分工，提高效率。缺点是购销容易脱节；门店销售人员积极性难以发挥，缺乏决策自主权，责任模糊，不便于考核；业绩考核的驱动力和成本控制的约束力受到影响，制约了单个组织的管理效率和经济效益的提高；商品变化的弹性小。

【典型案例】

海尔的采购策略——全球化网络的集中采购

与大型国有企业相比，一些已经克服了体制问题、全面融入国际市场竞争的企业，较容易接受全新的采购理念，此类型的企业中，海尔走在最前沿。

海尔采取的采购策略是利用全球化网络集中购买。以规模优势降低采购成本，同时精简供应商队伍。据统计，海尔的全球供应商数量由原先的 2 336 家降至 840 家，其中国际化供应商的比例达到71%,目前世界前500强中有44家是海尔的供应商。

在供应商关系的管理方面,海尔采用的是SBD模式:共同发展供应业务。海尔有很多产品的设计方案直接交给厂商来做,很多零部件是由供应商提供今后两个月市场的产品预测并将待开发产品形成图纸,这样一来供应商就真正成为海尔的设计部和工厂,加快开发速度。许多供应商的厂房和海尔的仓库之间甚至不需要汽车运输,工厂的叉车直接开到海尔的仓库,大大节约运输成本。海尔本身则侧重于核心的买卖和结算业务。这与传统的企业与供应商关系的不同在于,它从供需双方简单的买卖关系,成功转型为战略合作伙伴关系,是一种共同发展的双赢策略。

1999年海尔的采购成本为5个亿,由于业务的发展,到2000年,采购成本为7个亿,但通过对供应链管理优化整合,2002年海尔的采购成本预计将控制在4个亿左右。可见,利益的获得是一切企业行为的原动力,成本降低、与供应商双赢关系的稳定发展带来的经济效益促使众多企业以积极的态度引进和探索先进、合理的采购管理方式。

与胜利油田相似,企业内部尤其是大集团企业内部采购权的集中,使海尔在进行采购环节的革新时,也遇到了涉及"人"的观念转变和既得利益调整的问题。然而与胜利油田不同的是,海尔在管理中已经建立起适应现代采购和物流需求的扁平化模式,在市场竞争的自我施压过程中,海尔已经有足够的能力去解决有关人的两个基本问题:一是企业首席执行官对现代采购观念的接受和推行力度;二是示范模式的层层贯彻与执行,彻底清除采购过程中的"暗箱"。

(资料来源:http://www.360doc.com/content/18/0126/16/34859454_725305255.shtml)

2. 分散采购模式

分散采购模式就是零售企业将采购权力分散到各个区域、地区或分店,由各分店在核定的金额范围内,直接向供应商采购商品。

分散采购的优点在于灵活性强,能适应不同地区市场环境变化;充分体现和行使决策的自主权,提高分部(店)积极性;增强成本控制意识,形成有效的约束机制;明确业绩考核,提高销售部门的积极性。而缺点是各自为政容易出现交叉采购,增加固定成本;容易产生采购行为失控,采购控制困难,出现舞弊现象,增加控制成本和行为监管的难度;难以发挥规模经济效应。

针对集中采购和分散采购各自的优缺点,有很多连锁零售企业采取了混合式采购,又叫分散集中化采购,即对各分店地区性较强的商品(如一些地区性的特产就只适合在该地区销售),以及一些需要勤进快销的生鲜品实行分散采购,由各分店自行组织进货,而总部则对其他的商品进行集中采购。某一分店的目标消费者有特殊的饮食习惯,而总部又不了解市场行情,在这种情况下,由分店进行商品采购决策就比较适宜。这种制度具有较强的灵活性,使分店可以根据自身的特征采取弹性的营销策略,确保了分店效益目标的实现。

混合式采购,把统一管理和分散决策的优点结合在一起,集中采购主营商品,分散采购辅营商品,调动了积极性;但分寸难以把握,对于分散采购的商品,容易出现管理不当、各自为政的行为。

第三节 零售企业采购流程管理

一、零售企业采购业务流程

采购业务流程的规范化与程序化是零售企业采购系统高效运作的基本保证。一般来说,零售企业的采购业务流程主要包含以下6个环节。

1. 确定采购计划

确定采购计划是商品采购的起点。采购员需在严格按照销售和生产部门的需要以及现有的库存量,对商品品种、数量、安全库存等因素作出科学分析的基础上提出采购需求计划,并经主管部门审核批准。通过对采购计划的控制,可以防止随意和盲目采购。

2. 选择采购渠道与供应商

选择采购渠道与供应商是零售企业采购过程中的重要环节。零售企业的采购渠道主要分为3种:一是企业自有供货者;二是原有的外部供货者;三是新的外部供货者。

有些零售企业自己附设加工厂和车间,有的企业集团设有商品配送中心,这些供货者是零售企业首选的供货渠道。零售企业按照市场需要,组织附属加工厂加工或按样生产,自产自销,形成自有品牌商品,既是商品货源渠道,又是企业经营的特色。如勇夺全球零售自有品牌亚洲展大奖的沃尔玛的惠宜品牌、全家便利店自有品牌呀米将系列食品等。

原有的外部供货者,与零售企业经过多年的市场交往,商品质量、价格、信誉都比较熟悉了解,是连锁企业稳定的商品供应者。其中,既有生产商,又有批发商,还有专业公司等。在选择外部供货渠道时,应优先考虑原有的外部供货者,这样既可以减少市场风险,又可以减少对商品品牌、质量的担忧,还可以加强协作关系,与供货商共同赢得市场。

由于连锁企业业务扩大、市场竞争激烈、新产品不断出现,企业需要增加新的

供货者。选择新的供货者是商品采购的重要业务决策,主要比较分析 4 个方面:

① 货源的可靠程度,即供货商是否具备按照企业要求保证商品供应的能力、供货商的信誉好坏、合同履约率等。

② 商品的质量和价格,供货商品的质量是否符合有关标准、进货价格是否合理、初次购进有无优惠条件等。

③ 交货事宜,采用何种运输方式、如何约定运输费用、如何支付、能否保证按时交货等。

④ 交易条件,供应商能够接受的结算期和结算方式,能否在新产品的开发、促销活动的配合、广告费用的赞助等方面给零售门店更多的支持。

3. 购货洽谈、签订合同

在对供货商进行评价选择的基础上,采购人员必须就商品采购的具体条件进行洽谈。在采购谈判中,采购人员就购买条件与对方磋商,提出采购商品的数量、品种、规格要求,商品质量标准和包装条件,商品价格和结算方式,交货方式,交货期限和地点等,双方达成一致,然后签订购货合同。

4. 跟踪订单

采购合同签订后,采购工作并没有就此结束,为保证订单顺利执行、货物按时进库,必须对具体的采购订单的执行情况进行跟踪,防止对方违约。应随时掌握货物的动向,万一发生意外事件,可及时采取措施,以避免不必要的损失或将损失降到最低。

5. 商品验收

采购的商品到达零售企业指定仓库后,要及时组织商品验收工作。根据采购合同,要求商品数量准确、规格、质量达标包装符合约定条件,进货凭证齐全。商品验收中要做好记录,注明商品编号、价格、到货日期。验收中发现问题,要做好记录,及时与运输部门或供货方联系解决。

6. 购后评估

对采购工作的总结评价是一次采购工作的最后一步,评估的主要内容包括:供应的及时状况,紧急订单的完成情况,组织效率,采购人员的能力及责任心,供应商的供应能力,服务能力,产品质量,供货成本等。

【知识拓展】

零售采购的时间

零售采购的时间主要根据商品销售规律、市场竞争状况、零售商库存情况 3 个方面来确定。

最低订货点的计算公式为:

最低订货点＝(进货在途天数＋销售准备天数＋商品陈列天数＋保险天数)×平均每天销售量

1. 定时采购

定时采购，就是每隔一个固定时间，采购一批商品，此时采购商品的数量不一定是经济批量，而是以这段时间销售掉的商品为依据计算。

特点：采购周期固定，采购批量不固定。

优点：采购时间固定，因而可以作周密的采购计划，便于采购管理，并能得到多种商品合并采购的好处。

缺点：这种采购方法不能随时掌握库存动态，易出现缺货现象，盘点工作较复杂。

采购周期是根据企业采购该商品备运时间、平均日销售量及企业储备条件、供货商供货特点等因素而定，一般由企业预先固定。

采购批量则不固定，每次采购前，必须通过盘点了解商店的实际库存量，再定出采购批量。计算方式为：

采购批量＝平均日销售量×采购周期＋保险储备量－实际库存量

案例：

某商店日销售某商品30件，保险储备定额为5天需求量，订货日实际库存量为500件，进货周期为30天，则：

采购批量＝30×30＋5×30－500＝550(件)

从案例中可看出，进货周期为30天，一般情况下，采购批量应为900件，而现在这批只需采购550件，说明实际库存严重超储，必须在采购时作适当调整。

2. 不定时采购

不定时采购，指每次采购的数量相同，而每次采购的时间则根据库存量降到一定点来确定，也称为采购点法。

特点：采购数量固定，采购时间不固定。

优点：能随时掌握商品变动情况，及时采购，不易出现缺货现象。

缺点：由于各种商品采购时间不一致，难以制订周密采购计划，不便于采购管理，也不能享受价格优惠。

计算公式：

采购点＝平均日销售量×平均备运时间＋保险储备量

案例：

某商品平均日销售量为30件，备运时间为10天，保险储备额为150件。

则：

采购点＝30×10＋150＝450(件)

说明：当商品库存量超过450件时，不考虑采购，当降到450件时，就及时按预定的采购数量或经济采购批量进行采购。

二、供应商管理

【典型案例】

  2015年11月26日,如家酒店集团与京东达成合作,由京东成为其积分商城采购唯一供应商,服务如家酒店集团旗下所有品牌酒店的会员积分兑换。如家酒店集团的积分商城将与京东"智慧云"平台之一的智采平台(VOP)进行对接,广大会员可以享受到由京东提供的高品质商品和快速物流配送服务。

  如家酒店集团在全国各地拥有庞大会员群体,为了满足会员积分消费需求,提升会员黏性,如家专门建立了积分商城。然而,如家以往积分商城的采购模式是分别与各个供应商单独洽谈,不仅效率低下,更因商品丰富度不够、物流信息不准确、遇到节假日会暂停送货等问题,导致在积分消耗方面对会员的吸引力不够,会员黏性也就大打折扣。

  与京东的合作,不仅帮助如家优化了积分商城,通过实时对接降低了很多平台运营方面的周转成本,积分商城上的订单也会在京东上面自动生成,商品的更换、添加等操作都非常方便。会员们不仅可以一目了然地看到商品信息、预计到货时间等,还能及时了解所在地是否有库存。

  京东是一个大平台,商品质量有保证,品类丰富,效率高,信誉度好,解决问题迅速,如家积分商城对供应商的合理选择和科学管理提升了会员黏性和企业的整体效益。

1. 供应商管理的重要性

  零售企业对供应商的管理,实质就是对经营成本的管理,对供应商的管理究竟能给零售企业在成本控制方面带来什么样的效果呢?

  对供应商的管理能给零售企业在成本方面能带来4个方面的优势:实现价格控制、保证商品质量、实现物流成本的节省、有效地控制损失。

  (1) 实现价格控制

  价格主要是由市场的供求关系决定的,此外,供需双方的谈判也会对价格的确定起到不可忽视的作用。从当前的市场状况来看,商品的价格往往是购买商与供应商谈判的重点。商品价格对于零售企业来讲直接意味着它的成本,为了获得更高的利润,零售商将在供应商能够接受的范围内努力压低各个方面的成本。

  (2) 保证商品质量

  商品质量是零售企业的生命,是企业决胜的关键。零售企业都非常重视商品质量的内部控制,在企业内部采用了各种质量管理方法,但也消耗了很多成本,如果能够同时结合对外部供应商的控制,那么零售企业可以从中节省更多的成本。

（3）实现物流成本的节省

零售企业与供应商双方可以通过协商来控制物流成本,建立起一套行之有效的物流体系,这样,下游零售商就可以及时得到其需要的商品,节省时间,快速地对市场变化进行反应;上游的供应商也可以在这一过程中节省物流成本,根据信息提高其供货效率,实现与其下游零售商的长期稳定合作。

（4）有效地控制损失

通过对供应商的管理,可以筛选出品质稳定、信誉度好的优质供应商作为战略伙伴并加强交流合作,除了可以保证商品采购顺利进行,减少不履行合同带来的经济损失,还可以及时接收市场需求的变动信息,为零售企业降低市场风险。

2. 供应商管理的程序

那么如何进行供应商的管理呢？可以按照下面的程序进行：

① 建立供应商选择和评估小组,小组成员需涵盖采购、财务、运输、仓储、加工等部门；

② 全面收集供应商资料,可以从各种展销会、媒体、政府统计资料、网络等渠道进行收集；

③ 列出质量、价格、服务、交货期等各类评估因素,根据不同产品的特征及要求赋予各因素不同的权重；

④ 通过对供应商的调查和实地考察,逐项评估供应商的履行能力；

⑤ 综合评价并确定供应商；

⑥ 建立供应商档案。

零售企业一般拥有多家供应商,为方便统一管理,应对供应商进行分类与编码,就其公司名称、地址、电话、负责人、营业证件号、进货商品、进货量、售价等建立供应商台账。并且,一般每隔半年需对供应商重新评价一次(表3-1)。

表3-1 供应商评价表

项目	状态及分值				得分
	优秀	良好	一般	较差	
畅销程度	非常畅销	畅销	一般	滞销	
	(15)	(10)	(6)	(2)	
缺货率	2%以下	2%~5%	5%~10%	10%以上	
	(10)	(8)	(6)	(4)	

续表

项目	状态及分值				得分
	优秀	良好	一般	较差	
配送能力	准时	偶误	一般	经常误	
	(15)	(10)	(8)	(4)	
供应价格	比竞争店优惠	与竞争店同	略差于竞争店	与竞争店差距大	
	(15)	(12)	(8)	(4)	
促销配合	配合极佳	配合佳	配合差	配合极差	
	(15)	(10)	(8)	(4)	
商品品质	品质佳	品质尚可	品质差	经常出现坏品	
	(10)	(8)	(6)	(2)	
退货服务	准时	偶误	一般	经常误	
	(10)	(8)	(6)	(2)	
经营能力	潜力极佳	潜力佳	一般	潜力小	
	(10)	(8)	(6)	(4)	

供应商评价表主要针对畅销程度、缺货率、配送能力、供应价格、促销配合、商品品质、退货服务、经营能力等项目进行评估。综合分75分以上为A类，74～55分为B类，54～45分为C类，45分以下为D类。

A类供应商表现好，发展潜力大，是企业的重点管理对象，应在资金、场地、销售和信息等方面给予大力支持，以形成良好合作关系；B类和C类供应商存在一定的问题，零售企业应与供应商一起分析原因，寻找对策；对于D类供应商，如果没有特殊原因，一般应予淘汰。

【知识拓展】

采购管理模式的革命性挑战

与从计划模式艰难蜕变出来的大型国有企业相比，通用汽车的采购体系可以说是含着金钥匙出世，它没有必要经历体制、机构改革后的阵痛，全球集团采购策略和市场竞标体系自公司诞生之日起，就自然而然地融入了世界上最大的汽车集团——通用汽车的全球采购联盟系统中。相对于尚在理论层次彷徨的众多国有企业和民营企业而言，通用的采购已经完全上升到企业经营策略的高度，并与企业的供应链管理密切结合在一起。

据统计，通用在美国的采购量每年为580亿美金，全球采购金额一般在1 400亿～1 500亿美元。1993年，通用提出了全球化采购的思想，并逐步将各分部的采购权集中到总部统一管理。

目前,通用下设四个地区采购部门:北美采购委员会、亚太采购委员会、非洲采购委员会和欧洲采购委员会。这四个区域的采购部门定时召开电视会议,把采购信息放到全球化的平台上来共享,在采购行为中充分利用联合采购组织的优势,协同杀价,并及时通报各地供应商的情况,把某些供应商的不良行为在全球采购系统中备案。

在资源得到合理配置的基础上,通用开发了一整套供应商关系管理程序,对供应商进行评估。对好的供应商,采取持续发展的合作策略,并针对采购中出现的技术问题与供应商一起协商,寻找解决问题的最佳方案;而在评估中表现糟糕的供应商,则请其离开通用的业务体系。同时,通过对全球物流路线的整合,通用将各个公司原来自行拟定的繁杂的海运线路集成为简单的洲际物流线路。采购和海运路线经过整合后,不仅使总体采购成本大大降低,而且使各个公司与供应商的谈判能力也得到了质的提升。

三种在中国市场并存的"采购现象",直接反映出在不同的市场机制和管理模式下,企业变革需要面对的一些现实问题。但从另一个角度看,我们就会发现采购在整个企业物流管理中的重要地位已经被绝大多数的企业所认可。更多的生产企业专注于自己的核心业务,把采购物流业务外包。建立在合作基础上的现代供应链管理,无疑是对传统的采购管理模式的一次革命性的挑战。

从不同"采购现象"的背后,可以看到"采购理念"在中国发展遇到的现实问题,不仅在于企业对先进思维方式的消化能力,更重要的是在不同的体制和文化背景下的执行是否通畅。而在落实理念的过程中,必须革新中国的企业文化,要求高层决策人员和中层的管理人员应具备解决系统设计问题的能力,底层的运作人员应能解决系统操作的问题,同时必须有发现问题的能力和正确理解问题的能力。从这个角度上讲,是否"以人为本"已经成为采购进入中国市场所必须解决的重大课题。

三、采购合同管理

零售企业与供应商建立的商品购销关系,一般要通过签订商品购销合同来加以确认。

1. 商品购销合同的概念

商品购销合同是买卖合同的一种,是指卖方将商品所有权或经营权转移给买方,买方支付价款的合同。

商品购销合同规定了供需双方在组织商品购销中的权利和义务,具有法律效力。商品购销合同是供需双方签订的,站在供方角度,称为供应合同,站在需方角度,则称为采购合同。

2. 采购合同的主要条款

采购合同应当在力求具体明确、便于执行、避免发生纠纷的前提下具备以下主

要条款:

(1) 商品的品种、规格和数量

商品的品种应具体,避免使用综合品名。商品的规格应规定颜色、式样、尺码和牌号等。商品的数量多少应按国家统一的计量单位标出。

(2) 商品的质量和包装

合同中应规定商品所应符合的质量标准。无国家和部颁标准的,应由双方协商凭样订(交)货。对实行保换、保修、保退办法的商品应写明具体条款。对商品包装材料、包装式样、规格、体积、重量、标志及包装物的处理等均应有详细规定。

(3) 商品的价格和结算方式

合同中对商品的价格、作价的办法和变价处理以及对副品、次品折扣办法的结算方式和结算程序要有具体规定。

(4) 交货期限、地点和发送方式

交货期限要按照有关规定,并考虑双方的实际情况、商品特点和交通运输条件等。同时应明确商品的发送方式(送货、代运、自提)。

(5) 商品验收办法

合同中要具体规定在数量上验收和在质量上验收商品的办法、期限和地点。

(6) 违约责任

签约一方不履行合同,违约方应负经济责任,赔偿对方遭受的损失。在签订合同时应明确规定供应者有以下 3 种情况时应付违约金或赔偿金:一是不按合同规定的商品数量、品种、规格供应商品;二是不按合同中规定的商品质量标准交货;三是逾期发送商品。

(7) 合同的变更和解除条件

在什么情况下可变更或解除合同,什么情况下不可变更或解除合同,通过什么手续来变更或解除合同等情况都应在合同中予以规定。

3. 采购合同的注意要点

在了解清楚采购合同的主要内容之后,零售企业还必须做好以下几方面的工作:

① 必须加强采购合同签订的管理。在签订合同之前应当认真研究市场需要和货源情况,掌握企业的经营情况、库存情况和合同对方单位的情况,依据本企业的购销任务收集各方面的信息,为签订合同、确定合同条款提供信息依据。

② 零售企业应当设置专门机构或专职人员建立合同登记、汇报检查制度以统

一保管合同、统一监督和检查合同的执行情况,及时发现问题,采取措施解决纠纷,保证合同的履行。同时,密切双方的协作,以利于合同的顺利实施。

③ 处理好合同纠纷。发生纠纷时,双方当事人可先协商解决,协商不成可向国家工商行政管理部门申请调解或仲裁,也可直接向法院起诉。

④ 必须信守合同,以推动经营活动的顺利进行和企业形象的树立。

【同步测试】

一、单选题

1. 零售企业的商品供给与(　　)的需求动态适应、相互依存,这个过程中消费者是动态的主体。
   A. 生产者　　　　B. 消费者　　　　C. 制造者　　　　D. 零售者

2. 网络上播报的零售采购商联盟的新闻报道,就是属于(　　)采购模式。
   A. 集中　　　　　B. 相对　　　　　C. 分散　　　　　D. 统一

3. 全球大型家电品牌海尔采取的采购策略就是利用(　　)网络,集中购买。
   A. 信息化　　　　B. 网络化　　　　C. 全球化　　　　D. 互联网化

4. 零售企业与(　　)建立的商品购销关系,一般要通过签订商品购销合同来加以确认。
   A. 供应商　　　　B. 采购商　　　　C. 生产商　　　　D. 销售商

5. 采购业务流程的(　　)与程序化是零售企业采购系统高效运作的基本保证。
   A. 模范化　　　　B. 结果化　　　　C. 数量化　　　　D. 规范化

二、多选题

1. 采购商品时在控制批量基础上,按照(　　)的原则组织进货。
   A. 多批次　　　　B. 少批量　　　　C. 品种全　　　　D. 周期短

2. 在采购商品时,要根据(　　)进行严格的量本利分析,科学核算,合理运用资源,获得最佳效益。
   A. 进货数量　　　B. 进销差价　　　C. 库存容量　　　D. 经营费用

3. 零售企业在采购活动中要信守合同,就是要保证合同的(　　),有效发挥经营合同在企业经营中的作用。
   A. 合法性　　　　B. 严肃性　　　　C. 时效性　　　　D. 价值性

4. 对采购工作的总结评价是一次采购工作的最后一步,评估的主要内容包括(　　)。
   A. 组织效率　　　B. 服务能力　　　C. 产品数量　　　D. 供应商采购能力

5. 商品的品种应具体避免使用综合品名,商品的规格应规定(　　)。
   A. 颜色　　　　　B. 数量　　　　　C. 尺码　　　　　D. 商标

三、判断题

1. 商品采购是零售活动的中点,直接影响零售企业的经营效益。良好的商品采购是经营成功的一半。　　　　　　　　　　　　　　　　　　　　　　　　　　　　(　　)

2. 零售企业需要围绕生产者需求及其变化而相应变化,动态提供适需、适销的商品,始终做好顾

客的采购代理。 （ ）
3. 尽管零售企业越来越趋向于大规模连锁型发展,但独立的单体零售企业仍广泛地存在着,并且在数目上占绝大部分。 （ ）
4. 一般进货量较大,配送成本较大,必须努力实现采购的科学管理。 （ ）
5. 采购的商品到达零售商店指定仓库后,要及时组织商品验收工作。 （ ）

四、简答题

1. 对供应商的管理能给零售企业在成本方面带来哪几个方面的效果?
2. 采购合同的主要条款有哪些?

第四章 零售企业商品陈列管理*

【学习目标】
1. 掌握品类管理的内涵。
2. 熟悉品类管理的流程,能够分析如何对零售门店的商品进行品类管理。
3. 掌握商品配置策略,能够灵活应用卖场磁石点理论进行卖场商品陈列。
4. 能够区分各种商品陈列工具,并利用其不同特点来有效陈列商品。
5. 能够遵守商品陈列原则,运用商品陈列方法来提高门店绩效。

【关键概念】
品类管理;商品配置;磁石点;商品陈列;货架;端架;端头;陈列策略

【内容体系】

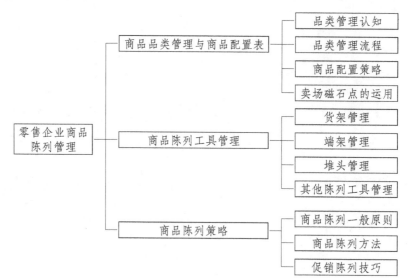

图 4-1 零售企业商品陈列管理

【导入案例】

日本超市的食品陈列和管理

食品类商品是各级自选超市的主要商品,其陈列和管理的好坏,是一个自选超市的命脉所在,日本的自选超市里采用分类陈列和管理的做法是值得借鉴的。

1. 果菜类管理

生食青菜:生食青菜越来越受到顾客的青睐,日本超市大多把生食菜类陈列于保鲜柜里,并提供沙拉食谱,促进销售。

叶菜:叶菜类价低利薄,但顾客需求量大,所以日本超市一方面细心照顾叶菜,以保持叶菜的新鲜度;另一方面不集中贩卖,而是采用扩大用量的方法;再用分类包装和散装相结合。

豆类:在进货时将豆类在水里浸泡降温,达到保鲜的目的;依季节的变化突出不同的品种;制成沙拉;按用途进行陈列。

菌茸类:注重产地的介绍和烹饪方法的介绍,以及营养含量的介绍;新鲜保洁、保证品质;适量包装。

2. 鱼贝类管理

盐干食品:使用平台陈列,突出新鲜感;扩大品种范围;发展新用途。

虾类食品:依用途进行加工处理,减少顾客的麻烦;包装按家庭人口和普通食量并力求美化;拓展食用方法,依季节变化推出新食谱。

贝类食品:提供相应的调味佐料;在包装上提供食谱;提供烹饪好的食物照片;提供儿童食谱。

3. 肉类管理

肉片:按照顾客不同的饮食习惯编排各种食谱;按不同的肉类制订不同的价格;扩展加工范围。

牛排:增加对顾客的信息介绍,扩大消费者范围;提供具体的制作方法和食用方法;利用专门的橱柜陈列商品。

内脏:按照不同的部位排列在橱柜上下层;强调包装,突出新鲜感;为顾客提供专用的调味佐料,扩大商品的食用范围;在超市内举办适当的试吃活动。

(资料来源:http://www.docin.com/p-2318351481.html)

第一节 商品品类管理与商品配置表

一、品类管理认知

现代市场营销学研究表明,企业营销的核心目标是在满足消费者需求的基础上实现商品的"交换"。零售商如何进行商品管理、能向顾客提供哪种类型的商品、如何进行科学合理的商品组合等,决定了顾客到该商店能否买到令其满意的商品,决定了企业能否获得合理的经营利润。

【典型案例】

北京华联婴儿品类的管理

　　北京华联婴儿护理中心(宝宝屋)是品类管理在超级品类的应用。在此,品类定义显得尤其重要。传统上来讲,婴儿的产品分散于不同的品类,如奶粉和成人奶粉放在一起,属奶制品品类,婴儿纸尿片和纸巾等放在一起,属纸制品品类。但消费者调查发现,抱着婴儿的妈妈或者即将成为妈妈的孕妇需要辛苦地走上1~2小时才能购齐所需妇婴物品,她们最大的希望是花较短的时间一次性购齐所需物品。于是,新的品类——妇婴用品品类应运而生。这时,品类结构就需要重新定义。早期,婴儿奶粉等需要在奶制品区域和妇婴用品区域双边陈列,并作消费者引导。1~2个月后,购物者便习惯性地步入华联宝宝屋购买妇婴用品了。宝宝屋的设立,使北京华联婴儿品类的生意增长了33%,利润增长了63%。

　　思考:北京华联婴儿护理中心(宝宝屋)的设立给你带来的启发是什么?

　　1993年,美国食品营销协会与宝洁、可口可乐等16家生产企业、零售企业和咨询公司,提出了有效客户反应和品类管理理念,他们认为:品类管理是一项能够推进现代化零售业提高竞争力的技术。

　　品类管理是分销商和供应商合作,将品类视为策略性事业单位来经营的过程,通过创造商品中消费者价值来创造更佳的经营绩效。品类管理是把所经营的商品分为不同的类别,并把每一类商品作为企业经营战略的基本活动单位进行管理的一系列相关活动。它通过强调向消费者提供超值的产品或服务来提高企业的营运效果。

　　对于品类管理的理解,我们还必须弄清楚3个相关概念。

1. 高效率消费者回应(ECR)

　　零售商与供应商(制造商)等合作伙伴共同研究合作途径,通过双方的密切配合,消除供应链中的多余成本,更好地服务于消费者。

　　品类管理对ECR的四大策略,即高效率的促销、高效率的补货、高效率的新品引进及推广和高效率的门店商品组合,具有决定性的影响。

2. 单品

　　单品是指商品分类中不能进一步细分的、完整独立的商品,是连锁零售企业商品经营管理的最基本单位。在连锁零售门店中有时称单品为一个SKU。

　　例如单听出售的330毫升的可口可乐,就是一个具体的单品,750毫升家庭装的海飞丝去屑洗发水也是一个单品。

3. 品类

品类是指易于区分、能够管理的一组产品和服务。消费者在满足自身需求时认为该组产品和服务是相关联的,或者可以相互替代的。如所有用于消费者口腔护理的一系列产品就组成了口腔护理品类,包括牙膏、牙刷、漱口水、牙线等系列产品。

对于品类管理,大型零售商和供应商已纷纷开始实践,品类管理软件供应商的加入,更使品类管理变得可行。如果说几年前,品类管理的实施还有很多内部障碍且外部环境不成熟,那么这几年的发展,已为零售商实施品类管理创造了从理念、工具到合作伙伴等全面的客观条件。

品类管理势在必行!

二、品类管理流程

在新零售时代,消费者的主导性越来越强,唯品牌、唯利润的时代已经过去,真正以消费者为中心的品类时代已经到来。品类时代最显著的特征是门店需要从顾客的需求出发去思考,通过优化品类、优化品牌、优化商品,与消费者建立深度连接,让商品自己"说话"。

那么,零售商如何进行品类管理呢?

主要包括8个步骤,即品类定义、品类角色、品类评估、品类评分表、品类策略、品类战术、品类计划实施和品类回顾(图4-2)。

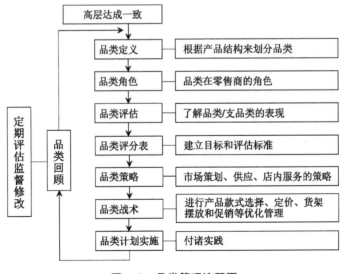

图4-2 品类管理流程图

1. 品类定义

也就是品类结构,包括次品类、大分类、中分类、小分类等。品类的定义不能与信息系统脱节。

不少零售商都清楚品类的结构,但信息系统中没有相应的维护,当需要知道中分类、小分类的销售情况时,系统只能给出品类中所有单品的信息,员工需手工计算某中分类或小分类的销售数据,这极大地制约了品类管理的实施。

另外,品类定义会随着购物者购物习惯的变化而变化,如婴儿用品传统上分散于食品、服装、纸品等品类区域,为方便孕妈妈购物,出现了婴儿街、宝宝屋等购物区域,所有的婴儿用品集中陈列,一个新的品类(婴儿用品品类)应运而生。

2. 品类角色

零售企业的商品成千上万,而一般企业的经营面积、人员配备、资金等资源有限,在实际经营过程中不可能对所有品类都给予平等的重视。

那么,如何分配资源呢?

品类角色便是用于资源投放的衡量依据。按不同的分类标准可以将品类分成不同的角色。

比如以零售商为导向,根据销售额、毛利率模型,可将商品分为旗舰品类、吸引客流品类、提款机品类、受压潜力品类、维持观望品类和待救伤残品类6种角色(图4-3)。

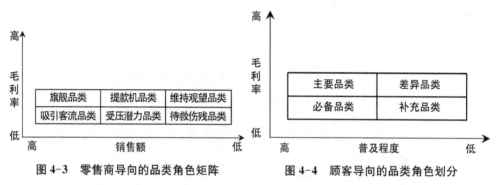

图4-3 零售商导向的品类角色矩阵　　图4-4 顾客导向的品类角色划分

以顾客为导向,根据经营商品的普及程度和购买频率可将商品分为主要品类、必备品类、差异品类和补充品类4种角色(图4-4)。

3. 品类评估

品类管理实施之前,要对商店和品类现状进行评估。品类管理实施后,要对效果进行评估。

评估的指标主要集中于销量、利润、库存、脱销、单位产出、人力投入等。

4. 品类评分表
品类评分表是立足于零售商而建立的品类角色实际效果分析系统,建立目标与评分标准。

5. 品类策略
品类策略是制订相应的策略以满足品类的角色并达到评估目标的过程,直接指导下一步战术的制订。

品类策略的制订要做到因地制宜,基于顾客群分析、竞争对手分析、市场分析来制订。常用的品类策略有增加来客数、提高单价、促进销售、提升利润等。

6. 品类战术
品类战术是为实现品类经营策略和目标而采取的行动。

主要包含商品优化技巧、定价技巧、促销技巧、商品陈列技巧、新品供应技巧5个方面。

7. 品类计划实施
这是品类管理最重要的一步。

前面的流程靠几个人就可以完成,但这一步需要采购、营运、后勤、财务等部门的有效协作。

8. 品类回顾
这是品类管理流程的最后一步,也是承前启后的一步。

通过品类回顾,一方面评估目标的达成率,另一方面为下一次品类评估提供借鉴,进而调整品类评分表指标、品类策略和品类战术,完成新一轮品类管理。

三、商品配置的策略

商品是消费者进入商店后最关心的,商品摆放位置如何,直接影响消费者的心理感受,对商品销售影响重大。

如果卖场商品杂乱无章,堆积如山,通行受阻,就会在消费者心里形成消极情绪,久而久之,会造成商店生意清淡。所以,卖场商品配置必须讲究方法与策略,让消费

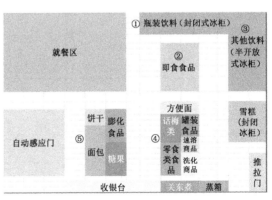

图 4-5 某便利店的商品配置表

者感觉新颖、舒适,便于寻找商品(图4-5)。

1. 根据商品性质进行配置

商品根据其性质、特点的不同可以分成三大类,即方便商品、选购商品和特殊商品。

(1) 方便商品

方便商品大多为日常用品,价值较低,需求弹性不大,是消费者比较熟悉的商品。购买这类商品时,消费者大多希望方便快捷地成交,而不愿意花较长时间进行比较挑选,因而这类商品应放在最显眼、容易速购的位置,如商店前端、入口处、收款机旁、自动电梯两侧等。

(2) 选购商品

选购商品比方便商品的价值高,需求弹性较大,挑选性强,大多数消费者对这些商品希望获得更多的选择机会,以便对其质量、功能、样式、色彩、价格等方面进行详细比较。因此,这些商品应相对集中地摆放在商店宽敞、明亮的地方,以便消费者在充分比较后产生购买欲望。

(3) 特殊商品

特殊商品通常指有独特功能的商品或名贵商品,如珠宝首饰、数码产品、家用电器、工艺品等。购买这类商品,消费者往往进行过周密考虑,甚至制订了购买计划后才会发生购买行为。因此,这些商品可以放置在店内较深处,或环境比较幽雅、客流量较少的地方,也可设立专柜,以显示商品的名贵、高雅和特殊,迎合消费者的心理需求。

【知识拓展】

商品分类

商品分类是选择某种(些)标准对所经营的商品集合进行区分,以有效地实现经营目标和经营战略。

(1) 根据商品用途,商品可分为消费品和工业品(表4-1)。

表4-1 商品根据用途的分类

	消费品	工业品
购买者	消费者个人	企业
用途	家庭或个人消费需要	生产
购买特点	非专家型	具有专门知识的行家
购买关键因素	外观、品牌、口碑、习惯等	性价比指标

(2) 根据商品的耐用性和有形性,商品可以分为耐用消费品、非耐用消费品和服务(表 4-2)。

表 4-2　商品根据耐用性和有形性的分类

	耐用消费品	非耐用消费品	服务
使用周期	长,多次使用	一次或几次	一次购买一次使用
价格/利润	较高	较低	其他特点
购买特点	慎重,频率低	频率高	无形、内容不易标准化,生产与消费同时进行
售后需要	更多保证和服务	较少	
经营重点	形成购买气氛,详细的商品介绍,耐心地指导使用,建立完善的售后服务体系	方便顾客购买,选址接近居民区	

(3) 根据顾客购买习惯,商品可分为便利品、选购品和特殊品(表 4-3)。

表 4-3　商品根据顾客购买习惯的分类

	便利品(日用必需品)	选购品	特殊品
使用周期	短	较长	长
价格/价值	较低	较高	高
购买特点	需求弹性不大,习惯性购买	频率较低,选择性、理性购买	定向性、偏爱性
售后需要	很少	较多	多
经营重点	选址在邻近居民区或交通便利地段	选址在同类商品相对集中的地方	开设专柜或专门商店,集中经营

(4) 根据零售商经营商品的层次,可分为大分类、中分类、小分类和单品(表 4-4)。

表 4-4　商品根据经营层次的分类

大分类	畜产品	一般食品	日用百货
中分类	猪肉制品	饮料	鞋
小分类	里脊肉	瓶装饮料	皮鞋
单品	雨润排酸里脊肉	可口可乐1.25升家庭装	百丽 L-257Q

(资料来源:根据网络资料整理)

2. 根据顾客购物的行走特点进行配置

一般来说，顾客进门后的走动有以下特点：不愿走到角落里，喜欢曲折弯路；不愿走回头路，有出口马上要走出去；不愿到光线幽暗的地方。因此，零售商店，尤其是超市，应该设计多条购物通道（图4-6），避免有捷径直接通往收款处和出口，这样，才可以吸引更多顾客在主通道行走时，能转入各个副通道，有顺序地浏览全场，产生较多冲动性购买。

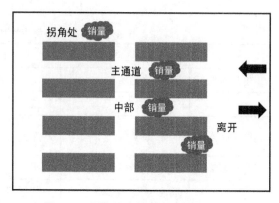

图 4-6　零售门店的多条购物通道

另外，考虑到大多数人习惯用右手，喜欢拿取右边的东西，商店一般把利润高的商品陈列在通道右边。

从我国的情况来看，消费者逛商店多是自觉或不自觉地沿逆时针方向行走，因而可以将一些购买频率高的商品摆放在逆时针方向的入口处（图4-7）。

图 4-7　顾客购物行走特点

3. 根据商品盈利程度进行配置

大多数商店在进行商品配置时，都事先对商品的盈利程度进行分析，将获利较高的商品摆放在商店最好的位置上，以促进销售，而将获利较低的商品摆放在较次要的位置上。通常，商店的前端和入口处是顾客流动最频繁的区域，因而也成为商店摆放高盈利商品的最佳地点。

不过，有时也有例外。例如，为了扶持部分不太赚钱的商品，或者为了推销新产品，或为树立形象而需放置美观华丽的商品，商店也会考虑将这些商品配置在最好的地点。

4. 配合其他促销策略进行配置

有些商店在研究商品配置时，还注意将其与店内其他促销策略结合起来。如香港的百佳超市每周都推出一系列特价商品，它通常将最吸引人的特价货放置在入口处特设的第一组陈列架上,其余的特价货则分散在店内各处,使顾客在卖场中走完一圈才能看到全部的特价商品。

有的商店还在入口处陈列各种新鲜、干净、整齐的水果和蔬菜,以及设置现场烤面包和制作饮料的专柜,用色、香、味使消费者流连忘返,争相购买。

四、卖场磁石点商品陈列

卖场磁石,顾名思义,即卖场中最能吸引顾客眼光、最能引发购买冲动的地方。

在卖场布局中应用磁石理论,发挥磁石效应,就是要在卖场中最优越的位置陈列最合适的商品进行销售,以此引导顾客顺畅地逛遍整个卖场,达到增加顾客随机消费和冲动性购买的目的。

1. 卖场磁石点位置(图4-8)

一般卖场里哪些区域是磁石点呢?

第一磁石点,位于店内主通道的两侧。

第二磁石点,位于店面中的主通道拐角、尽头等位置。在这些区域陈列的关键是要有效地引导顾客尽可能地走到店面的纵深处。

第三磁石点,位于顾客离开店面的位置。此区域陈列应尽可能地延长顾客在店内停留时间,刺激购买。

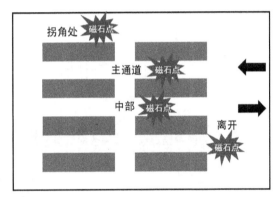

图4-8 卖场磁石点

第四磁石点,位于较大店面内的中部。陈列目的是引导顾客走向店内中部区域。

2. 卖场磁石点的陈列要点

不同的磁石点所覆盖的区域有着不同的特点,商店需要根据各区域的特点来陈列不同特性的商品,从而发挥磁石点吸引顾客眼光、引发购买冲动的最关键的作用。

第一磁石点可陈列购买量较大、主打及推荐的商品。

第二磁石点要尽可能地陈列新品、吸睛商品,并注意商品的色彩和照明亮度。推荐陈列色彩饱和度较高的商品,如红色。

第三磁石点可陈列体积相对较小的商品、特价商品、促销商品、高频商品,如各品牌的小推车。

第四磁石点应放置大量陈列的大规模宣传的商品,如在店内宣传的POP广告商品。

卖场磁石理论运用的目的在于吸引顾客,刺激其产生冲动性购买动机并形成购买行为,提高销售额。同时,磁石理论的运用也是一种技巧和艺术,可以不断推陈出新,创造出更有效的门店商品布局(图4-9)。

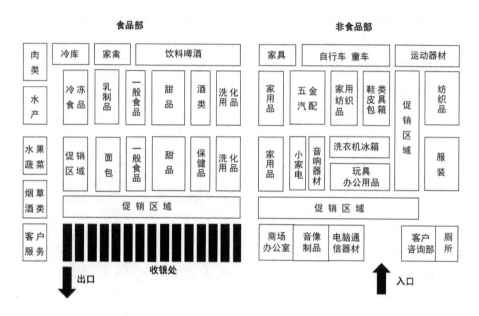

图4-9 麦德龙福州商场的货位分布图

第二节 商品陈列工具管理

曾经一组名为"超市大妈,这是要逆天吗?"的图片在网上爆红,图中超市里各式各样的货物造型引来数万网友关注转发;不少人也在微博、论坛上晒出自己看到的奇葩货物造型。这些超市创意摆货,就是业内所讲的商品陈列。

商品陈列设备与陈列工具是商品陈列的道具,其组合方式受零售业态形式、经营规模、门店大小、目标等方面的制约。商品陈列工具的正确使用不仅能使商品突出而对顾客具有吸引力,而且便于商品的管理和整理场地。

卖场商品陈列的工具主要有货架、端架、堆头等。

一、货架管理

1. 认识货架

货架是卖场商品陈列和展示的主要工具,门店80%以上的商品需要通过货架陈列进行销售。

货架的规格,高度一般在90~180 cm,宽度为40~70 cm,深度为40~50 cm。货架的规格受零售业态及消费者习惯的影响有一些灵活的变化。

货架的类别,一般分为两种:一种是沿着门店四周墙壁摆放的,称为靠墙货架;另一种是根据卖场布局设置在门店中间位置上,称为中心货架。

货架的材质,可分为塑料材质、铝合金材质、木头材质、玻璃材质、钢材质等。

2. 货架不同段位的陈列

货架管理是一种建立在消费者行为研究基础上,以市场调研数据为决定标准的陈列管理手段,它能促使店面各品类的销售及利润实现最大化。

陈列货架一般分为上段、黄金段、中段和下段(图4-10),而划分的出发点是依据其对商品销售的重要程度。商品的销售效果也会随货架陈列的高度不同而不同。

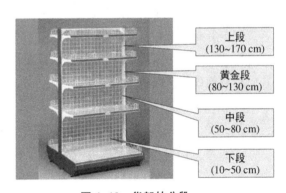

图4-10 货架的分段

上段,即货架的最上层,高度一般为130~170 cm,主要陈列商品为自有品牌商品、促销品等。

黄金段,即货架的第二层,高度为80~130 cm,是顾客最容易看到、最容易拿取商品的位置,是最佳陈列位置,主要陈列高利润商品、独家代理商品及其他对门店来说重要的商品等。

中段,是货架的第三层,高度为50~80 cm,这一段主要陈列低毛利商品或满足顾客需要的补充性商品。

下段,是货架的最底层,高度为10~50 cm,主要陈列体积大、质量大、毛利低、易破碎且周转较快的商品,如整箱出售的啤酒、5 L 的食用油等。

二、端架管理

1. 认识端架

端架是顾客通过流量最大、往返频率最高、可视度最好的地方,所以,端架也被视为最佳陈列位置之一(图 4-11)。

端架是指在卖场中货架的两端及前后端,及在卖场动线的转角处所设置的货架。

端架陈列做得好可以极大刺激顾客的购买冲动,可以引导顾客购物,缓解顾客对特价商品的怀疑和抵触感。门店选择端架陈列商品时要尤为谨慎。

图 4-11　端架

端架主要用于对新产品的介绍、推广,或陈列毛利率高的商品、价格敏感性高的商品、周转率高的商品、特卖商品(包括滞销商品的特卖),以及 DM 快讯商品等。

2. 端架的陈列模式

端架的陈列模式主要有 6 种:

① 低价位商品陈列,指在一定时间内价格优惠的商品;

② 应季商品陈列,根据季节的变化,陈列不同的应季商品,提醒顾客购买;

③ 主题性陈列,拟定一个主题,陈列与该主题相关的商品;

④ 促销陈列,在端头陈列促销商品,并利用宣传广告、折价广告、POP 广告强化促销效果,为店铺营造热烈的促销气氛;

⑤ 新品陈列,在端头陈列新引进的商品,促进顾客较快地认知和接受新商品;

⑥ 与陈列架商品有关系的关联商品陈列。

3. 端架的陈列要求

端架作为最佳陈列位置之一,其中商品的陈列也尤为重要。

① 品类集中,不可出现跨区域、跨品类陈列,应尽可能陈列端架所在排面中的单品;

② 一个端架原则上只陈列一个单品,并符合二指原则,侧面不留空洞;

③ 同品牌、同规格、同价位、不同口味或颜色的商品陈列在一起时,必须纵向

陈列，单品个数最多不超过2个；

④ 商品标价签放在与视线平齐的层板中间位置，当陈列两个单品时需放在每个单品的左边；

⑤ 所有端架最上层的层板必须调整到最高一个柱孔，确保端架高度统一，为减少库存积压，最高一层层板上方不作商品陈列；

⑥ 端架陈列商品除黄金段满陈列外，其他高度均陈列单层，袋装的可在后面垫空箱处理；

⑦ 饮料等有整件售卖的商品，在端架陈列时在最下两层进行整件整理，且必须有明显的价格标识；

⑧ 易碎商品陈列时必须加防护网；

⑨ 每个端架必须配有大的价格牌，同一通道内确保高度一致，与排面垂直悬挂；

⑩ 端架使用挂钩陈列时最顶层不加层板，挂钩需调整到端架立柱的最高一个柱孔；

⑪ 同一种商品在端架上陈列的时间不宜过长，以一周左右为原则，否则就会丧失新鲜感和吸引力；

⑫ 加强端架陈列效果，创造精彩的陈列形式。商品摆放要美观，色彩要协调，主题要突出。

三、堆头管理

【典型案例】

家乐福的堆头商品陈列技巧

1. 堆头商品陈列结构

家乐福堆头商品陈列以食品为主，如目前除了月饼堆头外，共26个堆头，其中食品堆头占18个，占69.23%；日用品堆头8个，占30.77%。家乐福堆头商品从价格水平来看，都是陈列特价商品，没有高毛利堆头，也没有固定堆头（商品在货架上基本都能找到），这可能与他们突出低价形象有关。

2. 堆头陈列商品品种更换频率

家乐福堆头一般一周左右更换其中的一部分品种，小部分堆头品种更换频率更高，如二楼电梯口的两个大堆头，一般2～3天更换一次，大部分时候是做杂牌震撼低价促销，其价格十分低廉，有时配备促销员高声叫卖。

家乐福同一个堆头陈列的商品品种基本固定，如这个堆头固定陈列牛奶，另一个堆头固定陈列大米等;并且在一段时间内,如几周的时间段内相对稳定地陈列相同品牌的商品,只是规格或者功能有变化。

堆头位置基本固定,并且布置在同一品种区域内,方便顾客挑选,如洗衣粉堆头布置在洗衣粉区域,油堆头布置在油货架附近等。节假日会临时增加一些堆头,增加陈列应节商品品种。

3. 堆头陈列商品价格变动趋势

家乐福部分堆头商品的价格并不是固定不变的,一般为降低趋势,如堆头商品某洗衣粉,前三天售价12.70元,后三天售价11.30元,这种现象主要集中在日用品上。

4. 堆头陈列商品品种选择特点

堆头陈列品种主要以知名品牌商品为主,其单品数比例占85%以上,而杂牌商品比例仅占15%以下。家乐福彩页商品一般不会陈列在堆头位置上,只有少数几个彩页商品陈列在堆头位置,如部分饮料等。

5. 堆头陈列商品特价幅度

重复经营商品品种占堆头总体的50%左右,其特价幅度总体来说较大,所以家乐福堆头除了做负毛利销售的品种之外,其他品种总体价格水平稍高于平均价格水平。

(资料来源:根据网络资料整理)

1. 认识堆头

堆头是指超市中商品单独陈列所形成的商品陈列,有时是一个品牌产品单独陈列,有时是几个品牌的组合堆头。堆头一般布置在货架的两侧、主通道、入口处、收银机旁等人流量较多的位置。堆头常被视为供应商相互竞争进行促销的黄金位置。

堆头的种类有很多,比如堆头框(图4-12),一般为公司标配,主要陈列非食品类商品;空箱打底的堆头(图4-13),主要用于陈列食品类商品;供应商形象架(图4-14),一般为签订采购协议,显示供应商自己的形象,主要陈列对应品牌的供应商商品;裸堆(图4-15),主要用于陈列食品、非食类畅销商品以及量大的应季商品。

图4-12 堆头框(陈列非食品类商品)

图4-13 空箱打底的堆头(陈列食品类商品)

图 4-14　供应商形象架(陈列对应品牌的供应商商品)　　图 4-15　裸堆(陈列食品、非食类畅销商品以及量大的应季商品)

2. 堆头商品的选择

卖场的空间有限，堆头的数量也有限，所以堆头商品的选择有讲究。

可以是门店有特色的商品，如自有品牌商品；

可以是新引进的商品，为了推广新商品而特意做堆头陈列；

可以是供应商为了促进销售，愿意认缴堆头费而取得某一堆头的陈列权；

可以是做限量销售的促销商品；

可以是季节性商品，季节性商品往往销售量比较大，同时也使得商场陈列符合季节变化需求；

也可以是根据销售的实际情况，调整到堆头上可以极大提高销售额的商品。

3. 堆头商品的陈列管理

堆头商品的陈列管理至关重要。

① 要遵循部门集中和品类集中的原则；

② 卖场内同一通道内堆头高度必须统一，高度要求在 120~170 cm，堆头间高度落差不能大于 5 cm；

③ 每个独立卡板原则上只能陈列一个单品，若是同一品牌、规格、价格的最多不可超过两个，两个单品陈列时需遵循纵向垂直原则；

④ 堆头商品的陈列需要保证符合"5 平 1 线"原则，即堆头卡板摆放平齐、层板放置平齐、堆头高度平齐、商品摆放正面平齐、价格标示标牌平齐，上下垂直陈列一条线；

⑤ 家电类商品陈列时必须有样品展示和简单的功能说明；

⑥ 易碎商品陈列堆头时应采用护栏或割箱的方法，确保商品安全；

⑦ 贵重易丢失商品陈列堆头时应尽量使用空包装，减少实物陈列，实物陈列的必须 100% 打标；

⑧ 饮料等有整件售卖的商品,在做堆头陈列时要有1/2的整件陈列并且有明显的价格标示。

四、其他陈列工具管理

除了上述货架、端架、堆头等一般性的商品陈列工具,零售门店根据自身的规模、售卖商品的特点,还会有其他一些非常实用的商品陈列工具。

【想一想】

一件商品要摆上超市的货架需要付出多大代价?海口某知名超市的进场费用表显示:赞助费6 000元/年;品种条码400元/个;商场月活动赞助500元/月;专架300元/个起;堆头架800元/个起;以及一定的公关费用,即每月请采购经理吃饭、塞红包等。据报道,一些大型连锁超市公司收取的进场费甚至已经成为超市全年收入的重要组成部分。

你认为零售商设立进场费合理的吗?

【知识拓展】

自有品牌的开发

自有品牌(Private Brand,或Own Brand),是零售商通过搜集、整理、分析消费者对某类商品的需求特性的信息,开发出新产品功能、价格、造型等方面的设计要求,自设生产基地或选择合适的生产企业进行加工生产,最终使用零售商自己的商标并在本企业销售的商品品牌。

自有品牌商品在近几十年来取得了长足发展,成为零售市场营销的一个重要里程碑。根据McGoldrick(1990)的观点,自有品牌作为一个比较近代的现象,表明了市场营销形势的复杂化和零售商作为一个整体能力素质的增强。实际上,20世纪60年代后期,自有品牌商品被视为生产商品牌商品的威胁,特别在有包装的日用消费品市场出现。但这一势头很快向其他市场扩散,到了70年代,任何产品市场都难逃自有品牌商品的入侵。

零售商之所以纷纷采用自有品牌战略,是因为其具有开发自有品牌的诸多优势,如信誉优势、价格优势、特色优势、领先优势等,这些优势使得他们开发出来的商品较易被消费者所接受而成为企业的"摇钱树"。90年代,零售商及大型连锁商发现自有品牌物品也能获得高价差。根据著名管理咨询公司Mckinsey Company 1987年的研究表明,生产商创立品牌的费用将近23%。如果零售商能避开这笔创牌花销,那么就可能获得高额利润。于是国外一些大型零售商纷纷创建了他们的自有品牌,随后,其他商家也纷纷效仿,自有品牌的开发成为一种趋势。

1. 英国马莎百货集团(Marks & Spencer)

英国马莎百货集团是开发自有品牌的卓越典范,其所有商品都使用自有品牌"圣米高"。马莎公司是英国最大的商业集团,创始于1894年,目前已成为在全球拥有600多家商店、65 000多名雇员、年营业额达72亿英镑的跨国零售企业集团,具有很好的经营效益。在其成功的经验中,很重要的一点就是能从顾客的需要出发,主动开发自有品牌商品。在马莎总部雇有350多名技术人员,负责新产品的设计开发和对生产过程的监督。但是马莎集团并不是自己投资建厂,而是将所设计的产品交由制造商生产,所以被称为"没有工厂的制造商"。

2. 广东零售企业力创自有品牌

目前,广东大多数的大型连锁超市都有自己的自有品牌。在深圳的沃尔玛福星店、蛇口店、嘉里社区店里面,印有"GREAT VALUE"标识的自有品牌随处可见,如"惠宜""equate""ash creek""725"等等。在民润全家乐的简单超市里,印有"VALUE PLUS"标识的自有品牌——"维加"占所有品牌的比例更是高达40%。其他连锁超市巨头的自有品牌包括新一佳的"新一佳"、民润市场的"精明选"、万佳百货的"家之精选"和"RMKY"、华润超市的"五丰""怡宝"和"德信"、中山壹加壹超市的"阔吉"和"先达"、人人乐的"乐丝"等等。

同时,其他一些暂时还没有自有品牌但实力强和销售网络广的连锁超市,也纷纷表示将考虑开发自己的品牌。一些连锁超市还专门成立了"自有品牌开发部",专门负责企业未来自有品牌的开发和销售事宜。

自有品牌的商品主要集中在快速消费品和服饰两大方面。在快速消费品方面,有如沃尔玛的"惠宜"鱿鱼干、"惠宜"巧克力威化、"惠宜"茶树菇以及"equate"沐浴露等;全家乐简单超市的"维加"早餐饼、沐浴露、洗洁精、地板净、牛奶威化饼、汉堡糖等;新一佳的"新一佳"纸巾、红色旅行袋和固体香剂等;民润市场的"精明选"一次性纸杯、纸巾和悠闲食品等;万佳百货的"家之精选"纸巾和糖果等;华润超市的"五丰"米粉、"怡宝"纯净水和"德信"茶叶等;人人乐的"乐丝"毛巾;以及中山壹加壹超市的"阔吉"糖果、"先达"面包以及"1+1"纸巾等等。而在服饰方面,则有沃尔玛的"ash creek"衬衣、"725"牛仔裤;人人乐的"乐丝"袜子和休闲服装;万佳百货的"RMKY"服装等等。

思考:(1)上述零售企业开发自有品牌是出于什么动机?
(2)零售企业开发自有品牌要具备什么条件,要注意什么问题?

第三节 商品陈列策略

一、商品陈列一般原则

【典型案例】

一位女高中生在7-11的店铺中打工,由于粗心大意,在进行酸奶订货时多打了一个零,使原本每天清晨只需3瓶酸奶变成了30瓶。按规矩应由那位女高中生自己承担损失,意味着她一周的打工收入将付之东流。这就逼着她只能想方设法地争取将这些酸奶赶快卖出去。她冥思苦想,把装酸奶的冷饮柜移到盒饭销售柜旁边,并制作了一个POP,写上"酸奶有助于健康"。令她喜出望外的是,第二天早晨,30瓶酸奶不仅全部销售一空,而且出现断货,谁也没有想到这个小女孩戏剧性的实践带来了7-11新的销售增长点,从此,在7-11店铺中酸奶的冷藏柜同盒饭销售柜摆在了一起。

案例中的这位女孩所做的能够增加门店销售额的举措,实际上是满足了商品陈列原则中的关联陈列原则。为了激发顾客潜在的购买欲望,方便其购买相关商品,可以将相关联的商品进行相邻摆放陈列,以达到促进销售的目的。例如,在鞋子的货柜旁陈列鞋油,在咖啡豆的货柜旁陈列咖啡伴侣,或在牙膏旁陈列牙刷等。

那么,除了关联陈列原则,商品陈列还有哪些原则呢?

1. 显而易见原则

商品在货架上易见,是销售达成的首要条件。要做到商品陈列显而易见,一是卖场内所有商品都必须能让顾客看清楚;二是要让顾客感到需要购买某些计划之外的商品,即激发其冲动性购物心理。

2. 方便拿取原则

一旦顾客对陈列商品产生兴趣,就有触摸商品的要求。因此保证商品方便拿取,是刺激消费者购买的关键环节。除了一些易碎、易受损失或极其昂贵的商品之外,都应尽量保证这一原则。

顾客在站立时,伸手可及的范围,是距地板50~180 cm的范围,而这一范围就被称为有效陈列范围,因此,在此空间陈列重点商品是增加销售额的秘诀。反之,50 cm以下、180 cm以上,是顾客难以触及的空间,大多进行非重点商品的陈列。而在上述有效范围之中,顾客最容易看见和接触的范围是距地板80~130 cm的空间,被称为黄金带。这个部分一般用来陈列畅销商品、重点商品或季节性商品,对准增加销售的目标;而在黄金带以外,一般用来陈列准重点商品或一般商品。

3. 陈列丰满原则

消费者在选购商品时,总是希望有丰富多彩、琳琅满目的商品可供挑选,以便货比三家。美国的心理学调查显示:陈列丰满的超市比不丰富的超市销售额平均增加24%。因此,商品陈列要做到品种丰富、数量充足,将所有商品有秩序、有规律地摆放在货架上。如果同类商品有不同的款式、花色和规格等,都应根据条件,全部展示出来,以扩大顾客的可选范围。另外,将商品摆放成一定的图案或形状,也可以达到商品丰富的效果。

4. 先进先出原则

在补充商品时,要注意先把原有的商品取出来,然后放入补充的新商品,再在该商品前面陈列原有的商品。这样做的目的是保持商品的品质和提高商品的周转率,对于采取顾客自选方式销售的连锁店来说,这一点尤为重要。尤其是生鲜、冷冻冷藏等保质期较短的食品更要注意先进先出。回想下我们自己买酸奶,细心的人往往会拿货架靠里面一点的,它的生产日期会更近一点。

5. 垂直陈列原则

实践证明,同类商品垂直陈列的销售效果要明显好于横向陈列。这是因为人的视觉规律是上下垂直移动时更为方便;而横向陈列时,顾客在挑选系列商品中的某个单品时就会感到非常不便,也极易造成对某些商品的漏看。

6. 合理分配原则

门店货架空间宝贵,商品陈列不可能做到平均分配,销售好的商品排面大,陈列段位好,销售差的则相反,这样才能实现销售最大化。同时,销售陈列是一个动态过程,要不断根据销售情况,做好陈列的调整。

二、商品陈列方法

【典型案例】

在一家超市里有一个有趣的现象:尿布和啤酒赫然摆在一起出售,但是这个奇怪的举措却使尿布和啤酒的销量双双增加了。这不是一个笑话,而是发生在美国沃尔玛连锁超市中的真实案例,并一直为商家所津津乐道。

原来,美国的妇女们经常会嘱咐她们的丈夫下班以后要为孩子买尿布。而丈夫在买完尿布之后又要顺手买回自己爱喝的啤酒,因此啤酒和尿布被一起购买的机会还是很多的。

是什么让沃尔玛发现了尿布和啤酒之间的关系呢?商家正是通过对超市一年多以来原始交易数据进行的详细分析,才发现了这对神奇的组合。

零售企业经营所涉及的行业、商品、目标顾客不同,零售门店商品陈列的方法也不同。在新零售背景下,更应该在收集、分析大数据的基础上,根据商品的特性和顾客的不同需求,灵活运用各种商品陈列方法。

1. 整齐陈列法

整齐陈列法是指将单个商品整齐地

图 4-16 整齐陈列法

堆积起来以进行商品陈列的方法(图 4-16)。采用这种方法,只要按货架尺寸确定商品长、宽、高的排面数,将商品整齐地排列即可。

整齐陈列法突出了商品的量感和价格低廉的形象,因此适用于企业想要大量推销给顾客的商品、折扣高的商品、购买频率高的商品、季节性商品、节庆商品和新上市商品等。

2. 端头陈列法

端头是指卖场中双面的中央陈列架的两头(图 4-17)。在卖场中,中央陈列货架的两端是顾客流量最大、往返频率最高的位置。从视角上说,顾客可以从三个方向看见陈列在这一位置的商品。因此,端头是商品陈列的黄金位置,也是卖场内最能吸引顾客注意力的重要位置。

端架还能起到接力棒的作用,吸引顾客按门店布局设计的安排不停地向前走。端头一般用来陈列特价品,或者门店推荐给顾客的新商品,以及利润高的商品。

图 4-17 端头陈列法

图 4-18 比较陈列法

3. 比较陈列法

把相同的商品,按不同规格、不同数量予以分类,然后陈列在一起(图 4-18)。比较陈列法的经营意图是促使顾客更多地购买。

例如:瓶矿泉水售价 1 元,旁边陈列的包在一起的 6 瓶矿泉水售价 5.4 元,包在一起的 12 瓶矿泉水只卖 10 元。把单瓶、6 瓶、12 瓶装的矿泉水陈列在一起,就可使顾客比较得出买得越多单价就越便宜的结论,从而刺激顾客购买包装量较大的商品。值得注意的是,在进行比较陈列作业时,要更多陈列包装量大的商品。

4. 悬挂陈列法

将无立体感的扁平或细长型商品悬挂在带有固定的或可以转动的专有挂钩的陈列架上,就叫悬挂陈列(图 4-19)。

悬挂陈列能使这些无立体感的商品产生很好的立体效果,并且能增添其他特殊陈列方法所没有的变化。这种方法主要适用于有孔型包装的小商品,如糖果、剃须刀、铅笔、玩具、小五金工具、头饰、拖鞋和袜子等。

图 4-19　悬挂陈列法

图 4-20　岛式陈列法

5. 岛式陈列法

岛式陈列法是指在卖场的进口处、中部或底部不设置中央陈列架,而配置特殊陈列用的展台陈列商品(图 4-20)。岛式陈列可以让顾客从四个方向看到商品,在卖场内起到较好的展示效果。

岛式陈列的用具一般有冰柜、平台、大型的货柜和网状货筐。应注意用于岛式陈列的用具不能太高,否则会影响整个卖场的视野,也会影响顾客从四个方向对岛式陈列商品的透视度。为了使顾客能够环绕岛式陈列台选购商品,应给岛式陈列台以较大的空间。

6. 主题陈列法

主题陈列又叫专题陈列,是在进行商品陈列时采用各种艺术手段、宣传手段、陈列用具,并利用声音和色彩突出某一商品(图 4-21)。

对于一些新产品,或者是某一时期的流行产品,以及由于各种原因要大量推销的商品,可以在陈列时利用特定的陈列道具突出宣传,必要时可配以集束照明的灯光,使大多数顾客能够注意到这些商品。

图 4-21　主题陈列法

进行主题陈列的商品可以是一种商品,也可以是一类商品,尽量进行少而精的摆放,要与其他商品有明显的陈列区别,以突出推销重点。

7. 突出陈列法

突出陈列是将商品放在篮子、车子、箱子或突出板内,陈列在相关商品的旁边销售,其主要目的是诱导和招揽顾客(图 4-22)。

突出陈列应注意高度要适宜,既要引起顾客的注意,又不能太高,以免影响货架上商品的销售效果;突出陈列不宜太多,以免影响顾客正常的行动路线;不宜在窄小的通道内做突出陈列,即使比较宽敞的通道,也不要配置占地面积较大的突出陈列商品,以免影响通道顺畅。

图 4-22　突出陈列法

图 4-23　关联陈列法

8. 关联陈列法

关联陈列也叫配套陈列,即将与主力商品有关联的商品陈列于主力商品的周围以吸引并方便顾客购买的陈列方法(图 4-23)。

以主力商品为中心,要尽可能将与此类商品有关联的商品集中在同一场所。关联陈列可以依行业特性、商品特性、目标顾客等进行全面考虑。

三、促销陈列技巧

"酒香不怕巷子深"?只要商品质量好,自然会有人购买吗?诚然,好的产品自会有人光顾,但在同类商品众多、竞争日益激烈的零售行业,通过店铺陈列技巧,可以使商品更畅销。

如何使你的商品引人注目?引起顾客的兴趣?如何唤起顾客的购买需求?使人信服并记住,最后转化为购买行为?

AIDMA 法则可以助你一臂之力!

1. 注目(Attention)

80%的顾客在刚进店时就已经决定了要购买的商品。如何充分利用陈列方式第一时间获取顾客的关注呢?这就需要在有限的空间里将商品陈列于最佳位置——通常人们无意识的观望高度为0.7~1.7 m,上下幅度为1 m,而且与视线成30°范围内的物品最易引人注意。当调整陈列位置之后,销售额可以得到显著提升。

我们可以利用这一最受人注目的黄金区域,陈列重点销售商品。在黄金区域,我们推荐采用纵向陈列方式,同时又可以通过全方位化的陈列来营造商品或品牌的影响力,从而提升销售额,例如颜色、设计、型号、用途、效果、功能、味道的全方位化。而对于无法陈列在黄金区域,或不适合陈列在货架上的商品,我们可以采用新颖的陈列来吸引顾客的注意。

2. 兴趣(Interest)

在吸引消费者目光后,如何进一步引发强烈的购物兴趣呢?

首先,进一步展示商品特点,如陈列时除了表明价格信息外,备注商品的各项性能等特点,可以使顾客更感兴趣。

同时,我们还可以充分展示商品内容,如通过局部透明包装展示附加商品,使顾客一目了然。

除此之外,POP宣传口号还可以使商品用意清晰呈现,这种陈列技巧对于主题性、关联性商品的促销非常有帮助。

3. 需求(Desire)

我们需要通过"陈列"告诉消费者,其实你很需要这款产品——有时候,需求是创造出来的。

这就需要我们不仅仅是陈列商品本身,还需要陈列与商品有关的生活场景,当你为顾客描绘出一个他向往的生活场景,并营造出这样的氛围,需求就被创造了。例如,钟表厂商在销售潜水钟表或手摇式钟表时,可以分户外或怀旧主题陈列,同时搭配各类小道具,让顾客身临其境地去感受商品。

便于试用商品的陈列也可以帮助创造需求。网店等虚拟店铺无法让顾客实际看到或是接触到商品,而实体店可以做到这点,这正是实体店的优势,也是顾客特意光顾实体店的原因之一。有些商品的确需要密封包装,但这类商品必须陈列有样品。例如,当顾客亲自看到、触摸到衬衫的用料、质感,并试穿观看效果,这些真实的体验可以唤起消费者的需求。

4. 信服并记住(Conviction & Memory)

如何使商品给顾客带来安全与信任感呢?

优质的生产商是值得信赖的保障。我们可以在POP广告上展示生产商的头像图片,或打上工厂直销或百年老店的标语。

为了摆脱纯粹的价格竞争,除了在商品质量方面多下工夫外,销售的附加价值也愈发关键;同时,形象地向顾客展示这种附加价值也变得越来愈重要。例如,蛋糕店会用透明玻璃将操作区与购物区隔离,这样顾客可以直接看到蛋糕的制作过程,这会让人更加放心购买。

加强记忆也十分必要。例如设置大型陈列台和简单过道,让顾客走上一圈就能看到所有商品,不会有遗漏,这样便于顾客对所有商品留有印象。对于日常用品,如水杯,还可以采用别出心裁的陈列方式给顾客留下更深刻的印象。

5. 行动(Action)

如何让犹豫不决的顾客下定决心购买呢?

在挑选商品之际,不少顾客觉得商品种类过多,或是自己对商品知识了解不够而犹豫不决。对待这样的顾客,有效的方法是标记出"推荐商品",但这种方法也因顾客和商品而异。关键是在仔细分析商品和顾客的购买行为之后再决定"推荐商品",可以事半功倍。

而促销难辟新径的最大原因是就算顾客对商品产生了兴趣,也觉得"无论什么时候买都一样",因此没有实际购买商品。为了让顾客立刻购买,我们需要使顾客觉得"绝不能错过现在的机会"。方法有很多:例如限定促销日期的销售(如只限每月20号打八折等)。

需要特别注意的是,在促销的同时,工作人员应该及时检查安全库存,及时补货,确保货架满陈列,并在陈列时遵循先进先出的原则。虽然这都是最基本的工作,但却极其重要,应该认真坚持做好。

Retail is Detail,零售即细节。做好商品陈列的服务细节,销售额提高就水到渠成了。

【知识拓展】

商品价格管理

零售门店经常会遇到一些问题:门店频繁的市场调查,经常调低价格,到月底统计毛利,销售了一个月为啥不赚钱?超市经常性市场调研价格,调查结果经常与竞争店不相上下,为什么顾客还在抱怨我们的价格高?家居用品、家纺、散装商品、生鲜等商品码放参差不齐,同品牌、同规格、同型号的商品,如何制订低价策略?

1. 商品的定价管理

(1)商品定价的方法

① 参照定价法。参照定价(referencepricing)是定价策略的一种。企业用来影响消费者心目中的参照价格的定价方法。参照价格是顾客用以对照所购商品价格的市场价格或以前价格。

企业常企图影响顾客心目中的参照价格,如柜台陈列中将高价商品放在附近,以示这些商品均为高档系列;或营销者告诉顾客某商品的原价比现价高得多;或启发顾客将本企业的价格同竞争者的价格作比较等。

② 毛利率法。根据本期销售净额乘以上期实际(或本期计划)毛利率匡算本期销售毛利,并据以计算发出存货和期末结存存货成本的一种方法。(毛利率＝销售毛利/销售净额×100%)

③ 折扣定价法。企业为了鼓励顾客及早付清货款、大量购买、淡季购买等,可以酌情降低商品的价格,这种价格调整即为折扣定价策略。折扣价格的主要类型包括:现金折扣、数量折扣、功能折扣、季节折扣、价格折让等。影响折扣定价策略的主要因素有竞争对手的实力、折扣的成本、市场总体价格水平等。企业实行折扣定价策略时,还应该考虑企业流动资金的成本、金融市场汇率变化、消费者对折扣的疑虑等因素。

④ 特卖商品定价法。商品的跌价幅度特别大,对顾客有很强的吸引力。特卖商品是连锁超市的企业形象商品,是价格促销的重要组成。一般特卖商品要比平时或竞争店的价格低20%以上,否则不可能给顾客带来深刻的印象,也不能造成销售的强刺激。最好每周都能推出一批,或每天推出一种商品,不过超市推出的特价商品必须有一个数量的控制。因为特卖商品定价法推出的主要目是吸客和集客,以此来带动超市整体商品的销售,如果特卖商品售出的亏本额超出了由此带动的销售所产生的赢利额,那么特卖商品定价法就会失效。

⑤ 销售赠品定价法。向顾客免费赠送或消费者购买商品的金额达到一定标准时即可获得礼品的方法。具体方式有:免费赠送,只要进店就可免费获得一件小礼品;买后才送,即购物满一定额度才能获得礼品;随商品附送,如买咖啡送咖啡杯、买酒送酒杯、买生鲜食品送保鲜膜等等。

(2) 商品定价步骤

确认定价目标—确认真正的成本—访查竞争者的价格—找出消费者心目中的价格带。

2. 商品的调价管理

(1) 价格调整原因

采购商品的差错;制订价格上的差错;促销上的差错。

(2) 降价控制技巧

连锁企业最常用的价格调整方式是降价。降价控制技巧可按以下几点去做:

① 确定商品的降价幅度时,应以商品的需求弹性为依据。

② 由于需求弹性小的商品降价可能会引起销售收入和销售利润的减少,所以调价时要慎重考虑调价幅度。

③ 调价时,应考虑的最重要的因素还是消费者的反应。

④ 实施降价控制时,必须能对降价作出估计并修改最近各期的进货计划,以反映每次实行降价的理由。

(3) 选择降价时机

早降价、迟降价、交错降价、全店出清存货等。

【同步测试】

一、单选题

1. 现代市场营销学研究表明,企业营销的核心目标是在满足(　　)需求的基础上实现商品的"交换"。
   A. 消费者　　　　B. 生产者　　　　C. 零售者　　　　D. 厂商

2. 选购商品比(　　)的价值高,需求弹性较大,挑选性强,大多数消费者对这些商品希望获得更多的选择机会。
   A. 普通商品　　　　　　　　　　B. 特殊商品
   C. 一般商品　　　　　　　　　　D. 方便商品

3. 堆头是指超市中商品(　　)所形成的商品陈列,有时是一个品牌产品单独陈列,有时会是几个品牌的组合堆头。
   A. 分开陈列　　　B. 上下陈列　　　C. 单独陈列　　　D. 合并陈列

4. 整齐陈列法是指将(　　)商品整齐地堆积起来以进行商品陈列的方法。
   A. 单个　　　　　B. 多个　　　　　C. 一箱　　　　　D. 多箱

5. 应注意用于(　　)陈列的用具不能太高,否则会影整个卖场的视野。
   A. 悬挂　　　　　B. 端头　　　　　C. 比较　　　　　D. 岛式

二、多选题

1. 堆头的种类有很多种,比如(　　)。
   A. 堆头框　　　B. 空箱打底的堆头　　C. 供应商形象架　　D. 摆货架

2. 整齐陈列法突出了商品的(　　)形象,因此适用于企业想要大量推销给顾客的商品。
   A. 实用　　　　B. 价格低廉　　　　C. 量感　　　　　D. 外观

3. 岛式陈列法是指在卖场的(　　)不设置中央陈列架,而配置特殊陈列用的展台陈列商品。
   A. 出口处　　　B. 卖场的进口处　　C. 中部　　　　　D. 底部

4. 进行主题陈列的商品可以是(　　)商品,尽量进行少而精的摆放。
   A. 一种　　　　B. 一类　　　　　　C. 单个　　　　　D. 多个

5. 关联陈列可以依(　　)进行全面考虑。
   A. 商品质量　　B. 商品特性　　　　C. 行业前景　　　D. 行业特性

三、判断题

1. 在新零售时代,消费者的主导性越来越强,唯品牌、唯利润的时代已经过去,真正进入了以消费者为中心的品类时代。　　　　　　　　　　　　　　　　　　　　　　　　(　　)
2. 方便商品大多为日用品,价值较低,需求弹性小,是消费者比较熟悉的商品。　(　　)
3. 大多数商店在进行商品配置时,都事先对商品的亏损程度进行分析。　　　　(　　)
4. 实践证明,同类商品垂直陈列的销售效果明显好于横向陈列。　　　　　　　(　　)
5. 端头是商品陈列的黄金位置,也是卖场内最能吸引顾客注意力的重要位置。　(　　)

四、简答题
1. 商品配置的策略有哪些？
2. 商品的陈列方法都有哪些？

第五章 零售企业库存管理*

【学习目标】

1. 掌握 ABC 库存分类管理方法,并且能够根据零售企业实际情况帮助其实现"零库存"。
2. 熟悉并掌握收货入库作业流程,在实际工作岗位上能够严格执行每一环节。
3. 掌握库存商品的管理要求,能够做好堆码、盘点、维护等工作。
4. 掌握并能够进行出库作业管理。

【关键概念】

库存;ABC 库存分类管理;零库存;入库;在库;出库

【内容体系】

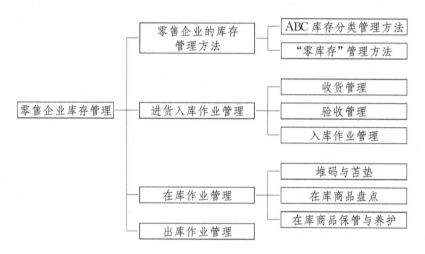

图 5-1 零售企业库存管理

【导入案例】

联想集团的 VMI(供应商管理库存)模式

VMI 即供应商管理库存,是一种在供应链环境下的库存运作模式。它将多级供应链问题变成单级库存管理问题,相对于按照用户发出订单进行补货的传统做法,VMI 是以实际或预测的消费需求和库存量,作为市场需求预测和库存补货的解决方法,即由销售资料得到消费需求信息,供货商可以更有效、更快速地适应市场变化和消费需求。

作为近年来在理论与实践上逐步成熟的管理思想,VMI 备受众多国际大型企业的推崇。大型零售商沃尔玛、家乐福是实施 VMI 的先驱,朗科、惠普、戴尔、诺基亚等都是成功实施 VMI 的典范。

目前,联想集团年销量达 300 多万台,名列全世界电脑生产厂商第八位,其业务规模完全达到了 VMI 模式的要求,并已经引起了供应商的重视。在国内 IT 企业中,联想是第一个开始品尝 VMI 滋味的,其在北京、上海、惠阳三地的 PC 生产厂的原材料供应均在项目之中,涉及国外供应商的数目也相当大。

联想集团以往物流运作模式是国际上供应链管理通常使用的看板管理,即由香港联想对外订购货物,库存都放在香港联想仓库,当国内生产需要时由香港公司销售给国内公司,再根据生产计划调拨到各工厂,这样可以最大限度地减少国内材料库存;但是此模式经过 11 个物流环节,涉及多达 18 个内外部单位,运作流程复杂,不可控因素较多。同时,由于订单都是从香港联想发给供应商,所以大部分供应商在香港交货,而联想的生产信息系统只在内地的公司使用,所以生产厂统计的到货准时率不能真实反映供应商的供货水平,导致不能及时调整对供应商的考核。

按照联想 VMI 项目要求,联想将在北京、上海、惠阳三地工厂附近设立供应商管理库存,联想根据生产要求定期向库存管理者即作为第三方物流的伯灵顿全球货运物流有限公司发送发货指令,由第三方物流公司完成对生产线的配送,从其收到通知,进行确认、分拣、海关申报及配送到生产线,时效要求为 2.5 小时。该项目将实现供应商、第三方物流与联想之间货物信息的共享与及时传递,保证生产所需物料的及时配送。实行 VMI 模式后,将使联想的供应链大大缩短,成本降低,灵活性增强。VMI 项目涉及联想的国际采购物料,为满足即时生产的需要,供应商库存物料在进口通关上将面临很多新要求,例如,时效、频次等。因此,海关监管方式对于 VMI 模式能否真正带来物流效率的提高至关重要。

针对联想所提出的 VMI 物流改革方案,北京海关与联想集团多次探讨,具体参与并指导联想集团对供应商管理库存模式的管理。北京海关改革了传统的监管作业模式,在保税仓库管理、货物进出口、货物入出保税仓库、异地加工贸易成品转关等方面采取了相应监管措施。

(资料来源:https://www.iepgf.cn/forum.php? mod=viewthread&tid=22502)

第一节 零售企业的库存管理方法

一、ABC库存分类管理方法

库存管理越来越受到零售企业的重视。在很多零售企业里,库存的成本占用了大量的流动资金,减少库存、降低库存成本,成为企业"第三利润源"的重点所在。

随着零售企业经营的产品生命周期逐渐缩短,其面临的商品种类都达到几千上万种。品类多、发货量大使库存管理难度大幅度增加。在零售企业运作中如何提高库存的准确性和效率性决定了企业的生存能力。我们来了解一种经典的库存分类管理方法——ABC库存分类法。

企业资源有限,而不同物品的保管要求不同,对所有物品都采用相同的存货管理方法,管理的难度和强度将会增大,而且不符合经济的原则,因而,需对库存物品按不同的重要程度进行分类管理,即ABC库存分类管理法。

帕累托是19世纪意大利的一位经济学家,他提出了著名的"二八"定律,社会80%的财富集中在20%的人手中,而余下的80%的人只占有20%的财富。后来人们发现,关键的少数和次要的多数规律适用于很多场合,这就是帕累托原理。1951年,管理学家戴克将帕累托原理应用于库存管理,命名为ABC法。

ABC库存管理法以库存物品中单个品种的库存资金占整个库存资金的百分比为基础进行分级,按级别进行分级管理。因此,首先必须掌握库存物品的信息,其管理实施步骤如下:

1. 数据收集

某连锁专业店日常销售的20类500种物品库存占用资金量见表5-1,对该店销售的20类物品进行ABC分类,并确定不同的库存管理方法。

表5-1 某店20种物品及库存占用资金量

物品名称	1	2	3	4	5	6	7	8	9	10
占用金额/万元	96	44	18	12	6	4	3	2.9	2.5	2.2
物品名称	11	12	13	14	15	16	17	18	19	20
占用金额/万元	2	1.8	1.5	1.2	1	0.6	0.5	0.4	0.3	0.1

2. 数据处理

首先,计算出各物品品目占物品品目总和的比重和各物品占用金额;其次,自高值向低值对各物品品目及所占全额的比重进行累计;再次,把累计结果标注在品目数累计、资金占用累计坐标中,并绘制 ABC 分析表(表 5-2)。

表 5-2　某店 20 种物品的 ABC 分析表(表头)

品目名称	占用资金额/万元	所占比重/%		比重累计		分类
		品目	金额	品目	金额	

3. 根据 ABC 分析表进行分类

将资金占用累计量在 70%、品目数累计在 10% 的物品列为 A 类;资金占用量累计在 10%、品目数累计在 70% 的物品列为 C 类;其余为 B 类(表 5-3)。

表 5-3　ABC 分类结果

类别(品目)	A(1、2)	B(3、4、5、6)	C(其余)
品目所占比重/%	10	20	70
金额所占比重/%	70	20	10

4. 绘制 ABC 分析图

以占总品种数的百分数为横坐标,依据 ABC 分析表对应的数据,将物品划分为 A、B、C 三类,在坐标平面上描绘出各点,并连接各点绘制出 ABC 曲线。为直观地看出 A、B、C 类物品的分布,可根据 ABC 分析表的数据绘制出 ABC 分析直方图。

零售企业在对库存商品进行 ABC 分类之后,便应根据企业的经营策略对不同级别的库存商品进行不同的管理,以便有选择性地对库存商品进行控制,减轻库存管理的压力。

A 类库存:对于这类品种少、价值高的商品,应当投入较大力量精心管理、严格控制,防止缺货或超储,尽量将库存量压缩到最低,并保持最高的服务水平,即最少 98% 的库存可得性。按库存模型计算每种商品的订货量,按最优批量、采用定量订购方式订货,严密监视库存量变化情况,当库存量一降到报警点时便马上订货;库存进出库记录填写严格;对需求进行较精确的预测,尽量减少安全库存量。

B 类库存:这类库存品属于一般的品种。应按经营方针调节库存水平,保持较高的服务水平,至少 95% 的库存可得性。单价较高的库存品采用定量订购方式;

其他的采用经济订货间隔时间订货方式,可对若干商品进行联合统一订货,采用非强制库存系统较适合;库存检查较频繁,物品进出库记录填写比较严格,并保持较多的安全库存。

C类库存:对零售企业的经营影响最小,对其的管理也最不严格。集中大量订货,以较高的库存来减少订货费用,并保持一般的服务水平,即大约90%的库存可得性;库存检查按年度或季度进行,简单填写物品进出库记录,多准备安全库存,减少订购次数,降低订货费用;对此类库存品,可以采用双堆库存管理系统。

ABC分类管理可以显著减轻零售企业库存管理的工作量。它把"重要的少数"与"不重要的多数"区别开来,从而可以做到压缩总库存量、减少资金的占用、使库存结构合理化、节约管理力量。

二、"零库存"管理方法

2016年10月的阿里云栖大会上,马云在演讲中第一次提出了"新零售"的概念,认为企业要消灭库存,更好地管理库存,实现零库存。

"零库存"是一种特殊的库存概念,并不等于不要储备或没有储备,而是指某种或某些货物以仓库储存形式储存的数量很低,甚至可以为零,即不保持库存。零库存可以大大减少仓库存货的一系列工作,降低物流成本,如仓库建设、存货维护、保管、装卸、搬运和存货占用流动资金等。它主要是通过利用现代化的物流设施和先进的信息系统努力缩减自己的库存来实现的。

家电企业美的有这样一个理念:宁可少卖,不多做库存。这句话体现了美的控制库存的态度以及决心。而不同的生产模式对应着企业不同的库存控制方法,也就成就了全球大多数拥有经典库存控制法的成功企业。

像戴尔这样采取按单生产模式的企业,控制原材料和零配件库存更是重中之重。一般情况下,包括手头正在进行的作业在内,戴尔的任何一家工厂里的库存量都不超过6个小时的出货量。这种模式,就是JIT方式,即以最准时、最经济的生产资料采购和配送满足制造需求。

【典型案例】

戴尔的"零库存"

戴尔的营运方式是直销,在业界号称"零库存高周转"。

在直销模式下,公司接到订货单后,将电脑部件组装成整机,而不是像很多企业那样,根据对市场的预测制订生产计划,批量制成成品。真正按顾客需求定制生产,这需要在极短的时间内完成,速度和精度就是考验戴尔的两大难题。

戴尔的做法是，利用信息技术全面管理生产过程。通过互联网，戴尔公司和其上游配件制造商能迅速对客户订单作出反应：当订单传至戴尔的控制中心，控制中心把订单分解为子任务，并通过网络分派给各独立配件制造商进行排产；各制造商按戴尔的电子订单进行生产组装，并按戴尔控制中心的时间表来供货；戴尔所需要做的只是在成品车间完成组装和系统测试，剩下的就是客户服务中心的事情了。

通过各种途径获得的订单被汇总后，供应链系统软件会自动地分析出所需原材料，同时比较公司现有库存和供应商库存，创建一个供应商材料清单。而戴尔的供应商仅需要90分钟的时间用来准备所需要的原材料并将它们运送到戴尔的工厂，戴尔再花30分钟时间卸载货物，并严格按照制造订单的要求将原材料放到组装线上。由于戴尔仅需要准备手头订单所需要的原材料，因此工厂的库存时间仅有7个小时，而这7个小时的库存却也能在某种程度上看作是出于周转过程中的产品。

而戴尔来到中国后却彻底放弃了享誉全球的零库存直销模式。零库存的前提是按需定制的"工厂—订户"模式，订一台产一台，产一台卖一台，否则有固定型号的量产就一定有库存。而戴尔在中国的广告，仍然是主打几款产品，而不是强调按需定制，只不过销售热线比其他厂商多了几个而已。而要求戴尔为所购买的电脑加一条内存或加一块硬盘的"定制"自然和它享誉全球的全机定制相去甚远。戴尔在中国为什么不采用它横扫全球的销售方法和中国的物流链有关。

中国物流的效率难以支持戴尔在美国提出的将产品3天内从工厂送到用户手中，而且，一般的中国用户恐怕也不想为了享受一次上门服务，多承受几百块钱的成本。同时，电脑在今日中国尚且还不能算是真正意义上的家用电器。选择这样的销售模式还与中国人的购买习惯有关。中国的消费者购买商品喜欢去卖场货比三家，因为卖场里可以多一些选择机会，购买前还能看到真品。对于电脑这类的大件商品，非要试用几下，才能买得踏实。

（资料来源：https://wenku.baidu.com/view/899cc541b307e87101f696c7.html）

国情决定购买习惯，购买习惯决定销售方法，戴尔在中国采用分销和直销结合的形式，能卖出产品就行。毕竟产品的质量、品牌、服务还是一流的，这足以使其成为有力的市场竞争者。分销，是戴尔适应市场的行为。而合理的库存战略，则是支持和推动企业发展的强力后援。

大体来说，零库存的实现途径有4个。

1. 委托营业仓库存储货物

营业仓库是一种专业化、社会化程度比较高的仓库。委托这样的仓库或物流组织储存货物，就是把所有权属于用户的货物存放在专业化程度比较高的仓库中，由后者代理用户保管和发送货物，用户则按照一定的标准向受托方支付服务费。

2. 采用适时适量生产方式

适时适量(JIT)生产方式,即"在需要的时候,按需要的量生产所需的产品"。这是在日本丰田公司生产方式的基础上发展起来的一种先进的管理模式,它是一种旨在消除一切无效劳动、实现企业资源优化配置、全面提高企业经济效益的管理模式。

3. 按订单生产方式

在订单生产方式下,企业只有在接到客户订单后才开始生产,企业的一切生产活动都是按订单来进行采购、制造、配送的,仓库不再是传统意义上的储存物资的仓库,而是物资流通过程中的一个"枢纽",是物流作业中的一个站点。物是按订单信息要求而流动的,因此从根本上消除了呆滞物资,从而也就消灭了"库存"。

4. 实行合理配送方式

一般来说,在没有缓冲存货情况下,生产和配送作业对送货时间的准确性更敏感。无论是生产资料还是成品,物流配送在一定程度上影响其库存量。因此,通过建立完善的物流体系,实行合理的配送方式,企业及时地将按照订单生产出来的物品配送到用户手中,在此过程中通过物品的在途运输和流通加工,减少库存。企业可以通过采用标准的零库存供应运作模式和合理的配送制度,使物品在运输中实现储存,从而实现零库存。如采用"多批次、少批量"的方式向用户配送货物、采用集中库存的方法向用户配送货物、采用"即时配送"和"准时配送"的方法向用户配送货物等。

【知识拓展】

"零库存"在中国是否普遍可行?

1. 库存管理和仓库管理不是一回事儿

以前在做培训的时候,有人问过我库存管理和仓库管理的区别。我回答这二者之间是有本质上的区别的。

库存管理(Inventory Management)是企业经营业务的一部分,主要的目的是计划和控制库存。

库存是维持企业经营活动的必需品,生产、采购、销售过程都离不开它。库存管理就是对于库存在整个流通环节中的管理,需要供应链上各个环节的协同配合(图5-2)。

仓库管理(Warehouse Management,也叫仓储管

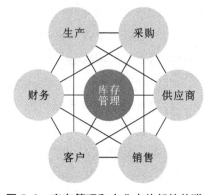

图5-2 库存管理和企业内外部的关联

理)是对于存储在仓库内的货物实现有效的收货、储存和发货的管理。

库存管理和仓库管理在业务上有交集,但是在组织结构上没有从属关系,应该都是在统一的供应链部门管辖之内的。

从它们的职责范围可以看出,库存管理比较偏重于物料计划、数据的统计和计算,是属于信息流(Information Flow)范围的。

仓库管理偏重于仓库环境的控制、货物的保管和移动,是属于实物流(Material Flow)的概念(图5-3)。

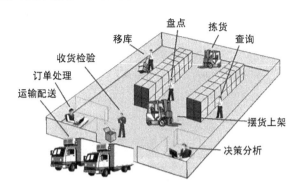

图 5-3 仓库管理

2. 库存控制,不是一味地减库存

企业要始终保持财务的健康,就必须保持有一定量的现金流,从公司财务的角度来看,库存是越少越好。但库存也是维持经营活动的必需品,缺少了原材料就不能生产出成品,缺少了成品也就不能出售给客户。

从原料采购到成品交付给客户的整个供应过程中,有着太多的环节,任何一个地方出现了供应断裂对整个的供应链都有影响。

生产和供应链都是复杂的过程,不可能做到无缝连接,在前后流程的衔接处,库存就自然而然地产生了。

所以有一种说法:库存是润滑剂,保障了各个环节之间运转灵活。

所以我们要把库存控制在一个合理的范围内(图5-4),而不是一味地减库存,毕竟真正的"零库存"只适用于极其特殊的案例中。

这个道理就像是人的体重,现在我们常用BMI指数(Body Mass Index,身体质量指数)来衡量人体胖瘦程度以及是否健康。

图 5-4 影响库存的因素

BMI指数过高肯定是肥胖,过低了也是不健康的,一个身高180 cm的大个子,体重还不到60 kg,这样的人很可能是不健康的。(注:BMI=体重/身高的平方。例如一个50 kg的人,身高是155 cm,则BMI为:$50/1.55^2=20.8$)

库存也是同样的道理,并不是越少就越好。库存减得太多了,就会影响客户交货水平,客户如果不满意了,业务也就丢掉了(图5-5)。

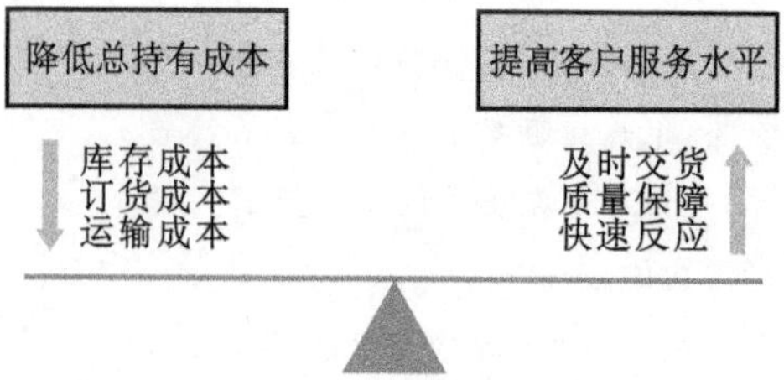

3. "零库存"在中国是否可行?

零库存(Zero Inventory)的概念是由日本丰田汽车公司提出来的,这也是精益生产(Just In Time, JIT)体系内容中的一部分。

图5-5 平衡库存成本和客户服务

精益的思想为什么起源于日本?这绝对不是偶然。日本国土面积狭小,可使用的土地面积非常有限,各种自然资源也很匮乏。

这种国家的特殊性造就了国民特有的价值观,那就是要充分利用一切的资源,鄙视浪费的行为。精益生产中的七大浪费之一就是库存。

零库存之所以能在丰田汽车成功实施,主要有两个因素:第一是靠着日本人对工作严谨的态度和时刻想着消除浪费的价值观;第二是依赖于日本企业之间高度的配合关系。

日企之间很多都是有相互参股的,比如丰田汽车与日系零部件供应商之间有着千丝万缕的关系。因此,日企之间合作的意愿是很大的,推行零库存的阻力是很小的,很多的零件供应商都是在丰田工厂旁边建立了工厂,在日本或是其他国家皆是如此。

以上这些条件中国目前还不具备,有一些所谓的零库存案例可能是把库存转嫁在供应商身上,并不是真正意义上的零库存。所以,现阶段国内还不适宜推行零库存的模式。

(资料来源:https://www.iyiou.com/analysis/2017100856886)

第二节 进货入库作业管理

一、收货管理

卖场里有这么一群人,他们一般在六点多上班,这个时候,来送货的卡车挤满了外面的送货专用通道,他们麻利地对送来的货物进行开箱检查、扫描、验收……按照公司规定,为保证产品质量,每一单货物都要达到二分之一的拆箱率,这无疑加大了他们的工作量。他们一般是 24 小时收货,白天收本地供应商的货,晚上收从总部配送的货,一天 150~180 单,总部的货是 2 000~3 000 件,8 个小时不停地工作。这便是一般大卖场收货员的工作写照。

收货管理是指仓库对入库物资,按一定的程序和手续,进行接运、收货、验收和办理入库手续的工作。

收货操作中要认真检查入库物资,确保数量准确,规格质量符合要求,包装完整无损,货物与单据相符;要手续简便,操作敏捷,有条不紊,入库迅速,并及时入账;认真检查监督运输部门应尽责任的执行情况,以便分清企业与供货单位、仓库与运输部门之间的责任。

收货过程中比较关键的一个环节是验货。验货是门店根据送货单核对实际到货的过程,是在商品正式入库前,按照一定的程序和手续,对到库商品进行数量、质量和包装的检查,以验证商品是否符合订货合同规定的一项工作。这项工作是为了防止仓库和货主遭受不必要的经济损失,同时对供货单位的商品质量和承运部门的服务质量进行监督。

验货工作是一项技术要求高、组织严密的工作,关系到整个仓储业务能否顺利进行,所以必须做到及时、准确、严格、经济。

1. 验收作业流程

(1) 验收准备

仓储部接到到货通知后,开始做验收准备。验收前必须熟悉入库货物情况,熟悉仓库储位情况及分配储位、人力,准备好验收工具等。

(2) 核对单据

货物送达仓库后,需对司机提交的送货单与采购部发来的入库通知单进行核对检查,以确认货物名称、规格、数量和包装等信息是否一致。

(3) 检查货物

在单证单据检查无误后,需要对司机送来的货物进行检查验收,包括以下3个环节:

① 包装情况检查。仓库员工对商品的外包装进行检验,通常检验包装有无被撬、开缝、污染、破损、水渍等不良情况。同时,还要检查包装是否符合有关标准要求,包括选用的材料、规格、制作工艺、标识、打包方式等。包装含水量是影响商品保管质量的重要指标,一些包装物含水量高表明货物已经受损,需要进一步检验。

② 数量验收。货物数量验收是保证商品数量准确不可缺少的重要步骤,按货物性质和包装情况,数量检验主要有计件、检斤、检尺等形式,验收时应注意与供货方采取相同的计量方法。在确定货物验收比例时,货物的性质和特点、货物的价值、货物的生产技术条件、供货单位的信誉、包装情况、运输工具、气候条件等因素都要考虑在内。

③ 质量验收。货物质量验收就是检验货物质量指标是否符合规定。如果仓储合同没有约定,就按照货物的特性和惯例确定。由于货物种类较多,产品也不断更新,不同货物具有不同的质量标准,仓库员工应认真学习常用检验方法,必要时要求供货方提供检验方法、标准和共同参与检验。仓库常用质检方法有:感官检验、测试仪器检验、运行检验等。

(4) 签收单据

在货物检查完毕且确认符合验收标准后,需要在送货单"收货人签字"处和验收单上签字确认。

仓库在货物验收过程中,如发现货物数量与入库凭证不符,或质量不符合规定,或包装出现异常情况,应立即通知业务部门或邀请有关单位现场察看,以便及时作出处理。

2. 货物检验方法

货物往往整批、连续到库,且花色、品种、规格又很复杂,但为力求及时、准确地验收,每次(批)收货时,要检查大件数量及包装标识与入库凭证所列是否相符,包装外部有无异状。对于货物包装质量的验收,通常是根据货物的不同特点、业务部门的要求、仓库设备条件及人力的可能而定。

一般情况下,货物检验分为抽样检验和全数检验。

(1) 抽样检验

抽样检验比例适当,既可以加快货物流动的速度,又能降低检验成本。抽样检验是从一批产品中随机抽取少量产品(样本)进行检验,据以判断该批产品是否合格的统计方法和理论。它与全面检验的不同之处在于,后者需对整批产品逐个进行检验,把其中的不合格品拣出来;而抽样检验则根据样本中产品的检验结果来推断整批产品的质量,如果推断结果认为该批产品符合预先规定的合格标准,就予以接收,否则就拒收。所以,经过抽样检验认为合格的一批产品中,还是可能含有一些不合格品的。

(2) 全数检验

全数检验是指根据质量标准对送交检验的全部产品逐件进行检验测定,从而判断每一件产品是否合格的检验方法,又称全面检验或普遍检验。全数检验一般应用于重要的、关键的和贵重的制品,对以后工序的加工有决定性影响的项目,质量严重不均的工序和制品或不能互换的装配件,以及批量小、不必抽样检验的产品。例如,全数检验适用于冰柜的制冷效果检验,不适用于电视机的寿命检验、钢管的强度检验。

3. 收货管理要求

① 按订单收货,拒收订单上没有的和超出的商品。如收货部员工擅自违反此规定,防损员有权记录其姓名、工号,通知防损助理和收货部经理,办理退货并请该员工解释原因。在特殊情况下,还需由超市集团总裁签字,同时尽快补办相关手续。

② 供应商应严格遵守"仓台管理原则",不允许进入后场区域,一切工作只能在收货平台内进行。防损员有权对商品录入单进行审核,包括订单。

③ 鲜食收货时必须有收货员和鲜食部门员工在场,质量不合格、无生产日期或保质期的食品坚决拒收。称重时严禁供应商碰秤,并定期校对磅秤。防损员随时监督抽查。

④ 供应商送入的促销赠品一律贴上促销品标签。赠品如果是捆绑的,必须在收货部进行收货,需有促销员和防损员监督;如果是在前台发放,由厂家人员、营业员、收货员及前台员工共同进行点数,防损员监督,单据一式两份,收货部、前台各一份,并要有防损员的签字。

⑤ 收货后立即通知卖场员工。贵重商品(如小家电、洋酒、烟草等)收货后应及时存放于指定库房,做好专门记录。

二、入库作业管理

商品入库作业是指接到入库通知后,进行的接运提货、装卸搬运、商品点验、检查质量、签发入库凭证、商品入库堆码、办理入库手续等一系列操作,主要有商品接运、验收和入库等步骤。

1. 商品接运

① 供货单位送货到库时,收货员直接与送货人在收货现场办理接货手续,凭送货单或订货合同、订货协议等当面点验所送货物的品名、规格型号、件数和数量以及有关单证、资料,并查看货物的外观质量。无法当面完成全部验收项目的,要在送货单回执联内注明具体待检内容。

② 发现问题要分清责任。在验收、检查过程中如发现短缺损坏等问题,要会同送货人员查实,由送货人员出具书面证明、签章确认,留作处理问题时的依据。

③ 在接运过程中,有时会发现错发、混装、丢失、损坏、受潮、污损等。这些差错,有的属于发货单位造成的,有的属于承运单位造成的,也有的是在接运短途运输装卸中由己方造成的。这些差错除了由于不可抗拒的自然灾害或物资本身性质引起的以外,所有损失应向责任者提出索赔。

2. 入库验收

入库验收在前面的教学内容中已经讲述,所以在这里不再赘述。

3. 入库交接

入仓物品经过仓库的检验后,由仓库保管员根据验收结果,在货物入库单上签收。同时,要在入库单上注明该批货物的货位编号,以便记账、查货、发货。仓库收货员还应在送货人提供的送货单上签名盖章,并留存相应单证。如果验收过程中发现差错、破损等不良情况,必须在送货单上详细注明差错的数量、破损状况等,并由当事人签字,以便与供货方、承运方分清责任。

物资入库的手续包括登账、立卡、建档、登录等。

(1) 登账

登账是指建立入仓物品明细账。该明细账的主要内容有商品名称、数量、规格、累计数或结存数、存货人或提货人、批次、单价、金额、商品的具体存放位置等。

(2) 立卡

商品入库后,仓库保管员应该将各种商品的名称、数量、规格、质量状况等信息编制成一张卡片,即物资的保管卡片,并将卡插放在货架的支架上或货堆的显著位置。

(3) 建档

将货物入库业务作业全过程的有关资料证件进行整理、核对,建立资料档案,为货物的保管、出库业务活动创造良好的条件。到达物流中心的货物,经验收确认后一般应填写入库验收单,单据的格式根据货物及业务形式而不同,但一般包含如下信息:供应商信息、货物信息、品种、数量、质量验收记录、生产日期或批号、订单信息、订单对应号及序号、当日收货单序号。

(4) 登录

需将有关入库信息及时准确地登入库存货物信息管理系统,更新库存货物的有关数据。

第三节 在库作业管理

一、堆码与苫垫

商品的堆码与苫垫是商品库管理的重要内容之一。

商品堆码是根据商品的特性、形状、规格、重量及包装质量等情况,同时综合考虑地面的负荷、存储的要求,将商品分别叠堆成各种码垛。合理的码垛,对提高入库商品的储存保管质量、提高仓容利用率、提高收发作业及养护工作的效率都有着重要的作用。商品在堆码时一般都需要苫垫,即把货垛垫高,露天货物还要进行苫盖,只有这样才能使商品避免受潮、淋雨、暴晒等,保证储存养护商品的质量。

1. 商品堆码与苫垫的要求与流程

货物就地堆码时要求合理、牢固、定量、整齐、节约、方便,具体包括货垛设计、垫垛、堆码、苫盖、货垛加固等内容。

(1) 货垛设计

货垛设计的内容包括垛基、垛型及货垛参数。垛基就是货垛的基础,整个货垛的重量都将集中在垛基上;垛型是货物码放的外部轮廓形状;货垛参数是货垛的外形尺寸,即货垛的长、宽、高等。

(2) 垫垛

常用的垫垛材料有枕木、废钢轨、货板架、木板、帆布、芦席、钢板等。垫垛方法主要有3种:

① 码架式,使用特制的码架垫垛,既可以隔潮,又可以通风;

② 垫木式,利用枕木、垫石等物料垫垛;

③ 防潮纸式,在垛底铺防潮纸作为垛垫。

(3) 堆码

主要的堆码方式有以下几种:

① 平台垛。平台垛是一种直升式堆码的方法,先在底层以同一个方向平铺摆放一层货物,然后垂直继续向上堆积,每层货物的件数、方向相同,垛顶呈平面,垛型呈长方形。

② 起脊垛。先按平台垛的方法码垛到一定的高度,再以卡缝的方式从两边逐步向中间收小,将顶部收尖成屋脊形。

③ 行列垛。将每票货物按件排成行或列,每行或列一层或数层高,垛形呈长条形。

④ 立体梯形垛。这是阶梯式堆码方式,在最底层以同一方向排放货物的基础上,向上逐层同方向减数压缝堆码,垛顶呈平面,整个货垛呈下大上小的立体梯形。

⑤ 梅花形排列垛。这是一种压缝式的堆码方式,是以正方形、长方形为垛底的货垛,纵截面为"人"字形。

⑥ 井形垛。将货物交错堆码,同层货物按一个方向周期排列,中间间隔一层,

使相邻两层货物垂直排列,形成底层横卧、上层纵卧、再上层横卧,如此交替纵横、往复堆码。

⑦ 成组垛。利用货盘、托盘、网络、集装袋等成组工具,将货物组成定量、定型的货组单元进行货物码垛。

⑧ 鱼鳞式堆码。将环形货物半卧,其一小半压在另一件货物上依次排列,第一件和最后一件直立堆成柱形,码第二层的方法与第一层一样,但排列方向相反。

⑨ 栽柱式堆码。容易滚落的货物采用栽柱式的堆码方法。

(4) 苫盖

苫盖是采用专用苫盖材料对货垛进行遮盖。常用的苫盖材料有帆布、竹席、芦席、塑料膜、油毡布、铁皮铁瓦、玻璃钢瓦、塑料瓦等。

苫盖方法主要有4种:

① 垛形苫盖法。直接将大面积苫盖材料覆盖在货堆上遮盖。

② 鱼鳞苫盖法。将苫盖的材料自货垛的底部开始逐渐向上围盖,从外形看似鱼鳞状逐层交叠。

③ 隔离苫盖法。将竹竿等在货垛四周及垛顶隔开一定空间打起框架,框架上盖上油布、塑料膜等苫盖材料,使苫盖材料与货物本身隔离开来。

④ 活动棚苫盖法。将苫盖物制成一定形状的棚架,在货物堆垛完毕后,移动棚架到货垛遮盖,或者采用即时安装活动棚架的方式苫盖。

2. 商品堆码注意要点

① 商品应面向通道进行保管;

② 尽可能地向高处码放,提高保管效率;

③ 根据出库频率选定商品的堆码位置;

④ 同一品种应在同一地方保管;

⑤ 根据商品的重量安排保管位置;

⑥ 依据商品形状安排保管方法;

⑦ 遵循先进先出的原则。

二、在库商品盘点

【导入案例】

某超市在2006年6月份盘点时,某商品盘亏13 600元。在损耗调查过程中发现:该商品自上一次盘点后至本次盘点期间的进货、销售、库存均没有问题。随后再往前追溯发现:此商品在上一次盘点时显示盘盈13 600元,由此可以推定:上一次该商品的盘盈属于盘点错误所致。

造成盘点错误的主要原因有：①盘点前没有充分准备；②盘点前，库存量没有合理控制，库存庞大；③盘点货位分布图有遗漏区域。

商品盘点是指定期或临时对企业库存商品实际数量进行清查、清点的一种作业。

1. 盘点作业的程序

（1）确定盘点时间

一般情况下，盘点的时间选择月末或财务决算前。盘点要耗费大量的人力、物力和财力，因此应根据实际情况确定盘点时间。存货周转率比较低的企业，可以半年或一年进行一次货物的盘点。存货周转量大的企业和库存品种比较多的企业可以根据商品的性质、价值大小、流动速度、重要程度来分别确定不同的盘点时间。

盘点时间可以是每天、每周、每月、每季、每年盘点一次。如可按 ABC 分类法将货物分成 A、B、C 不同的等级，分别确定相应的盘点周期：重点的 A 类商品，每天或每周盘点一次；一般的 B 类商品每两周或三周盘点一次；重要性最低的 C 类商品可以每个月甚至更长时间盘点一次。

（2）确定盘点方法

不同的存储场所对盘点的要求不尽相同，盘点方法也会有所差异，为尽可能快速、准确地完成盘点作业，必须根据实际需要确定盘点的方法。

2. 盘点作业的方法

商品盘点分为账面盘点和现货盘点两种。

（1）账面盘点

又称永续盘点，是把每天入库及出库商品的数量及单价，记录在计算机或账簿上，而后不断地累计加总，算出账面的库存量及库存金额。

（2）现货盘点

又称实地盘点，也就是实地去点数，核查仓库内商品的库存数，再依商品单价计算出库存金额的方法。主要有如下几种具体方法：

① 定期盘点法。又称期末盘点，是指在期末一起清点所有商品数量的方法。

期末盘点必须关闭仓库作全面性的商品清点，因此对商品的核对十分方便和准确，可减少盘点中的错误，简化存货的日常核算工作。缺点是关闭仓库，停止业务会造成损失，不能随时反映存货收入、发出和结存的动态，不便于管理人员掌握情况，不能随时结转成本。

② 全面盘点法。是指对在库商品进行全面盘点清查的一种方法。通常多用

于清仓查库或年终盘点。这种方法盘点的工作量大,检查的内容多,把数量盘点、质量检查、安全检查结合在一起进行。

③ 循环盘点法。是在每天、每周按顺序一部分一部分地进行盘点,到了月末或期末,则每项商品至少完成一次盘点的方法。也即按照商品入库的前后顺序,不论是否发生过进出业务,有计划地循环进行盘点的方法。

采用循环盘点法时,日常业务照常进行,按照顺序每天盘点一部分,所需的时间和人员都比较少,发现差错也可及时分析和修正。其优点是对盘点结果出现的差错,很容易及时查明原因;不用加班,可以节约经费。

④ 重点盘点法。是指对商品进出动态频率高的,或者是易损耗的,或者是昂贵商品进行盘点的一种盘点方法。

⑤ 抽样盘点法。抽样盘点法是由审查单位或其他管理单位所发起的突击性质的盘点,目的在于对仓储管理单位是否落实管理工作进行审核。抽样盘点法可针对仓库、料件属性、仓库管理员等不同方向进行。

⑥ 临时盘点法。临时盘点法是指因为特定目的对特定料件进行的盘点等。

超市加盟连锁店在经营中要得到正确的库存情况并确保盘点无误,可以采取账面盘点与现货盘点平等的方法,以查清误差出现的实际原因。

确定账面盘点与现货盘点的结果完全一致,是确定盘点无误的最直接的方法。如存在差异,即产生账货不符的现象,就应分析寻找错误原因,弄清究竟是账面盘点记错还是现货盘点点错,划清责任归属。

【知识拓展】

库存盘点自动化

随着科技的发展,如今仓库里很多工作都已经被机器人所取代。现在,就连库存盘点、管理这种工作也不需要人类来完成啦!美国专注于数字化供应链可视化技术的 Surgere 公司与美国知名机器人公司 Fetch Robotics 联合推出了"机器人优化和平衡库存"系统,被称为"Robi"物流机器人平台。Robi 机器人平台集成了 Surgere 公司的 RFID 技术与 Fetch Robotics 公司的移动机器人平台,它在仓库中能替代人工完成库存盘点工作。Robi 机器人平台能从各个角度和方向自动捕获 RFID 标签信息,然后所有货物的信息及位置数据已被事先记录在 Surgere 的云端资产管理系统。通过在程序设定的路线上移动,Robi 能读取货物的标签,然后将信息传送到云端进行比对、审核,以此判断仓库的库存量变化。

与传统的人工方式相比,Robi 机器人平台有两个优势:一是能采集包括物品堆叠高度、储存深度和机器人移动速度等多个数据,完全免去了人工手动搜索的必要;二是作为循环计数的一部分,机器人还能绘制记录了设施和货物位置信息的 3D 地图。另外 Robi 机器人平台还配备了动态障碍物回避功能,可以根据轨迹和速度感知,避免与移动障碍物的潜在碰撞。目前,Robi 机器人平台已在美国某汽车零部件供应商的配送中心成功通过测试,准备开始大规模部署。Robi 机器人可以说实现了真正的库存盘点自动化。

3. 商品盘点的内容

(1) 查数量

通过盘点查明库存商品的实际数量,核对库存账面数量与实际库存数量是否一致。

(2) 查质量

检查在库商品质量有无变化,包括:受潮、锈蚀、发霉、干裂、鼠咬,甚至变质情况;检查是否超过保管期限和长期积压;检查技术证件是否齐全,是否证物相符。

(3) 查保管条件

检查库房内外存储空间与场所利用是否恰当;存储区域划分是否明确,是否符合作业情况;货架布置是否合理;存储区标识是否清楚、正确,有无脱落或不明显;有无废弃物堆置区;温湿度是否控制良好;检查堆码是否合理稳固,苫垫是否严密,库房是否漏水,场地是否积水,门窗通风洞是否良好等。

(4) 查设备

检查各项设备使用和养护是否合理;储位、货架标识是否清楚明白,有无混乱;储位或货架是否充分利用;检查计量器具和工具,如皮尺、磅秤以及其他自动装置等是否准确,使用与保管是否合理,检查时要用标准件校验。

(5) 查安全

检查各种安全措施和消防设备、器材是否符合安全要求;检查使用工具是否齐备、安全;药剂是否有效;货架头尾防撞杆有无损坏变形;检查建筑物是否损坏而影响商品储存等。

三、在库商品保管与养护

在库商品的保管与养护是根据商品在存储期间的质量变化规律,按照商品保管的操作规程和技术要求所进行的一系列商品的保养、维护工作,以确保商品的质量完好和数量无误。

1. 商品质量变化的基本类型及其影响因素

商品质量变化的基本类型主要有:物理变化,即挥发、溶化、熔化、干燥、变形、串味、沉淀等;化学变化,即锈蚀、分解、氧化、老化、风化等;商品生理生化变化及生物作用引起的变化,如呼吸作用、发芽、后熟作用、霉腐、虫蛀、鼠咬等。

影响商品质量变化的主要因素分为内在因素和外在因素,前者包括商品的化学成分、商品结构、商品的性质;后者包括氧气、日光、空气温度、空气湿度、微生物和仓虫。

2. 仓库温度、湿度及控制

(1) 仓库温度

空气温度又称气温,距地面越近气温越高,距地面越远气温越低。衡量空气温度高低的尺度称为温标。常用的温标有摄氏温标和华氏温标两种,都以水沸腾时的温度(沸点)与水结冰时的温度(冰点)作为基准点。

摄氏温标用符号"℃"来表示,结冰点为 0℃,沸点为 100℃,中间分成 100 个等份,每一等份为 1℃。华氏温标用符号"°F"来表示,结冰点为 32°F,沸点为 212°F,中间分成 180 个等份,每一等份为 1°F。

库内空气温度的变化主要受大气温度变化影响,它随着大气温度的变化相应地发生规律性变化。一般情况是库内温度变化落后于库外,夜间库内温度比库外高,白天库内温度比库外低。有的地区采取夜间通风便是基于这一原理。

(2) 仓库湿度

空气湿度是指空气中水汽含量的多少,简称湿度。空气湿度的表示方法有绝对湿度、饱和湿度、相对湿度等。

① 绝对湿度。绝对湿度是单位体积的空气中实际所含的水汽量。温度对绝对湿度有直接影响。温度愈高,水分蒸发愈多,绝对湿度亦愈大。反之,温度愈低,水分蒸发愈少,绝对湿度愈小。

② 饱和湿度。空气中虽然经常含有水汽,但也不能无限制地容纳水汽。在一定的温度下,一定体积的空气中所容纳的水汽量是有限的。空气的饱和湿度是随着空气温度的变化而变化的。温度愈高,空气中所容纳的水汽量就愈多,饱和湿度也愈大;反之,饱和湿度就愈小。不同温度有相应的饱和湿度值。

③ 相对湿度。相对湿度是指在同温度下,空气的绝对湿度与饱和湿度的百分比,相对湿度是表示空气中实际含有的水汽量(绝对湿度)距离饱和状态(饱和湿度)的度。要了解空气的干湿程度,主要看空气的相对湿度高低,即相对湿度越大,表示空气越潮湿;相对湿度越小,表示空气越干燥。

绝对湿度不足以完全说明空气的干湿程度,相对湿度却能正确反映空气干湿程度。相对湿度一方面取决于绝对湿度,另一方面取决于空气温度。在同样的绝对湿度条件下,温暖地区或季节的相对湿度往往偏低。库内的湿度通常是随库外湿度变化而变化，但是密封良好的库房受到的影响较小，且库内各部位的湿度也因库内具体情况而有差异。

(3) 仓库温度和湿度的控制

仓库的温度和湿度是货物储存条件中最重要也是最基本的因素，为保持库存货物质量完好，最有效的手段就是使仓库的温度和湿度始终维持在适宜的范围。

① 仓库温度的控制方法

ⓐ 库房内空气的防热措施主要有利用夜间通风、使用空调机降温、屋顶搭凉棚、屋顶喷水。

ⓑ 库房内的防冻措施主要有：利用暖气设备保温；对需要冬暖夏凉的货物，可选择建筑良好、地坪干燥的小型库房；库房内密封，库房门外挂厚门帘，能起到隔热防冻的作用。

② 仓库湿度的控制方法

通风、密封与吸潮相结合，是控制与调节库内湿度行之有效的办法。

ⓐ 通风。通过通风使仓库内外空气产生对流，以达到调节库内温度湿度的目的。常用的通风方法包括自然通风和机械通风。

ⓑ 密封。密封就是利用一些导热性差、隔热性较好或透气性较小的材料，把库房、货垛或货物尽可能地密闭起来，以防止或减弱外界空气条件的影响，达到防潮、防热、防干裂、防冻、防溶化、防腐蚀、防锈蚀等的目的，保证货物安全储存。

常见的密封材料有防潮纸、塑料薄膜、油毡纸、稻谷壳、纤维板、芦席、河沙等。密封的主要形式有整库密封、整垛密封、整柜(货架、橱)密封、整箱密封等。

ⓒ 吸潮。吸湿是与密封相结合，用以降低库内空气湿度的一种有效方法。在梅雨季或阴雨天，库内湿度过高时，不利于货物的保管，而库外湿度过大，不宜进行通风散潮时，可以在库房密封的条件下，采取吸潮的办法降低库内的湿度。通常采用的吸潮方法有吸潮剂吸湿(如生石灰、氯化钙、硅胶和木炭等)和机械吸潮(如去湿机)两种。

3. 商品养护工作

(1) 金属制品锈蚀的防治

所谓金属的锈蚀，是指金属表面在环境介质的作用下，发生化学与电化学作用而遭到破坏的现象。影响金属及其制品锈蚀的因素既有金属组织结构、成分和性质的因素(内因)，又有金属周围环境的因素(外因)。环境因素中空气相对湿度和腐蚀气体(主要是二氧化硫)对金属有较大的威胁。

金属锈蚀的防治措施包括:涂油防锈、气体防锈、可剥性塑料封存防锈,以及其他一些简单易行的防治措施。

(2) 商品霉腐的防治

霉腐是仓储商品的主要质量变化形式,但并非任何商品在任何情况下都能发生霉变。霉变产生有3个必要条件,缺一不可。它们是商品受到霉腐微生物污染、商品中含有可供霉腐微生物利用的营养成分(有机物构成的商品)、商品处在适合霉腐微生物生长繁殖的环境条件下。

了解霉腐微生物的生长规律和易霉腐商品的特点,对于采取有效措施防治商品霉变具有指导作用。商品霉腐的防治可以采取加强管理和药物预防相结合的方法,其中温湿度管理是最重要的一环,还可以采用气调防霉腐法、气相防霉腐法、低温防霉腐法、干燥防霉腐法和辐射防霉腐法等。

(3) 仓虫的防治

仓库害虫简称仓虫,是指能在仓库环境中生长,危害在库商品、包装物和仓库设备的昆虫。仓虫种类很多,仓储单位现已发现危害商品的仓虫就有60多种,严重危害商品的达30多种。仓虫不仅蛀蚀商品,造成商品减量、变质,而且对仓库建筑、设备也有损坏。因此,必须做好仓虫的防治工作。

防治仓库害虫主要从四个方面着手,即杜绝仓库害虫的来源、改变害虫的生存环境、提高商品的抵御能力、直接杀灭害虫。具体防治方法是多种多样的,如物理防治法、化学防治法、生物防治法等。

第四节　出库作业管理

物品出库业务是商品储存业务的最后一个环节,是仓库根据使用单位或业务部门开出的商品出库凭证(提货单、领料单、调拨单),按其所列的物品名称、规格、数量和时间、地点等项目,组织物品出库、登账、配货、复核、点交清理、送货等一系列工作的总称。

物品出库的主要任务是:所发放的物品必须准确及时、保质保量地发给收货单位,包装必须完整、牢固,标识正确清楚,核对必须仔细。

物品出库要求做到:严格贯彻先进先出、推陈储新的原则,根据商品入库的时间先后,先入库的商品先出库,以保持库存商品质量完好状态;出库凭证的格式不尽相同,但不论采用何种形式必须真实、有效;及时、准确、保质、保量地将商品发放给收货单位,防止差错事故发生;工作尽量一次完成,提高作业效率;为用户提货创造各种便利条件,协助用户解决实际问题;严格遵守仓库有关出库的各项规章制度。

1. 拣货

出库凭证审核无误后,将出库凭证信息进行处理,采用人工处理方式时,记账员将出库凭证上的信息按照规定的手续登记入账,同时在出库凭证上批注出库商品的货位编号,并及时核对发货后的结存数量。当采用计算机进行库存管理时,将出库凭证的信息录入后,由出库业务系统自动进行信息处理,并打印生成相应的拣货信息(拣货单等凭证),作为拣货作业的依据。

拣货作业是依据客户的订货要求或仓储配送中心的送货计划,尽可能迅速、准确地将商品从其储位或其他区域拣取出来的作业过程。按照拣货过程自动化程度的不同,拣货分为人工拣货、机械拣货、半自动拣货和自动拣货 4 种方式。

2. 分货

分货也称配货,拣货作业完成后,将商品送至门店。分货作业可分为人工分货和自动分货两种方式。

人工分货方式是指分货作业过程全部由人工完成。分货作业人员根据订单或其他方式传递过来的信息进行分货作业。分货完成后,由人工将各客户订购的商品放入已标识好的各区域或容器中,等待出货。

自动分货是利用自动分类机来完成分货工作的一种方式。自动分货系统一般应用于自动化仓库,适用于多品种、业务量大且业务稳定的场合。

3. 出库检查

为保证出库商品不出差错,配货后应立即进行出库检查。出库检查是防止发货出错的关键。采用人工拣货和分货作业方式时,每经一个作业环节,必须仔细检查,既要复核单货是否相符,又要复核货位结存数量来验证出库量是否正确。发货前由专职或兼职复核员按出库凭证对出库商品的品名、规格、单位、数量等仔细地进行复验,检查无误后,由复核员在出库凭证上签字,方可包装或交付装运。在包装、装运过程中要再次进行复核。

4. 物品出库中发现问题的处理

在商品出库时,若发现有问题,应及时进行处理。

常见的问题有：

凡发现出库凭证有疑点,或者情况不清楚,以及出库凭证发现有假冒、复制、涂改等情况时,应及时与仓库保卫部门以及出具出库单的单位或部门联系,妥善处理。

当有商品进库未验收,或者期货未进库的出库凭证时,一般暂缓发货,并通知货主,待货到并验收后再发货,提货期顺延。

当遇到提货数量大于实际商品库存数量时,无论是何种原因造成的,都需要和仓库主管部门以及货主单位及时取得联系后再作处理。

在串发货和错发货情况下,如果商品尚未离库,应立即组织人力重新发货;如果商品已经提出仓库,保管人员要根据实际库存情况,如实向本库主管部门和货主单位讲明串发和错发货的品名、规格、数量、提货单位等情况,会同提货员等共同协商解决。

【知识拓展】

商品补货、缺断货的控制管理

1. 补货管理

(1) 补货的形式

① 电脑补货；② 手工补货。

(2) 补货操作原则

① 一般商品补货细则；② 长期订单补货；③ 自营商品的补货操作细则；④ 专柜商品的补货操作细则；⑤ 季节性商品补货细则。

2. 缺断货管理

(1) 缺断货的概念

理论上,当某一商品的库存数量为零时,为缺断货,指"货架上"或"存货区"无货可卖的情况。

(2) 缺货的预防措施

① 时刻注意台面商品销售情况；② 加强卖场巡视,掌握存货动态；③ 建立供应商到货时间表；④ 制订重点商品安全库存表；⑤ 时刻注意商品销售状况。

3. 调拨作业

(1) 调拨发生的原因

门店销量急剧增长,存货不足；供应商送货量不足；顾客团购或临时加大订购量。

(2) 调拨注意事项

① 若属于临时大量订单,门店在接单前最好先联系一下其他门店,确认可调拨数量是否

足够,不要随意接单而影响连锁企业的商誉;②门店之间的商品调拨必须在双方店长同意的前提下进行;③调拨车辆和工作人员、调拨时间需事先安排明确;④必须填写调拨单,拨入、拨出门店的负责人均需签名确认;⑤拨出或拨入均需由双方门店验收、检查并确认;⑥调拨单一式两联,第一联由拨出门店保管,第二联由拨入门店保管;⑦调拨单需定期汇总送至总部会计部门,以配合账务处理;⑧拨入、拨出门店均需检查存货账与应付账是否正确;⑨拨入门店应重新考虑所拨商品的最低安全存量、每次订货量以及货源的稳定性,尽量避免重复发生类似事件。

思考:某连锁超市的导购员发现一商品货架上数量太少,急忙联系仓库进行提货,这时发现仓库已经无存货。这种问题该如何解决?这种问题该如何避免?

【同步测试】

一、单选题

1. 商品盘点分为账面盘点及( )两种。
   A. 部分盘点   B. 现货盘点
   C. 关门盘点   D. 复式平行盘点
2. 常用的温标有摄氏温标和( )两种。
   A. 华氏温标   B. 凯氏温标   C. 绝对温标   D. 相对温标
3. 温度的变化主要受( )变化影响,随着其变化相应地发生规律性变化。
   A. 降水   B. 洋流   C. 纬度   D. 大气温度
4. 空气的饱和湿度是随着( )的变化而变化的。
   A. 降水   B. 空气温度   C. 大气   D. 经度
5. 常用的通风方法包括自然通风和( )。
   A. 敞开式通风 B. 排风帽排风 C. 机械通风   D. 天窗通风

二、多选题

1. 在零售企业运作中如何提高库存的( )决定了企业的生存能力。
   A. 准确性   B. 效率性   C. 安全性   D. 实用性
2. 一般情况下,货物检验分为( )。
   A. 全数检验 B. 外观检验 C. 尺寸检验 D. 抽样检验
3. 存货周转量大的企业和库存品种比较多的企业可以根据商品的( )来分别确定不同的盘点时间。
   A. 性质   B. 价值大小 C. 流动速度 D. 数量
4. 影响商品质量变化的内在因素是( )。
   A. 仓库的性质 B. 化学成分 C. 商品结构 D. 商品的性质

5. 空气湿度的表示方法有（   ）。

   A. 绝对湿度   B. 露气   C. 饱和湿度   D. 水分

三、判断题

1. 验货工作是一项技术要求低、组织严密的工作，关系到整个仓储业务能否顺利进行。（   ）
2. 全数检验是从一批产品中随机抽取少量产品（样本）进行检验，据以判断该批产品是否合格的统计方法和理论。（   ）
3. 存货周转率比较低的企业，可以半年或一年进行一次货物的盘点。（   ）
4. 按 ABC 分类法将货物分级，一般的 B 类商品每两周或三周盘点一次。（   ）
5. 查数量是通过盘点查明库存商品的实际数量，核对库存账面数量与库存数量是否一致。（   ）

四、简答题

1. 零库存的实现途径有哪些？
2. 商品盘点的内容主要分为哪几个方面？

第六章 零售企业公共关系管理

【学习目标】

1. 理解顾客忠诚,分析顾客忠诚的影响因素,掌握赢得顾客忠诚的方法。
2. 理解会员制的基本理念和核心观点,掌握会员制营销的规划与实施。
3. 了解投诉的原因,熟悉顾客投诉处理原则,掌握顾客投诉处理流程、方法与技巧。
4. 掌握顾客退换货管理的一般流程。
5. 了解公共关系危机产生的原因,掌握公共关系危机处理的原则与程序。

【关键概念】

顾客忠诚;会员制;会员制营销规划;顾客投诉;顾客退换货;公共关系危机

【内容体系】

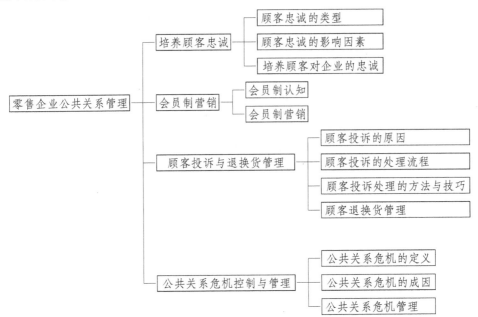

图 6-1 零售企业公共关系管理

第一节 培养顾客忠诚

【导入案例】

新加坡航空——优质服务塑造客户对公司的忠诚度

如何通过高质量的产品或者服务保持顾客的忠诚度,这是一个令众多公司绞尽脑汁、冥思苦想的问题,因为忠诚的顾客往往带来高额的商业利润。不可否认,享誉世界的新加坡航空公司无疑是最有资格回答这一问题的公司之一。

"不管你是一名修理助理,还是一名发放工资的职员,或者是一名会计,我们能有这份工作,那是因为客户愿意为我们付费,这就是我们的'秘密'。"新加坡航空(简称"新航",前总裁 Joseph Pillay 在创业伊始就不停地以此告诫员工,塑造和灌输"关注客户"的思想。事实上,正是持之以恒地关注客户需求,尽可能为客户提供优质服务,新航才有了今天的成就。

在长达32年的经营中,新航总是果断地增加最好的旅客服务,特别是通过旅客的需求和预测来推动自身服务向更高标准前进。早在20世纪70年代,新航就开始为旅客提供可选择餐食、免费饮料和免费耳机服务;20世纪80年代末,新航开始了第一班新加坡至吉隆坡之间的"无烟班机";1992年初,所有飞离新加坡的新航客机都可以收看美国有线电视网络的国际新闻;2001年,新航在一架从新加坡飞往洛杉矶的班机上首次推出了空中上网服务——乘客只需将自己的手提电脑接入座位上的网络接口,就可以在飞机上收发电子邮件和进行网上冲浪。在过去3年内,新航花费将近4亿元提升舱内视听娱乐系统,为将近七成(所有远程飞机)飞机换上这个系统,花费了超过6亿元提升机舱娱乐设施和商务舱座位。

随着竞争的加剧,客户对服务的要求也像雨后春笋一样疯长,"人们不仅仅把新航和别的航空公司作对比,还会把新航和其他行业的公司从多个不同的角度进行比较"。为了在竞争中保持优势地位,新航成了世界上第一家引入国际烹饪顾问团(SIA International Culinary Panel, ICP)和品酒师的航空公司,这些顾问每年为新航提供4次食谱和酒单。硬件只是基础,软件才是真功夫。

当然,服务的一致性与灵动性同时受到关注。比如,怎样让一个有十三四个人的团队在每次飞行中提供同样高标准的服务?新航在对服务进行任何改变之前,所有的程序都会经过精雕细琢,研究、测试的内容包括服务的时间和动作,并进行模拟练习,记录每个动作所花的时间,评估客户的反应。

在1972年,新航还只是一个拥有10架飞机的小型航空公司,如今,几乎每年新航都会获得各种世界性的营销服务大奖,也一直是世界上最盈利的航空公司之一。对于这家保持30多年领先,并总是能够获得丰厚利润的航空公司而言,成功的原因可能很多,但是,"致力于培养客户对企业的忠诚度"无疑是其中一个重要的答案。

思考:请分析新加坡航空公司是如何培养顾客忠诚的?

顾客忠诚是指顾客对某一企业或品牌的产品和服务形成偏爱并长期频繁地重复购买的一种心理倾向和行为。"忠诚的顾客"具备以下5点特质:有规律地重复购买、愿意购买企业的多种产品和服务、经常向其他人推荐、对竞争对手的拉拢和诱惑具有免疫力、能够忍受企业偶尔的失误而不会发生流失和叛离。

【知识拓展】

表6-1 顾客忠诚度的定义汇总表

学者	顾客忠诚度的定义
Brown(1952)	顾客忠诚为顾客购买某品牌产品具有一致性的行为
Guest(1955)	顾客在某段时间内对某一品牌的喜好不变,就可认为对该品牌具有忠诚度
Cunningham(1956)	以消费者在某一时段中对某品牌的购买次数占总购买次数的比例作为衡量忠诚度的方法,并提出以购买次数50%为分界点来区分忠诚与非忠诚
Day(1969)	内心驱使顾客持续不断地购买某产品
Jacoby(1971)	忠诚度是基于一种心理程序的结果,进而导致顾客购买行为。顾客对各品牌偏好可分为接受、中立和拒绝区域,以三区域的差距或数量来衡量消费者忠诚度
Jacoby & Kyner(1973)	顾客忠诚度是一种偏好态度,影响顾客在某一时间内产生持续重复购买的行为。该定义涵盖了态度和行为的所有方面,他们认为忠诚度必须包含6种充分且必要的情况方可称之为忠诚,这6种情况是:①偏执的,非随机的;②行为回应,如再次购买;③时间表现;④由决策制订者所决定;⑤着眼于一个或多个品牌;⑥为一种心理过程(决策制订、评价)的函数
Newman & Werbel(1973)	顾客会毫不考虑地直接重复购买某品牌,不会寻找其他替代品牌的信息谓之忠诚
Parasuraman, et al.(1985)	认为忠诚度是指除了本身的再购意愿外,尚包含愿意向他人推荐并给予正面口碑的行为,包括:①向他人称赞此公司;②向询问的人推荐此公司;③鼓励亲友到此公司消费;④消费时会优先选择此公司;⑤常去此公司消费

(续表)

学者	顾客忠诚度的定义
Lutz (1986)	认为顾客忠诚度便是顾客对某公司产品持续性正面购买的行为
Tellis (1988)	顾客忠诚度为消费者会持续或经常购买同一品牌产品的相对份量
Blackman & Crompton (1991)	认为忠诚度的衡量包括行为与态度两个层面,行为忠诚偏向顾客实际购买行为层面,态度忠诚则属于顾客心理层面
Stum & Thiry (1991)	顾客忠诚应较注重行为方面的指标,并提出4种形态来衡量顾客忠诚,分别为重复购买、购买该公司其他产品、向他人推荐与对竞争者免疫的程度
Fornell (1992)	由重复购买的意愿和满意的顾客对价格的容忍度,去衡量顾客的忠诚度
Selnes (1993)	① 顾客对产品或服务的行为倾向,主要反映了包括未来购买的可能性、服务契约的持续或反过来说顾客将转换至另一品牌或服务提供者的可能性。顾客可能因为技术、经济或心理因素的高度转换障碍,造成转换时困难或须花费许多的成本,导致顾客忠诚。而顾客也可能因为对公司满意而愿意持续双方的关系 ② 顾客愿为其建立正面口碑宣传的支持倾向。认为当顾客愿意将该公司的产品或服务推荐给其他人时,则反映了其有高度的忠诚
Dick & Basu (1994)	顾客忠诚度是由顾客的相对态度和重复惠顾之间关系的强度来决定,认为顾客忠诚度同时受到态度与行为因素的影响。另外,社会规范与环境也会干扰其中关系的强度
Prus & Brandt (1995)	认为顾客满意驱动顾客忠诚,且顾客忠诚包含顾客对某一品牌或公司的长久关系维持的承诺,而最终由态度及行为的组合表现出来。其态度包括再次购买或购买该公司其他产品的意图、向他人推荐的意愿及对竞争者的免疫力。其行为则包括重复购买、购买该公司其他产品及向他人推荐的行为
James & Sasser (1995)	指出顾客忠诚是顾客对某特定产品或服务的未来再购买意愿,并认为顾客忠诚度有长期忠诚和短期忠诚两种。长期忠诚是顾客长期的购买,不易改变选择,而短期忠诚是指当顾客有更好的厂商或产品选择时,就会立即拂袖而去。衡量顾客忠诚度的方法有以下3类:①再购买意愿;②基本行为:购买频率、购买数量、最近一次购买时间等;③衍生行为:口碑、公开推荐、顾客的介绍等
Griffia (1995)	忠诚度的定义如下:①经常性重复购买;②惠顾公司提供的各项产品或服务系列;③建立口碑;④对其他业者的促销活动有免疫性

(续表)

学者	顾客忠诚度的定义
Bhote（1996）	认为顾客忠诚是指顾客非常满意公司的产品或服务,导致自愿为公司作宣传,制造正面的口碑于他人
Griffin（1996）	认为忠诚顾客行为或态度包括经常性重复购买,愿意惠顾公司提供的各种商品或系列服务,愿意为公司宣传口碑,对于其他业者的促销活动具有免疫力
Oliver（1997）	认为顾客忠诚是指尽管消费者受到环境影响或竞争者的营销手段而可能引发潜在的转换行为,但顾客对其喜好的商品或服务未来再购买的承诺仍不变
Sirohi, et al.（1998）	忠诚度的衡量包含顾客再购意愿、购买更多商品意愿及向他人推荐的意愿
Shapito & Varian（1998）	利用转换成本来讨论顾客忠诚,转换成本是用来衡量顾客被供货商套牢的程度,当转换成本愈高,顾客愈离不开厂商
Smith（1998）	顾客忠诚度是当顾客从业者得到他们真正确实需要的服务,然而这些服务是其竞争对手未曾想到的
Gillespie, et al.（1999）	定义品牌忠诚度为即使在不同的情境下或者是各品牌竞争激烈,对手用尽促销手段吸引消费者,顾客仍承诺未来会再次购买相同品牌的产品或服务
Peltict & Westfall（2000）	认为顾客忠诚度可以视为来自态度、意向、可能性或行为的认知,因此需要多重指针来衡量忠诚度,其研究中发现续约及推荐的可能性是衡量认知关系忠诚度最好的两项指标
Singh & Sirdeshmukh（2000）	认为忠诚是顾客愿意继续与服务提供者维持关系的一种行为倾向
Gronhold, Martensen & Kristensen（2000）	认为忠诚顾客有4个特征:有再购意愿、愿意交叉购买意愿、向他人推荐公司产品或服务、价格容忍度高

资料来源:转引自(刘绍安,2003)

一、顾客忠诚的类型

顾客忠诚的类型多种多样,划分标准也很多,最基本的一种划分方法是基于顾客内心对企业及其产品和服务的积极情感的态度忠诚,顾客对企业的产品和服务不断重复购买的行为。忠诚从两个维度进行划分,可以分为非忠诚、潜在忠诚、惯性忠诚和绝对忠诚。

1. 非忠诚

即低态度、低行为忠诚。由于种种原因,此类顾客对某种产品和服务不会产生忠诚感,也不会成为企业的忠诚顾客,因此企业不要把过多的时间和精力放在这类顾客身上。

2. 潜在忠诚

即高态度、低行为忠诚。这类顾客对某一品牌的产品和服务情有独钟,但由于需求量小等原因,重复购买的频率较低。但通过这类顾客可以实现宣传和推荐的目的。

3. 惯性忠诚

即低态度、高行为忠诚。这类顾客虽然对某一品牌产品没有特殊偏好,但由于种种外部原因,如价格、地理位置等,仍经常重复性地购买此类产品。这样的顾客具有一定的不确定性,一旦外部原因发生变化,很有可能流失。

4. 绝对忠诚

即高态度、高行为忠诚。这类顾客不仅强烈偏好一种品牌的产品和服务,而且经常重复购买,并乐于宣传,这类顾客对企业极具价值。

二、顾客忠诚的影响因素

顾客忠诚的影响因素主要有以下几方面。

1. 顾客满意

顾客满意就是一个人通过对一种产品或者服务的可感知的效果或结果与他的期望值比较后所形成的一种失望或愉悦的感觉状态。顾客满意是导致重复购买最重要的因素,当满意度达到某一高度,便会引起忠诚度的大幅提高。

(1) 商品特质。商品特质包括商品种类、商品价格和商品质量。首先,为了满足不同顾客的不同需求,企业在商品种类方面都应该尽量完善,通常顾客更偏爱商品品种丰富的零售企业。但是如果商品种类盲目增多,也会给顾客选择造成困难,所以对同一类型的商品要合理控制种类数量,关注当地居民消费习惯,提供适销对路的商品。其次,商品质量是按照有关法律、标准、规定的要求,在生产过程中要达到的最低技术准则,这是最基本的要求,商品质量高,顾客就可以更放心地购买,从而使顾客满意以及对企业产生信任。最后,制订合适的商品价格是商品交换的前提条件,顾客倾向于购买性价比最高的商品,即质量越高越好,价格越低越好。大数据背景下,零售企业如何选择经营的商品种类并控制种类数量、管理商品质量和制订商品价格,对顾客的购买行为和购后评价都有很大的影响。

（2）顾客服务。顾客服务是顾客满意的一个重要因素,服务质量的好坏直接影响顾客的忠诚,通过提高服务质量争取顾客已经成为企业进行差异化营销的重要手段之一。在市场竞争越来越激烈的今天,产品同质化日益严重,企业在核心产品上下工夫促进忠诚变得更加困难,但超值的服务不仅会令顾客满意而且会令其产生愉悦感,进而促进顾客忠诚。

但满意的顾客不一定忠诚,而不满意的顾客也不见得不会重复购买企业的产品和服务。因此,顾客满意对顾客忠诚的作用并不总是直接的,有很多因素成为这两者之间的中介。具体而言有以下两种情况。

① 在其他影响因素不发生作用的情况下,顾客满意和顾客忠诚之间存在着强正相关关系。

② 在其他影响因素发生作用的情况下,顾客忠诚不仅要受顾客满意的影响,还要受竞争程度和转换成本因素的影响。

竞争程度。竞争程度直接关系到产品的替代选择性问题,从而影响顾客忠诚。一方面,从产品的替代可行性来说,在高度竞争的市场上,产品和服务的替代选择性很高,顾客满意对顾客忠诚的影响较大,只有能给顾客带来最大满足感的企业才能真正赢得顾客忠诚。而在低度竞争的市场上,产品和服务的替代选择性小,顾客满意对顾客忠诚的影响相对比较小,顾客能够保持较高的忠诚度。另一方面,从潜在竞争产品的吸引力看,如果竞争市场中潜在的供应商为顾客提供较高质量的服务以及便利的购物条件,从而对顾客更有吸引力,那么顾客极易断绝与现有供应商的购买关系,转而购买潜在供应商的产品和服务。

转换成本。转换成本也是影响顾客忠诚的一个重要因素。转换成本是指由于对现有的商品或服务商感到不满意从而想重新选择商品或服务的提供者时所浪费的搜寻时间、体力、智力和金钱等一切付出。转换成本包括转换前搜寻与评估成本、机会成本、转换后的行为和认知成本、风险成本等。这些成本会给顾客的心理和行为造成不同程度的障碍,从而降低顾客的转换意愿,使顾客保持对原有企业产品和服务的忠诚。

2. 关系信任

关系信任是指顾客感知到的与企业之间关系的广度与深度。其中,顾客对企业及其员工的信任度和认可度决定着这种关系的特征。顾客可能忠于企业或企业的员工,两者的最终作用结果相同,只是在具体情境中会有所不同。当顾客与企业的员工建立了一种信任关系,并在此信任关系的基础上对企业也产生信任并重复购买企业的产品时,这种对企业的忠诚是通过顾客对企业员工的忠诚而间接实现的,最终表现的却是顾客对企业的忠诚。

3. 顾客价值

顾客价值是指顾客期望从自己所购买的产品和服务中所得到的好处和利益,主要包括产品价值、服务价值和形象价值等。顾客价值论认为每一个顾客都会评价产品和服务的价值结构,顾客在购买产品时根据顾客自认为重要的价值因素如产品的质量、价格、服务、企业的形象和对顾客的重视等对产品和服务进行评估,因此要想使顾客忠诚必须为顾客提供满足他们需要的价值。企业只有提供超越顾客期望的价值,顾客才会感到愉悦,才会促成忠诚。

企业和顾客之间的关系终究是一种追求各自利益与满足的价值交换关系,所以顾客忠诚实质上是顾客忠诚于企业提供的优质价值,而不是忠诚于企业。在购买过程中,每一个顾客都会综合考虑自己所认为的重要的因素,如产品的质量、品牌、顾客服务及企业形象等,对所购买的产品进行权衡,从中选出能给自身带来最大化价值的产品。因此,企业要想让顾客对自己忠诚,必须要为顾客提供满足他们需求的最大化价值。

【知识拓展】

顾客忠诚的测量

Gremler and Brown(1996)将消费者的忠诚度划分为三部分:行为忠诚度(behavioral loyalty)、认知忠诚度(cognitive loyalty)和感情忠诚度(affective loyalty)。行为忠诚度是指消费者实际购买行为表现出来的忠诚度。认知忠诚度是指消费者未来购买意图所表达出的忠诚度。感情忠诚度则是指消费者对企业态度中所表现出的忠诚度。由于某些原因,例如:成本、其他选择和便利性,感情忠诚度不一定会转化为购买行为。然而,感情忠诚度却非常重要,因为只有持有态度忠诚的消费者才可能保持更长期的忠诚度。

目前,对顾客忠诚的测量主要有态度测量、行为测量和组合测量3种方法。

态度测量。用于测量认知忠诚度或感情忠诚度。该方法通过顾客态度方面的信息来揭示顾客对某产品和服务在心理、情感和精神上的联系,常用对产品的偏好性、口碑宣传、推荐意向、价格容忍等指标来测量。比如有的顾客对某种产品非常喜欢,有时可能因为产品价格过高或者产品消费不方便而没有购买,但是他会积极向别人宣传该产品,推荐别人来购买。态度测量的缺点是在实际操作过程中比较困难。

行为测量。用于测量行为忠诚度。该方法通过顾客的行为表现如购买频率、购买比例、关系的持久性等指标来测量顾客忠诚,其中购买比例是指企业的产品和服务占顾客总交易额的百分比。该方法也有一个缺点,即顾客的重复购买行为可能是一些约束性因素的作用,并不总是意味着顾客心甘情愿来进行消费,比如一位顾客经常住一家旅馆可能是因为那里只有这一家,而一旦附近新开一家旅馆,而且有更高的性价比,那么他就很容易产生转换行为。

组合测量。该方法结合了上述两种方法,通过顾客的购买频率、购买比例、对价格的敏感程度、对产品的偏好性、转换品牌的倾向性、推荐行为等指标来综合测量顾客忠诚。

三、培养顾客对企业的忠诚

1. 寻找目标顾客

并不是所有的顾客都是忠诚顾客,谨慎地选择顾客是成功的基础。在没有锁定目标顾客群的前提下,要想取得顾客的忠诚是很困难的,因此,企业在培养忠诚顾客之前,应该通过对顾客资料和相关情况的分析,寻找那些最具成为忠诚顾客潜力的顾客群体,并将其作为企业忠诚顾客的培养目标。

2. 奉行服务至上的原则

良好的顾客服务是建立顾客忠诚度的最佳方法,包括服务态度、回应顾客需求或申诉的速度、退换货服务等,让顾客清楚了解服务的内容以及获得服务的途径。因为当今的顾客变得越来越挑剔,并且在购买了产品后会非常"敏感",他们在与公司交易时,希望能够获得足够的愉悦,并且能够尽量减少麻烦。当这些顾客获得了良好的顾客服务体验时,他们自然会形成"第二次购买"。因此,企业要想提升顾客体验,必须把与产品相关的服务做到家,然后才是真正的产品销售。

3. 超越顾客的期望

顾客忠诚往往是建立在非常满意的基础上,因此企业除了满足顾客基本和可预见的期望之外,还应力求在行业"常规"之外给予超出"正常需要"的特色服务或更多选择,向顾客提供其渴望的甚至是意外的令人惊喜的服务,提高顾客满意度,从而提高顾客的忠诚度。

【案例分析】

四川海底捞餐饮股份有限公司成立于1994年,是一家以经营川味火锅为主、融汇各地火锅特色为一体的大型跨省直营餐饮品牌火锅店。海底捞致力于让更多人在餐桌上敞开心扉,吃得开心,打造全球年轻人都喜爱的、能够参与的餐桌社交文化。而海底捞的服务可谓其最强核心竞争力。"凡事必作于细",作为餐饮服务行业显得尤为重要,细致工作做到位,能感动客人、留住客人,反之则是无视客人、驱赶客人,以下是该企业的部分服务细节:

就简单的服务细节来说,客人手机会有专门的真空袋包装,服务员会主动给长头发的女顾客提供橡皮筋,甚至还会在等餐的过程中提供美甲、擦鞋等服务。

一网友反馈,在吃海底捞前因为喂流浪猫而被蚊子叮了好多包,结果服务员听闻后二话不说到附近药店买了风油精和止痒药膏送给她,令她感动不已。还有一网友反馈,海底捞竟然在她儿子睡觉的时候搬来了婴儿床。类似的贴心服务不胜枚举,由此可见,海底捞努力地为顾客解决好每一个在就餐时遇到的问题,在不断地创新服务方式,为消费者提供最佳的服务体验。

海底捞之所以能给顾客提供优质的服务体验,本质是因为海底捞的高压考核政策。海底捞将店面分为3个等级,每3个月考核一次,会有15个神秘人组成考评团,针对服务质量、服务员的敬业程度、实物质量及餐厅环境进行考评。连续两次被评为C级的店,店长将会被取消店长资格,并失去相应权益。这一制度确保了海底捞服务理念的高效执行。

思考: 海底捞是如何为顾客提供超预期服务的?

4. 满足个性化的需求

企业必须改变"大众营销"的思路,满足顾客的个性化需求。要做到这一点就必须全面搜集顾客信息,分析了解顾客情况。如果企业不是持续地了解顾客,或者未能将顾客信息融入具体行动,就不可能利用顾客信息创造引人注目的产品和服务。

【案例分析】

希尔顿最新个性化服务 APP 上线

希尔顿于2016年推出了一款名为 Fun Finder 的工具,并称该集团已经开发了一款移动APP,"将为客人打造全新的体验"。这款工具实际上是一个通知系统,它能根据客人的个人信息向其发送最合适的产品和信息。

比如,这个系统会向正在蜜月旅行的夫妇发送信息,指引他们参加打折的"夫妻按摩预约"活动;或者向正在度假的家庭成员发送度假区一日游的活动安排。

希尔顿表示,Fun Finder"了解客人的个人偏好,并会根据客人的抵离信息、提前搜集的个人偏好以及客人在度假区所处的地理位置给客人提出建议"。希尔顿的荣誉会员还可以在这款APP上预订旅游活动和各种服务。此外,希尔顿还在APP内设置了实时信息服务,以便用户向酒店员工咨询有关酒店功能的问题。

这款工具最初仅限希尔顿在美国的两家酒店使用:夏威夷威基基海滩希尔顿度假村和位于得克萨斯州达拉斯的阿纳托尔希尔顿酒店。预计这款工具在未来数月将陆续向希尔顿旗下其他酒店开放。希尔顿数字产品创新副总裁 Joshua Sloser 预计,Fun Finder"标志着整个酒店业一次巨大的飞跃"。

思考: 该款 APP 所提供的个性化服务,如何帮助希尔顿提高顾客忠诚度?

5. 妥善处理顾客的抱怨

顾客抱怨会对企业产生负面影响,在出现顾客抱怨时,企业应认真听取、真诚接受,并全力帮助顾客解决问题。据相关调查,如果企业能妥善处理顾客提出的投诉,可能有70%的顾客会成为回头客;如果能当场听取顾客投诉,并给他们一个满意的答复,回头客会上升到95%。因此,企业应将妥善处理顾客抱怨作为建立顾客忠诚的重要途径之一。

6. 增加顾客的价值转换成本

所谓转换成本是指顾客从一个服务提供商转到另一个服务提供商所花费的代价。转换成本的内涵丰富,包括适应新产品的学习成本,解除原有协议的成本,丧失原有企业品牌与文化的支持、优质的产品或服务、交叉购买的机会、个性化服务以及体现在原有企业顾客忠诚计划中的利益等的成本。如果转换成本小于转换所带来的收益,则顾客对企业的信任度就低。如果转换成本大于转换所带来的收益,则顾客对企业的信任度会高些。顾客转换行为的发生是由于期望某一种行为更能满足自己的期望价值。零售企业应该通过价格优惠、赠送购物卡片等多种形式使消费者感到与另一个零售企业交易需要付出更多的转换成本,从而减少顾客流失,保证顾客对本企业产品或服务的重复购买。

7. 服务内部顾客

所谓内部顾客是指企业的任何一个雇员。每位员工或者员工群体都构成了对外部顾客供给循环的一部分。如果内部顾客没有适宜的服务水平,使他们以最大的效率进行工作,那么外部顾客所接受的服务便会受到不良影响,必然会引起外部顾客的不满甚至丧失外部顾客的忠诚。如果企业对这一问题不给予足够的重视,势必导致较低的顾客忠诚度和较高的顾客流失率,最终导致企业赢利能力降低。

【案例分析】

新加坡航空——向内"吆喝"培育员工对公司的忠诚度

正如本讲导入案例中提到的,新加坡航空公司(简称"新航")不仅关注顾客的需求来提升顾客忠诚度,也向内"吆喝",培育员工对公司的忠诚度。因为所有培养客户忠诚度的理念文化、规章制度都需要人来执行。这就意味着,如果新航内部员工没有对公司保持足够的满意度和忠诚度,从而努力工作,把好的服务传递给顾客,那么,客户的忠诚度将无从谈起。注意倾听一线员工的意见,关注对员工的培训,这些都是新航能够在市场上取得优异表现的根本所在。换句话说,只有内部员工对企业忠诚,才能使外部客户对企业忠诚。

"新航对待员工的培训几乎到了虔诚的地步!"在以动态和专注于培训而闻名的新航,从上到下,包括高级副总,每个人都有一个培训的计划,一年会有9 000名员工被送去培训。新航所属的新加坡航空集团有好几个培训学校,专门提供几个核心的职能培训:机舱服务、飞行操作、商业培训、IT、安全、机场服务培训和工程。即使在受到经济不景气打击时,员工培训仍然是新航重点优先投资的项目。假如一名员工完成了很多培训课程,就可以休息一段时间,甚至还可以去学习一门语言,做一点儿新的事情,其目的是"使员工精神振奋"。

注意倾听一线员工的意见是新航的另一个传统，因为他们认为机组人员和乘客的接触是最紧密的，他们是了解客户的"关键人物"。

思考： 提高内部员工的忠诚度为何能够帮助企业提高外部顾客忠诚度？

第二节　会员制营销

【导入案例】

小米有品推手会员制结构，打造新型社交电商模式

作为近两年的热门营销关键词，"社交电商"通过产品推荐的方式搭建了一个多方共赢的场景。而就在前不久，小米推出了"小米有品推手"VIP会员制，开始试水社交电商。

用户可以通过"小米有品推手"成为VIP会员，享受专属会员福利。目前福利分为两部分：一部分是分享销售获得的佣金，比例在5%~30%；另一部分是拓展更多"会员"获得的拉新奖励，目前奖励在1个100元左右（随级别提高而有所增加）。同时在购买商品时，还会拥有会员优惠价格。

将用户发展为"会员"，不仅能够让用户得到优惠福利，同时也能够通过每一个"会员"的社交圈层去辐射更多的用户，利用社交关系推广品牌和产品，将更多的"路人粉"转化为忠实的"米粉"。以小米在性价比方面的强大竞争力，加上生态链中已经积累完整的供应链体系，未来借助柔性供应链还有很大的产品发展空间，包括定制化产品。

思考： 请学生选取具有代表性的零售企业作为研究对象，分析中国零售业会员制面临哪些困境？我国发展零售业会员制应采取什么对策？

近年来，"会员制"消费在我国迅速普及，尤其在商品流通领域，会员制营销更加普遍。无论大型超市集团，还是稍微上规模的连锁店，甚至是各大商场、企业，都实行会员制营销。"会员制"消费已经成为消费者普遍接受的一种日常消费形式，是企业与消费者之间制度模型中最为重要的形式之一。

一、会员制认知

会员制是一种人与人或组织与组织之间进行沟通的媒介，它是由某个组织发起并在该组织的管理运作下吸引顾客自愿加入，目的是定期与会员联系，为他们提供具有较高感知价值的利益包。会员制营销的目标是通过与会员建立富有感情的关系，不断激发并提高他们的忠诚度。

第六章 零售企业公共关系管理

1. 会员制的发展史

会员制不是一个简单的营销模式,而是一种企业经营的模式。以下是会员制的进化史,以及不同阶段产生的各类会员制经营模式。

第一阶段:用于服务行业的消费者身份识别的会员制。来自各种高端消费者俱乐部,通过会员制将高支付能力的客户过滤出来。以各种私人会所为代表。

据资料记载,世界上最早的俱乐部是15世纪初期成立于伦敦的"美人鱼俱乐部"。当时的俱乐部在英国是作为上层社会绅士们的一种民间社交场所而存在,即使到今天,在传统的英国俱乐部中绅士们良好的教养、优雅的传统及对生活的高雅品位也都可以得到充分的体现。

第二阶段:用于零售业的消费者身份识别的会员制。来自20世纪60年代初的零售业,会员制从高支付能力的服务业消费者,向中低支付能力的零售业消费者扩张。美国西斯百货是这一阶段的代表。

第三阶段:用于各行业创业者的身份识别的会员制。19世纪60年代末,会员制从消费者逐步扩大到从业者。以安利为代表,要求加入的创业者成为会员。在会员制影响下,2017年安利(中国)年销售额一度突破300亿元,并仍持续增长。

第四阶段:基于差异数据精准身份识别的会员制。来自20世纪70年代电脑的兴起,企业自建数据库,主动记录消费者差异并对其分类。以哈维麦凯的人脉66表格为代表,电脑记录客户数据,然后开展精准营销。

第五阶段:基于线上数据身份识别的会员制。自2000年后互联网在全球的普及,消费者在互联网线上的数据被动地被企业收集,以亚马逊为代表,其推出的Prime会员美国38%的家庭都在使用。

第六阶段:基于线上线下数据身份识别的会员制。自2016年阿里巴巴提出新零售的概念,企业通过移动互联网、物联网等各种终端,可以主动地收集消费者的行为数据。目前很多正在实践新零售的企业正在大力收集消费者的数据,如盒马鲜生等企业。

【知识拓展】

今天企业实行会员制,必然要收集客户的数据,数据越丰富就越能提供差异化的营销,让客户贡献的价值更高,而收集数据本身已经不仅仅局限在互联网线上。当一个行业越成熟,一种经营业态越稳定,就会有大量的企业开始收集用户线上和线下的数据,数据多了,就成了大数据。会员制最终会成为新型企业尤其是新零售领域企业的终极选择。现在我们已经看到了很多优秀典范,亚马逊的"黑色星期五"、阿里巴巴的"双十一"、京东的"618"、唯品会的"12·8"等都已经成为了社会现象。

2. 会员制类型

不管什么类别的会员,商家都希望会员成为他们的固定顾客,因此会为会员提供更优惠的价格和更好的服务。根据形式的不同,会员制可分为以下 4 种类型:

(1) 公司会员制。消费者不以个人名义而以公司名义入会,会员制组织向入会公司收取一定数额的年费。这种会员制适合入会公司内部雇员使用。在美国,日常支付普遍采用支票,很少用现金支付,故时常出现透支现象,所以实际上,公司会员制是入会公司对持卡购买人的一种信用担保。

(2) 终身会员制。消费者一次性向会员制组织交纳一定数额的会费,便成为终身会员,永远不需要再续费,可长期享受一定的购物价格优惠和一些特殊的服务项目。

(3) 普通会员制。消费者无须交纳会费或年费,只需在商店一次性购买足额商品即可申请到会员卡,此后便享受该店 5%～10% 的价格优惠和一些免费服务项目。

(4) 内部信用卡会员制。适用于大型高档商店。消费者申请会员制组织的信用卡成为会员后,购物时只需出示信用卡,便可享受分期支付货款或购物后 15～30 天内现金免息付款的优惠,有的还可以进一步享受店方一定的价款折扣。

3. 会员制的价值

会员和会员制是一张卡的正反面,它是参与者与组织者之间的沟通媒介。对于参与者来说,越是参与理念成熟清晰,越愿意以高性价比享受优惠政策或者特殊待遇;对于组织者来说,越是准备持续经营,越愿意定期与参与者联系,提供一系列较高感知价值的利益包获得忠诚度,而采用会员制。

(1) 会员制对顾客的价值

① 享有优先和优惠权利。对消费者来说,成为会员后可以享有优先消费权,以及一定的商业促销优惠和消费折扣等价格优惠,这些好处要远远高于会员缴纳的会费,因此对消费者具有很大的吸引力。

【小案例】

恒尚车业的会员入会费用是 100 元,非会员洗车费用 40 元,会员洗车费用是 30 元。假设一年洗 40 次,按照非会员价要支付 1 600 元,按会员价只要支付 1 200 元,缴纳会费 100 元后,一年还能节省 300 元。此外,会员洗车还可以享受优先服务。

② 享受特殊服务。会员俱乐部除了为会员提供价格优惠之外,通常还会为会员提供各种服务项目,以满足会员的不同需求。如零售企业提供免费送货、免费安

装等服务,服务性企业提供的特殊服务则更加多种多样。

【小案例】

有一家会员制餐厅,他们为会员消费者提供的特殊服务项目很有卖点,如就餐习惯"记忆"、个性化餐桌风格、酒类储存等,这些特殊服务非常受欢迎。另一家正在尝试会员制的发型中心,其会员可以享受诸如时段优惠、专人服务、免费设计、预约服务等多项"特殊待遇"。

③ 参加会员活动。会员通过参加各种会员活动,可以增加会员和企业之间、会员和会员之间的沟通交流,进而建立更亲密的情谊并产生归属感。会员间还能从共同的爱好中寻找快乐,满足他们的心理需求。

【小案例】

2005年5月1日,章先生参加了宝来车友会组织的会员自驾车游井冈山的活动,还特意去看望了希望小学的孩子们。"几十个志同道合的人一起行动,我感觉像找到了组织,很有归属感!"这是章先生发自肺腑的感言。

④ 彰显会员的身份或地位,满足会员多种心理需求。会员在消费或享受服务时出示会员卡,可以获得不一般的待遇,因此会产生优越感和荣誉感。尤其是加入高级会员俱乐部,更能彰显会员的身份和地位,而且接触高层次人士的机会更多。

【小案例】

北京长安俱乐部、京城俱乐部、中国会、北京美洲俱乐部,上海美洲俱乐部、证券总会、银行家俱乐部和鸿艺会等高级会员俱乐部的入会费和年费非常高,对会员人数也有严格的限制。对会员个人来说,加入高级会员俱乐部,是进入特殊文化交际圈的一种手段,也是个人身份和地位的象征。

(2) 会员制对企业的价值

① 全面收集顾客基本信息,获得市场消费的第一手资料。企业要想获得市场消费的第一手资料,其最真实、最可靠的调查数据皆来自真正的顾客,而会员制也给予了厂商与会员相互沟通的最直接的机会。

② 建立长期稳定的顾客群。会员制营销要求企业着眼于提升会员与企业之间的关系。它与简单的打折促销的根本区别在于,会员制虽然也会赋予会员额外利益,如折扣、礼品、活动等,但不同的是,会员一般都具有共同的兴趣或消费经历,而且他们不仅经常与企业沟通,还与其他会员进行交流。久而久之,会员会对企业产生参与感与归属感,进而发展为长期稳定的消费群体,而这是普通打折促销无法达成的。

③ 互动交流、改进产品和服务,提高新产品开发和服务能力。会员制营销以顾客为中心,会员数据库中存储了会员的相关数据资料,企业通过与会员互动式的

沟通和交流,可以了解顾客的意见和建议,根据顾客的要求改进设计,根据会员的需求提供特定的产品和服务,具有很强的针对性和时效性,可以极大地满足顾客需求。同时,借助会员数据库可以对目前销售的产品满意度和购买情况作分析调查,及时发现问题、解决问题,确保顾客满意,从而建立顾客的忠诚度。

④ 提升顾客的忠诚度。会员制的建立,实际上是用优惠的会员价吸引顾客重复消费;用会员套餐让会员同时享受多种产品和服务;用积分机制等让会员愿意推荐新顾客;用会员活动等增进会员和企业的情感联系,让会员不会轻易被竞争对手所吸引,会员与企业经常沟通、互动,能产生良好的信任度和容忍度。总之,会员制是开发和维护忠诚顾客的利器。

⑤ 可观的会费收入。会员俱乐部一般在顾客入会时,会收取一定额度的入会费用。入会费对个人来说不是一个大数目,但对于企业来说却因积少成多而成为一笔相当可观的收入。会费一方面增加了企业的收益,另一方面又可以吸引会员长期稳定地消费。

【知识拓展】

美国第二大零售商 Costco 是零售业付费会员制的集大成者,于 2020 年在上海开出第一家店。Costco 成立于 1983 年,在全球共有 741 家门店,2017 年销售收入 1 261.72 亿美元,毛利率 11.33%,会员总数 9 030 万人,会费收入 28.53 亿美元,占收入 2.26%,占营业利润的 69.40%,主要利润靠会员费,2017 年会费涨价的情况下,续费率 90%(图 6-2)。

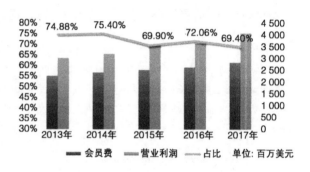

图 6-2　Costco 历年会员费占营业利润比

二、会员制营销

会员制营销是指由某个组织凭借自身商品、服务、品牌、管理模式或激励机制发起,通过与会员系统、持续、周期性地沟通,达到对个体的分流分类管理和利益整合运作,以促进实现客户忠诚的一种营销模式。

1. 会员营销模式的特点

(1) 独特性

是指会员营销模式需要有自己独一无二且不易被模仿的特性来吸引和保留

会员。这种特色的来源包括有竞争力的产品和服务、独特的品牌文化和内涵、先进的管理模式或独特的激励机制。差异化是会员营销开发和保留顾客资源的主要法宝。

(2) 自愿性

是指会员申请加入和组织的资格审核是双方对各自利益比较和取舍之后作出的自愿选择,并非为外界强迫所致。

(3) 契约性

个体加入会员组织需要审核和通过会员组织制订的协议,会员履行自己的义务,并享有会员组织提供的各种优惠和服务,并且会员组织应当允许会员自愿加入和自由退出,即会员有权利终止这种契约关系。

2. 会员制营销规划

(1) 明确实行会员制的目标

顾客忠诚计划的核心目标是提升企业的效益和利润,增加市场份额,从而使企业得以持续发展。但为了达到这个长期目标,还需要达成很多短期和中期目标,只有先达成这些短期和中期目标,才有可能实现长期目标。实行会员制营销的主要目标有:

① 留住顾客,与顾客建立长期稳定的关系,使他们转变为忠诚顾客。企业发起的会员制所提供的特定产品或服务可以满足这些长期忠诚顾客一生的需要。

② 吸引新的顾客。首先,会员制的利益本身会吸引消费者加入。其次,对会员制满意的会员会为会员俱乐部做口碑宣传,从而吸引新的顾客加入。

③ 建立强大的顾客数据库。一个维护良好、可以持续记载最新信息的数据库是企业最强有力的营销工具,可以被广泛应用于各种营销活动中。

④ 支持企业的其他部门。详细的顾客数据库资料能够使研发、产品营销、市场调研等部门针对会员顾客的具体情况,进行进一步的沟通,以获得更加宝贵的信息和意见。与会员的沟通能帮助相关部门了解现有产品存在的问题、可能被改进的领域以及他们对新产品的想法等。

⑤ 创造与会员沟通的机会,以加强与会员的接触。与借助广告或邮件等大众沟通方式相比,会员组织与会员之间的频繁接触可以形成更直接、更个性化的沟通,这有助于会员对会员组织产生归属感。

由于企业所在的行业以及自身情况的差异,企业实行会员制营销的目标和重要性可能会有所不同,但是大多数情况下,它们与产品状况、产品线及公司状况有着直接的关系。例如,一个新的购物网站的主要目标是赢得新顾客并提高其知名度;而对于一个服立已久的零售连锁超市而言,它的主要目标是提高顾客的忠诚度。

(2) 确定会员制的目标顾客群

会员制的主要顾客群应以那些为企业带来80%销售额的20%的顾客为主,因为有了这些顾客,企业的业务才得以继续运转和发展。与这些顾客进行充分沟通,有效改进产品,才能提高企业产品的竞争力。这种重要的关系是企业长期生存所必需的,所以一定要维护好这部分顾客。另外,因为企业实施会员制可能有多个目标,所以针对不同级别的会员制订多层级的忠诚计划是一种比较合理的办法。最高级的会员是企业目前重要的顾客,中级会员是那些不定期购买的顾客,初级会员是那些潜在的顾客。会员的级别越高,所提供的价值就越多,会员资格也越值钱。

目标顾客群的选择与会员制为会员提供的利益有着直接的关系。因为每一种目标顾客群都有自己的偏好,要求得到的利益也有所不同。

(3) 为会员选择正确的利益

这是会员制营销中最重要也最复杂的部分。会员利益是会员制的灵魂,它几乎是决定会员制营销成功或失败的唯一因素。因为只有为会员选择了正确的利益,才能吸引会员长久地凝聚在企业的周围,成为企业的忠诚顾客。几乎每一个成功的顾客忠诚计划都是由恰当的硬性利益和软性利益组合而成的。硬性利益是可以立即被会员认同的有形利益,它为会员带来某些方面的成本节约。通常情况下,硬性利益

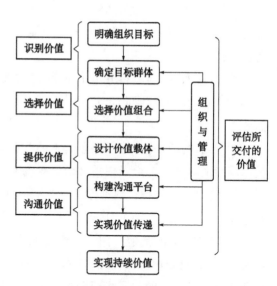

图6-3 基于顾客价值的会员营销规划与实施流程

都是财务方面的利益,例如折扣、赠券等。软性利益是忠诚计划获得成功的决定性因素,它包括增值服务、特殊待遇或顾客希望得到的认同和回报等。软性利益一般都是无形的,而且是与企业或产品相关的利益,因此不易被竞争对手所模仿。企业只有找到硬性利益与软性利益的最佳组合,对顾客来说才是具有最高认知价值的,而且能够达到留住顾客的目的。

【案例分析】

亚马逊的 Prime 会员制

会员制并不是一个新鲜的名词,其发展速度往往取决于社会整体的消费能力和经济水平。而在这其中,亚马逊对会员制的洞察显然要更深,利用 Prime 会员服务对增长的驱动无疑也是最成功的,其背后的核心则是会员价值＋会员体验。

虽在最初推出 Prime 会员服务时受到质疑,但亚马逊的 Prime 会员制取得了巨大的成功,被外界认为是史上最划算的一笔交易。加入 Prime 的亚马逊用户在亚马逊上的平均消费额翻了一倍,这也让亚马逊在 2005 年接下去的几年中快速甩开了竞争对手 eBay。另一方面,Prime 会员也让亚马逊的飞轮效应能够在全球各地发挥出最大的效能,因为亚马逊不仅仅为 Prime 会员提供电商相关的服务,也借此在电子书、影音数字娱乐、物流、售后服务等领域得到了前所未有的发展。

2018 年,亚马逊 Prime 付费会员数超过 1 亿,这个数字也超过了老牌会员制商超 Costco 的 9 000 万付费会员总数。但或许亚马逊更看重的则是 Prime 会员所形成的亚马逊独特的会员生态,每年一度的 Prime Day 则是这一独特生态的浓缩体现。

除了不断创造新的价值,亚马逊在会员体验方面可谓下足了功夫。在跨境配送方面,亚马逊通过调动全球物流资源和部署为 Prime 会员打通了包裹跨境全程加速处理的绿色通道,在全球动用 10 万台 Kiva 机器人对 Prime 会员包裹进行优先拣货和发货,Prime Air 专属货运机队助力 Prime 包裹的中转运输。这些黑科技并不是亚马逊的噱头,而是其真真正正用于提升用户购物体验的手段。

为了加速跨境配送,亚马逊在中国还首创了海外购跨境前置仓模式,根据大数据预测用户的潜在购买需求,进而提前将部分热销商品从亚马逊美国调拨到跨境前置仓存放,有效缩短跨境递送时间,让中国 82 个城市的 Prime 会员抢先享受美亚跨境订单最快 3 日达。这也意味着亚马逊中国成为国内跨境领域首个实现"订单未下,包裹先行"的电商。

任何一个生态的构建都不是单边的,买家和卖家就如同一个跷跷板,需要从中为其寻找一个平衡,亚马逊也一直为此努力,以会员制成功带动了买家端和卖家端的共同发展。当像亚马逊这样的巨型平台逐渐构建起来之后,生态的自平衡也就逐渐达成。基于这一生态,亚马逊也一直在往上叠加新的服务和业务,不断转动新的飞轮,而这个飞轮的最中心处则正是亚马逊 Prime 会员服务。

思考：请归纳、总结亚马逊 Prime 会员计划中为顾客定制的硬性及软性利益包包含哪些内容。

（4）做好财务方面的预算

会员制推广和维护的费用很高,很多会员制营销失败的主要原因之一就是没有严格控制成本。所以,建立长期、详尽的财务预算计划非常重要,内容应包括可能产生的成本以及收回这些成本的可能性。

（5）为会员构建沟通的平台

为了更好地为会员服务，企业必须建立多方位的沟通平台，这个沟通平台包括内部沟通平台和外部沟通平台。

① 内部沟通平台：用于企业内部员工进行沟通交流，让内部员工理解、支持并参与到会员制营销中，因为只有内部员工同心合力，会员制成功的概率才有可能提高。

② 外部沟通平台：确定会员与会员制组织之间以及会员与会员之间需要间隔多长时间、通过什么集道、进行何种形式的沟通。

（6）会员制的组织与管理

具体包括：确定会员组织和管理的常设部门，如服务中心；决定将哪些会员活动外包出去；确定需要哪些资源配合，如组织、技术、人事等资源；研究如何实现为会员提供的利益等等。

（7）数据库的建立与管理

及时有效地建立数据库，将会员的相关信息资料整合并分享给企业的其他部门，以充分发挥其对其他部门的支持作用。会员资料对于企业的研发、产品管理和市场调研等部门来说非常有价值。充分挖掘会员制的潜力，既能帮助上述部门提高业绩，也能增加会员制营销自身的价值。

3. 会员制营销的实施

（1）组建专门的组织部门

会员制营销的实施是一个复杂的系统工程，涉及不同利益团体，如会员制的经营管理者、会员、外部合作者等。为了保证其平稳运行，必须建立专门的组织部门负责实施，投入适当数量的人力、财力、技术和时间等方面的资源。这样的组织机构通常称为中央服务中心（CSC）。中央服务中心要协调、检查并组织会员制营销各方面的业务，具有直接的会员服务和对外宣传、交往与合作等多项职责。

另外，俱乐部中央服务中心还应根据自身的情况，设立以下部门：会员事务管理部、会员系统部、运营部和会员活动部等。这些部门通过处理好与服务部门、营销部门及企业其他部门之间的关系和定位，确保相应业务流程的顺利衔接，充分发挥忠诚计划的优势，提升企业核心竞争力。

（2）建立会员制的管理制度

会员制的管理制度主要包括：入会资格审查制度、入会（退会、除籍）公告制度、资源共享制度、保密制度、销售服务制度等。

(3) 会员征集与推广

如何让企业锁定的目标顾客群成为会员制俱乐部的核心会员,如何扩大俱乐部在目标顾客群中的影响力,使目标顾客群成为企业长久忠实会员,这需要企业进行详细的规划和实施有效的会员征集与推广活动。会员征集与推广有3种方式:

① 会议推广。会议推广是指通过定期组织会议的形式与目标消费者进行有效沟通及向其展示公司形象,传递公司产品信息,逐步增进消费者对公司及产品的认知以及肯定度,最终促进购买的一种销售方式。会议推广形式包括户外促销活列、室内主题讲座、顾客联谊活动、社区活动。

② 广告推广。广告媒体主要有报纸、杂志、广播、电视、邮寄广告、微信公众号、微博、视频直播和其他媒体。这些媒体在送达率、频率和影响价值方面互有差异。企业在招聘会员时,应根据媒体的特性合理地选择广告媒体进行宣传,尽量以较低的成本达成最大的成效。

③ 现场推广。现场推广是使消费者较快接受品牌信息,形成对品牌或产品偏好的重要手段,也是会员制俱乐部征集会员最有效的方式之一。尤其当企业拥有自己品牌的零售网点时,在店内做现场推广活动招募会员,既可以有效吸引新会员,又可以节省大量成本。

【知识拓展】

现场推广活动需要注意的事项:①确定活动主题;②确定目标受众;③确定活动地点和时间;④确定推广形式;⑤确定所需物品;⑥确定参与人员;⑦布置现场;⑧现场推广活动实施方案。

(4) 构建会员沟通的平台

实行会员制营销的主要目标之一就是创造与会员沟通的机会,而且这种沟通必须具有排他性,也就是说只有会员才能进行这种沟通。与会员之间的沟通可以采用不同的工具,例如会员杂志、专线电话、邮件等。沟通方式也不仅仅局限于某一种,而是采用多种沟通方式的结合,使沟通更加顺畅有效。可供选择的常用沟通方式有面谈、书信、电话、手机短信、网络等。

(5) 会员制的费用管理

① 费用的来源

会员制俱乐部的经费除了来源于企业的投资外,还有一些办法可以使俱乐部创造出直接或间接的收入,主要有:会员交纳的费用,包括入会费、保证金、管理年费等;会员或社会由各种合法途径提供的捐赠及赞助;销售会员制特殊产品取得的收入;举办各类特殊活动取得的合法收入;在核准的业务范围内开展有偿服务的收入;企业专项拨款;其他合法收入。

② 会员制实施过程中的三大费用

会员制营销的主要花费有会员注册和沟通费用、管理和行政费用,以及维持计划持续性的费用。其中会员注册和沟通费用是企业为了吸引消费者加入会员俱乐部以及与顾客保持长期的关系而产生的费用,主要包括推广会员制营销的广告费、会议注册的固定费用、计划实施过程中的促销费用和沟通费用。管理和行政费用主要包括处理消费者数据的软件安装和实施费用、日常管理的固定费用和管理人员费用等。维持计划持续性的费用主要指的是企业为了兑现积分计划,提供给消费者的奖励费用。

第三节 顾客投诉与退换货管理

【导入案例】

史密斯女士每周都在附近的杰克超市花50美元购买一些日常的生活用品。近来她对杰克超市的服务越来越不满意:超市拒绝提供给她一些并不过分的购物方便,付账时收银员总是与别人聊天,用信用卡付账时居然还要查她的身份证。史密斯女士感到超市根本不在乎她的购物感受,终于决定投诉这家超市门店,并决定不再光顾杰克超市。以下就是史密斯女士离开可能带来的损失:

每周50美元的销售额;

一个长期居住此地的顾客的销售额:50美元×52周(每年)×10年(约数);

她对生活圈子中10~20人的口碑宣传;

对其中至少一半人的消费产生影响;

这些人对于周围至少5个人的再影响;

受影响的人中会有1/4不再来进行消费;

这1/4顾客10年的销售额。

思考:投诉是顾客对门店不满的直接反映,那么,哪些原因会导致顾客投诉呢?

一、顾客投诉的原因

顾客在购买产品或服务时,会有一定的期望水平,如果实际情况达不到期望水平,顾客往往会感到不满意,顾客将这种不满向商家表达出来,也就产生了"投诉"。

要处理好顾客投诉,零售商应该首先从观念上认识顾客投诉,了解顾客投诉产生的原因。对零售企业而言,顾客投诉的类型主要有以下几类:

1. 对商品的投诉

商品是满足顾客需要的主体,顾客对商品的投诉主要集中在以下几方面:

(1) 质量不良

商品质量问题往往是顾客投诉意见最集中的方面。根据《中华人民共和国产品质量法》的定义,产品缺陷是指产品存在危及他人人身、财产安全的不合理的危险。商品质量问题主要有坏品、过保质期、品质差或不适用等。许多商品的品质往往要打开包装使用时才能作出判别,特别是食品由于储存、陈列不当引起的质量问题较多,打开包装或食用时发现食品品质不好时,通常顾客的反应较强烈,意见较大,引起的投诉亦较多。

(2) 价格不合理

超市门店销售的商品大部分为非独家经营的商品,在信息时代,顾客对各商家的价格易于作出比较,特别是日用品、食品、生鲜果蔬等商品是顾客经常购买的商品,顾客对其价格十分熟悉,对同一商品在不同商场价格的高低和同一商场同一商品因季节性因素或促销因素而发生的价格变动也十分敏感,往往会因为商品价格过高向门店提出意见。

【知识拓展】

价格欺诈的表现形式

国家计委在各地价格欺诈市场检查中发现的价格欺诈行为,主要有以下11种表现形式:虚假标价、两套价格、模糊标价、虚夸标价、虚假折价、模糊赠售、隐蔽价格附加条件、虚构原价、不履行价格承诺、质量与价格不符、数量与价格不符。

(3) 标识不符

商品包装标识不符往往成为顾客购物的障碍,进而成为顾客的投诉对象。顾客对商品包装标识的投诉主要有商品的价格标签看不清楚,商品上有几个不同的价格标签,商品上的价格标签与促销广告上的不一致,商品包装上无厂名、无制造日期,进口商品上无中文说明等。

【知识拓展】

《中华人民共和国产品质量法》第二十七条

产品或者其包装上的标识必须真实,并符合下列要求:

（一）有产品质量检验合格证明；

（二）有中文标明的产品名称、生产厂厂名和厂址；

（三）根据产品的特点和使用要求，需要标明产品规格、等级、所含主要成分的名称和含量的，用中文相应予以标明；需要事先让消费者知晓的，应当在外包装上标明，或者预先向消费者提供有关资料；

（四）限期使用的产品，应当在显著位置清晰地标明生产日期和安全使用期或者失效日期；

（五）使用不当，容易造成产品本身损坏或者可能危及人身、财产安全的产品，应当有警示标志或者中文警示说明。

裸装的食品和其他根据产品特点难以附加标识的裸装产品，可以不附加产品标识。

（4）商品缺货

主要是因热销商品和特价商品的缺货、商品品种不全而不满。

2. 对服务的投诉

消费者购买商品的同时需要商场提供良好的服务，其对零售商服务的不满直接影响零售商商品的销售。对服务的投诉主要有以下几方面：

（1）营业员的服务方式欠妥

接待慢，搞错了接待顺序；缺乏语言技巧，不会打招呼，也不懂得回话；说话没有礼貌，过于随便；说话口气生硬，不会说客套话；不管顾客的反应和需要，无重点地、一味地加以说明，引起顾客的厌烦和抱怨；商品的相关知识不足，无法回答顾客的询问；不愿意将柜台或货架上陈列的精美商品取出供顾客挑选。

（2）营业员的服务态度欠佳

只顾自己聊天，不理会顾客的招呼；紧跟在顾客身后，表现出过分的殷勤，不停地劝说顾客购买，让顾客觉得对方急于向自己推销，在心理上形成一定的压力；顾客不买时，马上板起面孔，甚至恶语相加；以貌取人，瞧不起顾客，言语中流露出蔑视的口气；表现出对顾客的不信任，言语中伤顾客；对顾客挑选商品不耐烦，甚至冷嘲热讽。

【案例分析】

某商场服装区域的管理人员接到顾客王小姐的投诉，她很愤怒地说，她到本商场某专柜选购衣服，但挑了很久也没有选购到合适的衣服，于是准备离开。没想到刚一转身就听到这个专柜两位导购说："真是的，一上午没有见到一个人，好不容易来了一个人，还是随便看一看的。没钱瞎转悠啥呀！"顾客听到这句话自尊心受到了伤害，随即来到管理处投诉。

思考：该专柜导购员行为有哪些不妥？

（3）营业员自身的不良行为

营业员对自身工作流露出厌倦、不满情绪，例如，抱怨工资、奖金低，工作纪律严等;营业员对其他顾客进行评价、议论,甚至贬低;营业员自身衣着不整、浓妆艳抹、举止粗俗、言谈粗鲁、打闹说笑、工作纪律差,给顾客造成不良的印象,直接影响顾客的购买兴趣;营业员之间发生争吵,互相不满,互相拆台。

【案例分析】

张小姐正在选鞋,忽听一位营业员向另一位营业员说:"你看刚才那个小个儿的女的了吗?真有钱,在我这儿一下子就买了双2 000元的鞋!"另一位营业员答道:"看见了,不过长得太土了,再高档的鞋穿她脚上也糟蹋了!"张小姐心想,营业员这么缺乏修养,服务态度肯定也好不了,自己千万别在这儿买东西。于是她马上离开了这个品牌专柜。

思考: 营业员应具备哪些基本的职业修养?

(4)服务作业不当

如结算错误,多收钱款、少找钱;包装作业失当,导致商品损坏,入袋不完全,遗漏顾客的商品;结算速度慢、收银台开机少,造成顾客等候时间过久;顾客寄放物品遗失或存取发生错误;送货太迟或送错了地方;不遵守约定,顾客履约提货,货却未到等。

(5)对服务相关规定的投诉

连锁企业会制订一系列的服务相关规定来规范门店的顾客服务,它是衡量企业服务水平的一项重要内容。服务规章制度设置不合理会导致顾客的不满,并引发顾客投诉,具体包括门店营业时间、商品退换、存包、售后服务及各种服务制度,如不提供送货服务,无保修或店内无维修点等方面的投诉。

3. 对安全和环境的投诉

顾客在卖场购物时因安全管理不当,造成意外伤害而引起投诉,如因地滑而摔倒,因停电而碰撞或损失;顾客感觉环境不舒适,如灯的亮度不够、空气不流通、温度过高或过低、商场内音响声太大;卖场走道内的包装箱和垃圾没有及时清理,影响卖场整洁和卫生;商品卸货时影响行人的通行等。

卖场环境设施不当也有可能导致顾客投诉,如货架高度不当,拿取商品不方便;商场布局指示不清;收银机少,结算排队的时间较长;停车位太少;无休息的凳椅;无电梯、洗手间等。

二、顾客投诉的处理流程

顾客投诉是企业宝贵的信息资源,处理得好不仅可以有效地化解顾客的怨气,最大限度地留住顾客,同时也对改进企业的产品质量和服务水平有着十分积极的意义。但是如果处理不当,这些投诉同样可能将矛盾激化和扩大,给企业造成巨大的损失。

1. 投诉处理原则

（1）正确的服务理念

门店需要持续地提高全体员工的素质和业务能力，树立全心全意为顾客服务的思想，确定"以顾客为中心"的观念。投诉处理人员面对愤怒的顾客一定要注意克制自己的情绪，避免感情用事，始终牢记自己代表的是门店和企业的整体形象。

（2）有章可循

要有专门的制度和人员来规范管理顾客投诉问题，使各种情况的处理有章可循，保持服务的统一规范。另外要做好各种预防工作，对各种顾客投诉防患于未然。

（3）及时处理

处理投诉时不要拖延时间、推卸责任，各部门应通力合作，迅速作出反应，向顾客清楚地说明事件的缘由，并力争在最短时间里彻底解决问题，给顾客一个满意的答复。拖延或推卸责任，只会进一步激怒投诉者，使事情更加复杂化。

（4）分清责任

门店不仅要分清造成顾客投诉的责任部门和责任人，而且需要明确相关部门、人员的具体责任与权限。

（5）留档分析

对每一起顾客投诉及其处理情况要作出详细的记录，包括投诉内容、处理过程、处理结果、顾客满意程度等。通过记录来吸取教训、总结经验，为以后更好地处理和预防顾客投诉提供参考，表6-2为某超市顾客投诉处理表。

表6-2 顾客投诉处理表

门店名称： 编号：

顾客姓名		受理日期	
地　　址		发生日期	
联系电话		最后联系	
投诉项目		结束日期	
发生地点		投诉方式	
投诉内容			
处理原则			
处理经过			
处理结果			
承办人	客服经理	店长	意见备注

2. 投诉处理流程

在处理顾客投诉时,一般应遵循投诉处理程序,见图6-4。

(1) 摆正心态

遇到顾客投诉,门店服务人员首先应摆正心态,注意保持心情平和。明确处理顾客的投诉应就事论事,对事不对人。当工作人员面对的顾客情绪激动、发泄不满,甚至有非理性的行为发生时,应该注意调整自身情绪,不产生对抗性的态度与行为。绝大多数情况下,顾客的投诉只是针对门店本身或所购买的商品,工作人员应采用正面的态度,心情平静地倾听,往往可以让顾客产生正面的反馈。

(2) 有效倾听

所谓有效倾听,就是诚恳地倾听顾客的诉说,并表示完全相信顾客所说的一切,这可以使顾客的情绪得到缓和,然后了解引起顾客不满的原因,确认问题所在。对大部分顾客来说,投诉后,并不一定非要企业有形式上的补偿,只是要求能发泄自己心中的不满,使心理上得到一种平衡。如果无法做到"耐心地倾听",必然是火上浇油,导致投诉升级。

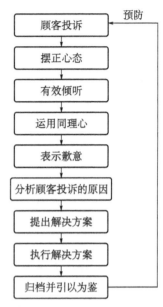

图6-4 顾客投诉处理程序

① 先让顾客发泄。通过开放式问题让顾客发泄情绪,然后再了解问题的实质。处理投诉应该是"先处理情绪,后处理事件",因此,首先要理解顾客的心情,稳定顾客的情绪。在谈话过程中,要尽量通过一个开放式的问题,把顾客引导到事件上,让他把问题讲出来,此时会发现,在倾诉的过程中,实际上顾客的情绪得到了宣泄。也就是说接待人员应该用开放式的问题,给予顾客一个发泄情绪的渠道。

② 充分倾听。欢迎顾客投诉是处理顾客投诉的基本态度,同时也是妥善处理投诉的基本条件。对待顾客的投诉,首先要虚心接受,紧接着是站在顾客立场上对投诉作深入分析。

③ 不要为自己辩解。工作人员要尊重顾客的立场,不要一味向顾客辩白或解释,不要尽力扭转顾客的立场。不必急于下结论,但处理问题要迅速,最好由顾客来下结论,宁愿同顾客一起分析原因,也不要徒劳无益地去得出所谓结论。为了表明处理问题的认真负责态度,工作人员最好用本子记下怨言的要点,并请顾客确认,这样会给顾客留下好印象,也有利于进一步处理投诉。

（3）运用同理心

同理心就是站在对方立场设身处地思考的一种方式。在倾听顾客投诉的事情原委后，工作人员应以同理心来倾听顾客的投诉，要不带任何偏见地站在顾客的立场来回应顾客的问题，即扮演顾客的支持者角色，让顾客知道接待人员对问题的了解和态度。表达理解，必须找到双方一致点。表达理解和同情可以充分利用各种方式，比如以眼神来表示同情，以诚心诚意、认真的表情来表示理解，以适当的身体语言如点头表示同意等。

【案例分析】

一位顾客在喝牛奶时，用吸管从牛奶里吸出了一小块玻璃，于是他怒气冲冲地直奔超市去投诉。他在路上想好了不少尖刻的话语。他甚至还想到，如果超市不给予妥善处理，就把此事向新闻界揭发，或者找消费者协会投诉。他来到超市顾客接待室大声批评："你们超市难道就只顾赚钱，把消费者的健康置之不顾？"今天超市是小王值班，他赶忙说："那碎玻璃是否伤着您了？舌头喉咙有没有事？要不现在马上去医院找大夫检查，回来再说牛奶的问题？"当得知顾客未受伤害后，小王才转忧为喜，并接着说："那真是不幸中的万幸，要是年迈的老人或小孩子喝到这瓶牛奶，后果真是不堪设想啊！"

思考：小王通过什么方法化解了顾客的潜在投诉？

（4）表示歉意

不论顾客提出的投诉，其责任是否属于本门店，如果店方能够诚心地向顾客表示道歉，并感谢顾客提出问题，通常能让顾客感到企业对自己的尊重。就门店而言，如果没有顾客提出投诉或意见，往往就没法知道自己存在的不足和需要改进的地方，应把顾客的投诉视作对门店的关心和爱护。对绝大多数顾客而言，他们对门店投诉，是希望所提的问题能得到改善和解决，使他们能继续光临商店，并得到良好的服务。因此，顾客投诉从表面看似乎是门店经营上的危机，但若能处理得当，使顾客愿意再度光临，同时也使门店的经营因顾客的投诉而有所改进，将给零售企业带来无形的利益。所以，应向任何一位投诉的顾客道歉并表示感谢。

（5）分析顾客投诉的原因

① 抓住顾客的投诉重点。掌握顾客投诉问题的重点，仔细分析该投诉事件，判断问题严重到何种程度，同时要有意识地试探和了解顾客的期望，这些都是在提出解决方案前必须事先了解的内容，对于门店来说是至关重要的。

② 确定责任归属。顾客投诉问题的责任不一定在店方，可能是供应商或是顾客本人造成的，因而店方应确认责任归属。随着责任归属的不同，店方提出的解决

方案就会不同。如责任在于店方，店方当然应负责解决（例如，销售已过保质期的商品）；如责任在于商品生产厂商，店方应负责联络厂商共同解决（例如，商品包装内发现了异物）；如责任在于顾客，店方则要心平气和地作出令顾客信服的解释，并尽可能提供补救措施或其他消费建议（例如，顾客就特价商品缺货提出投诉，而此项缺货是在店方广告上明确注明售完为止的商品，但顾客并未注意）。

（6）提出解决方案

对所有的顾客投诉都应有处理意见，都必须向顾客提出解决问题的方案。在提出解决方案时，以下几点必须加以考虑：

① 企业现有的顾客投诉处理规定。一般连锁企业对于顾客的投诉都有一定的处理政策，门店在提出解决顾客投诉的方案时，应事先考虑连锁企业的经营方针、政策以及顾客投诉的有关处理规定，既要迅速高效地解决问题，又不能轻率地承担责任。有些问题只要援引既定的办法或规定，即可立即解决。例如，门店商品退、换货的处理等。至于无法援引处理办法的问题，就必须考虑零售企业的原则作出弹性的处理，以便提出双方都满意的解决办法。

② 处理权限的规定。投诉处理负责人在处理顾客投诉时还必须考虑企业权限的规定，或是否能在权限内处理。有些投诉可由服务人员或部门管理人员立即处理，有些则必须由店长或副店长来处理，有些必须移交连锁企业总部所属部门。在服务人员无法为顾客解决问题时，就必须尽快找到具有相应处理权限的人员来解决。按处理权限确定投诉处理责任人，可以使顾客的投诉迅速得到解决，但店方必须向顾客讲述清楚，以取得顾客的谅解。

③ 一致性或可比性。处理顾客投诉最重要的原则之一，就是让每一类投诉事件的处理具有一致性或可比性。如果同一类型的顾客投诉，因为处理人员的不同而有不同的态度与做法，势必让顾客丧失对这家连锁企业的信赖与信心。因此，投诉处理责任人在处理顾客投诉时要注意适当地利用先例，了解其和以前类似的顾客投诉事件是否有共同点，参照以前同类投诉事件的解决方案来处理，以确保处理同类投诉问题的方式基本一致。而对于门店来说，坚持以公平、一致的态度对待所有顾客的投诉，也有利于提高门店处理顾客投诉的效率。

④ 让顾客认可提出的解决方案。要做到这一点，往往不会很容易，所以投诉处理人员要重视与顾客的沟通，争取对方同意。处理人员提出任何解决方案，都必须诚恳地与顾客沟通，以获得顾客的同意。在对顾客提出解决方案的同时，接待和处理人员必须尽力让顾客了解，他们为解决这个问题所付出的努力。若是顾客对解决方案仍然不满意，必须进一步了解对方的需求，以便作出修正。

(7) 执行解决方案

如果是门店权限内可以处理的问题,应尽快解决。当双方都认可解决方案后,门店就应立即执行该解决方案。若由于种种原因(如不在负责人的权限范围内,或必须与厂商联系后方能答复等),门店不能立即处理该顾客的投诉,应告诉顾客原因,特别要详细说明处理的过程和手续,双方约定其他时间再作出处理。此时应将经办人的姓名、电话等告知顾客,并留下顾客的姓名与地址等联系方式,以便事后追踪处理,也可避免顾客产生被店方随便打发的想法。在顾客等候期间,处理人员应随时了解该投诉的处理进度,有变动必须立即通知对方,直到事情全部处理完毕。至于移转总部或其他单位处理的投诉,也必须了解事情的进展情况,进行定时的追踪。如果顾客有所询问,应迅速且清楚地回应对方。

(8) 归档并引以为鉴

顾客的每一次投诉都为门店变得更好提供机会。所以门店处理顾客投诉,不能满足于消除顾客的不满,更重要的是通过顾客的不满认识到门店工作上的薄弱环节,并加以改进。否则虽然通过补救措施消除了这位顾客的不满,但类似的投诉还会发生。

在处理顾客投诉的整个过程中,投诉负责人必须在顾客投诉处理记录表上进行书面记录,深入了解顾客的想法,这样顾客也会持慎重的态度。每次顾客投诉的记录,门店都应存档,以便日后查询,并应定期检讨产生投诉的原因,从而加以修正。在检讨时有两点是需要管理者注意的:一是许多投诉都是可以事先预防的,门店一旦发现某类投诉经常发生,就必须组织力量进行调查,追查问题的根源,制订此类事件的处理办法,并及时作出改进管理和作业的规定,以杜绝此类事件再次发生;二是若属偶然发生或特殊意外情况引发的顾客投诉,门店也应作出明确的规定,作为再遇到此类事件的处理依据。

对所有顾客投诉产生的原因、处理结果、处理后顾客的反馈以及门店今后的改进方法,应及时用各种固定的形式,如例会、晨会或是企业内部刊物等,告知门店的所有员工,使员工能迅速改进引发顾客投诉的种种因素,并充分了解处理投诉事件时应避免的不良影响,以防止类似事件再次发生。

三、顾客投诉处理的方法与技巧

1. 商品投诉

(1) 商品质量问题

如果顾客购买的商品出现质量问题,说明企业在质量管理上不过关。遇到此类情况,最基本的处理方法是诚恳地向顾客道歉,并更换质量完好的新商品;如果顾客因为该商品的质量问题而遭受了额外的损失,企业要主动地承担起这方面的责任,对顾客的损失包括精神损失都给予适当的赔偿;在投诉处理结束后,就该质量存在问题的商品如何流入顾客手中查找原因,采取相应的措施以避免发生类似问题,并向顾客说明情况,增强顾客再次购买本企业商品的信心;向供应商反映商品的质量问题,要求给予解决或更换,以利于企业的发展。

(2) 商品使用不当

如果是因顾客自己使用不当而导致的商品质量问题,卖场员工需要意识到,这不仅仅是顾客自身的问题,或许是营业员在销售商品时未向顾客说明注意事项,或者营业员出售了不适合顾客使用的商品。属于这类原因的,卖场也应承担一定的责任,一定要向顾客真诚地道歉,并根据具体情况给予顾客适当的赔偿。

2. 服务投诉

顾客的抱怨有时候是因卖场员工的服务而引起。服务是无形的,不能像商品那样事实明确、责任清晰,只能够依靠顾客与员工双方的叙述来判断。因此,对服务质量问题要明确责任是比较困难的。

处理类似问题时,客服人员首先要明确"顾客就是上帝"这一宗旨,首先听取顾客的意见,并诚恳地向顾客道歉,向顾客承诺以后不会再发生类似的事件。

必要时与当事人(员工)一起向顾客表示歉意,这样做的基本出发点是让顾客发泄自己的不满,使顾客在精神上得到一定的满足,从而赢得顾客对卖场的信赖。

事件处理完毕,卖场要对在事件中受委屈的员工在精神和物质上给予一定的补偿。同时要在处理顾客关系技巧方面对员工进行必要的培训,使企业员工能够在措辞和态度上应对得体,以减少类似投诉的发生。

3. 索赔处理

① 要迅速、正确地获得有关索赔的信息。

② 索赔问题发生时,要尽快确定对策。

③ 客服主管对于所有的资料均应过目,以防下属忽略了重要问题。

④ 要询问经办人,或听其汇报有关索赔的对策、处理经过、是否已经解决等。

⑤ 与供应商保持联系,召开协商会。

⑥ 对每一类索赔问题,均应规定标准的处理方法(处理流程、手续、形式等)。

⑦ 防止索赔问题发生才是根本的解决问题之道,不能总是等索赔问题发生后,才去被动地寻找对策。

4. 特殊顾客投诉

（1）"别有用心"的顾客

在现实生活中卖场人员对这类顾客都感到棘手。这种类型的顾客喜欢抓住卖场的弱点，提出难题，暗中索取金钱或贵重物品。满足此类顾客的无理要求，会令卖场员工的士气大为降低；如果作出激烈的对抗，又会使事态恶化，极大地损害卖场的形象。对待此类顾客，卖场管理人员及员工一定要利用法律武器保护自己的正当权益。卖场员工也要控制好自己的言行举止，否则将会给这类顾客留下可乘之机。

（2）挑剔的顾客

这类顾客在心目中已经有了一定的标准，因此常常能看出商品及服务的不足。他们因挑剔而给出的建议通常具有一定的代表性并很有价值，值得卖场员工认真研究，从而改进商品和服务质量。在商界中流行一句名言："一百减一等于零。"也就是说，卖场即使让一名顾客一百次感到满意也不能保证他永远满意，如果有一次失误，就会前功尽弃。因此，卖场员工一定要重视这类顾客的接待，让其感到自己的建议会得到卖场的重视。其次要注意应对程序。先要耐心地听取他们的意见，弄清他们的服务标准，表示他们的要求卖场已给予相当的重视，然后向对方道歉，期望对方继续支持，并赠送小礼物以表示感谢。通常挑剔的顾客容易被客服人员的真诚感动，从而愿意接受道歉和调解。最后把顾客指出的卖场漏洞堵住，以免再次发生类似的顾客投诉，影响企业的形象和声誉。

【技能训练】

资料1：某女士到B超市购物时，把一套价值800多元的化妆品存放于该超市的储物柜。她购物后拿钥匙准备打开储物柜取化妆品时，发现储物柜门已被打开，化妆品不翼而飞。该女士要求B超市对此进行赔偿。

（1）请分析顾客投诉的原因。

（2）超市是否应该赔偿，说出你的理由。

资料2：一天晚上八点，赵阿姨打电话投诉：其上午在某商场购买食品，晚上食用时发现了一样计算机小票上有，但自己没拿到的东西，于是打电话问个究竟。接待员在电话里详细听了赵阿姨的诉说，口气委婉地告诉赵阿姨出现此种情况有几种可能。可是赵阿姨没听完就挂了电话。于是又有了下面的故事：第二天，赵阿姨气冲冲来到商场要讨个说法，并态度坚决地认定是收银员藏了她的商品，接待员再三解释都无济于事。

如果你是值班经理，应该如何处理？

四、顾客退换货管理

在处理顾客投诉事件时,常常会遇到退换货问题。在此,简单介绍顾客退换货的处理的流程。顾客要求退换货物不是苛刻,而是对商家诚信服务的一次考验。

1. 售前检验

为了减少退换货事件的出现,通常在商品销售前,工作人员要进行严格的商品检验。例如,在商品交付顾客之前,导购员需将商品打开,当面确认商品的件数、规格、质量等。导购员应杜绝问题商品售出,同时提醒顾客"请保留购买凭据,以备售后服务之用"。

2. 退货原则

因门店经营商品不同,退换货的具体原则也有所不同。应根据门店的实际情况,制订适用的退货原则。

【知识拓展】

超市退货流程:

1. 凡所购商品属国家颁布的《部分商品修理更换退货责任规定》或其他有关商品退换货的法规、规定范围,按国家相关规定执行。对于国家无相关规定的商品,自购物之日起,7天(含7天)内可退货,15天(含15天)内可换同价商品,15天以后不再退换。

2. 以下商品不属于退换货范围:

(1) 非质量问题的食品、药品、化妆品、卫生清洁用品、内衣内裤、睡衣睡裤、紧身衣、金银珠宝首饰、感光材料、音像制品、精密仪器、儿童玩具、剪裁商品和国家规定的有关其他产品。

(2) 因使用不当造成商品失去部分功能、磨损、变形、污渍、附件短少或包装无法复原等影响再次销售的商品。

3. 所有退换货商品,须凭相应的电脑购物小票或发票等有效证明办理。

4. 所有商品销售退换货一律由服务台统一受理。服务台负责验收退回商品是否符合相关退换货规定;如服务台值班员不能确定商品是否符合退换货要求,可通知相关商品部门主管协助确认。

5. 退换货商品的退回金额应以原电脑小票上该商品的销售金额为据;收付换货差额应以与原电脑小票的商品销售金额的差额收付。

6. 所有退回商场的商品,必须在当日内返还相应的商品部门。

7. 门店受理顾客退换货,应按层级权限处理,并遵循逐级向上处理的原则:

(1) 服务台值班员:可受理所有符合退换货原则的顾客退换货。

(2) 服务台主管:受理单笔金额500元以下超出退换货原则范围的顾客退换货。

(3) 前台经理：①受理单笔金额500~2 000元超出退换货原则范围的顾客退换货；②受理需要请门店相关商品部门主管或厂家对商品进行鉴定的退换货处理。

(4) 门店总经理：受理单笔金额2 000元以上超出退换货原则范围的顾客退换货。

3. 顾客退换货的流程

顾客退换货流程用于指导门店妥善处理商品退换货并提高处理速度和效率，最终提高门店顾客满意度。

① 顾客直接到销售门店要求退货的，第一个接触到顾客的导购员应负全程跟踪处理的责任；导购员应在第一时间打开顾客的商品进行必要的判定，如果是符合退换货的商品，及时给予顾客退换货服务。

② 导购员在处理完退货后，应规范填写"超市退货登记表"（如图6-5），做好退货信息的记录，经过店长或客服经理审核签字后，完成退货流程。

××超市退货登记表

NO:×××××××

品名	条形码	单价	数量	金额	销售日期	收银员工号	机台号	流水号	退货日期

退货部门：	□食品用品小店	□生鲜小店	□加工小店	□服装小店		
退货原因：	□购买错误	□看错价格	□收银失误	□计量失误	□价格不符	□质量问题
退款方式（手工）	□现金	□银行卡	□永辉卡	□第三方支付（微信、支付宝等）		□其他
（联机）		□银行卡	□永辉卡	□第三方支付（微信、支付宝等）		
备注：						
退货金额：（大写）	仟　佰　拾　元　角			小写¥：		
顾客姓名				联系电话		
客服人员签名				收银小店签名		
后勤小店签名				营运小店签名		

图6-5　超市退货登记表

③ 对于不符合退换货条件的商品，顾客强烈要求的，导购员应在向客服经理申请后，及时妥善解决。

④ 鉴定商品是否属于退换货范围之内，应参照企业的"退换货标准"。如果是可以退换货的，应立即表示歉意，并为顾客解决问题；如果不能马上解决的，要向顾客表示歉意，告知大概的处理时间并及时跟进；如果是不属于退换货范围之内的，也应该向顾客表示歉意，耐心解释不能退换货的原因。碰到非常不好沟通的顾客也不能与其发生争执，可交由店长处理。

⑤ 处理顾客退换货要遵循依法行事的原则,依据《中华人民共和国消费者权益保护法》《中华人民共和国产品质量法》等相关法律法规,对于超出相关法律范围及公司退换货原则的顾客要求,应说服顾客依据法律解决问题。

第四节　公共关系危机控制与管理

【导入案例】

"如今,人人都有可能成为意见领袖。"科闻一百全球新媒体业务发展负责人兼大中华区总监胡哲伦解释道:"全球范围内,金融危机、产品质量等问题的爆发导致企业公信力大幅下降,新科技的兴起带来了互联网生活方式的普及,媒介不再是掌握在少数人手中的稀有资源,企业对媒体信息的控制力不复以往。"

当我们翻阅几年前轰动一时的危机事件时,可以非常明显地看出,几乎每一次危机事件都是由影响力巨大的传统媒体曝光而引起的。中央电视台曝光欧典地板丑闻,引发公众信任危机;《国际金融报》报道芝华士勾兑事件,引发洋酒第一危机案;《第一财经日报》报道富士康工厂恶劣对待工人,引来全国上下对富士康公司的一致谴责之声。

这一切表明,企业与公众的沟通传播已经走进一个新的时代。无论哪个群体,都需要、愿意而且能够参与到与企业的"对话"中来,对话的影响力在加大,企业必须重新审视既有公关传播战略,并作出相应调整。

思考:请搜索以上事件资料,分析公共关系危机产生的原因,讨论危机的预防以及管理办法。

一、公共关系危机的定义

公共关系危机,简称公关危机,是指社会组织与公众之间因某种非常性因素引起地表现出某种险情的非常态联系状态,它是社会组织公共关系状况严重失调的反映。企业公共关系危机可导致企业与公众关系迅速恶化,企业的正常业务受到影响,生存和发展受到威胁,企业形象遭受损害,企业处于高知名度、低美誉度的企业形象地位。

二、公共关系危机的成因

引起公关危机的原因有很多,诸如经营管理不善、市场信息不足、同行竞争,甚至遭到恶意破坏,或其他自然灾害、事故等,主要分为企业内部原因和企业外部原因。

1. 企业内部原因

① 企业领导、员工自身素质低。企业内部工作人员和领导在认识、观念、思维等方面综合形成的个人素质低都有可能引发危机,尤其领导素质低下导致企业公关危机的可能性就更大。

② 企业缺乏危机意识。有很多企业在取得一定成绩、稳步发展的同时,忘记了居安思危,对危机丧失了警惕,走向了灭亡的不归路。

③ 经营决策失误。在现代社会中,经营决策都应自觉考虑到社会公众、社会环境的利益和要求,不能有损于公众、有损于环境;反之,即属于经营决策失误。

④ 法制观念淡薄。企业是否具有法律意识,是否知法、守法,是否将企业的经营活动置于法律的监督、保护之下,这对于正确开展经营活动、规范企业管理行为、树立良好的企业形象都有十分重要的意义。

⑤ 公共关系活动缺乏必要的准备。企业要想取得公共关系活动的成功,就应做好公共关系活动的前期准备工作,准备工作做得越充分越扎实,公关活动的成功率就越高;反之,就会引发危机。

⑥ 忽视公关调研,损害企业声誉。企业通过调研可以明确自己所处的环境,验证对公共关系状况和公共关系状态的假设,能有效地减少公共关系策划和计划中的不确定因素。同时,调研也为企业的长远发展提供了有价值的分析资料。

【知识拓展】
企业进行公关调研一般运用的方法

1. 案头资料研究法

利用手头可以找到的历年统计资料、档案资料、样本资料乃至报纸、杂志刊登的工商广告之类的第二手资料进行研究分析。

2. 直接接触调查

直接与公众接触,也就是面对面的访问,这种调查方法运用得比较广泛。其优点是回收率高、反馈迅速、灵活性强。

3. 社会经济调查

社会经济调查通常有两种方法:一种是全面调查,又叫普查;另一种是抽样调查。全面调查就是对需要调查的对象进行逐个调查;抽样调查是从需要调查的对象的总体中,抽取若干个个体即样本进行调查,并根据调查的情况推断总体的特征。

4. 问卷法

问卷法也称民意测验法。该方法是采用书面提问的方法,直接了解公众的需要,了解他们对企业或产品,或某一个问题的认识和看法。

2. 企业外部原因

企业所处的外部环境是异常复杂的,某一方面发生不良变化,尤其是突如其来的不良变化,都会给企业以重击,使企业陡然陷入困境,企业形象面临前所未有的挑战。

① 自然环境突变。包括天然性自然灾害和建设性破坏两个方面。天然性自然灾害是不以人的意志为转移的,它往往给企业带来意想不到的打击,如山脉、河流、海洋、气温等所形成的灾害。建设性破坏是一种人为的灾害,它是指人类出于短视、疏忽、决策失当等原因,没按客观规律办事所酿成的灾害。

② 企业恶性竞争。主要是指本企业受到外部其他企业的不正当竞争,使本企业面临严重的经营危机和信用危机,从而发展为企业公关危机。

③ 政策体制不利。一般来讲,任何企业都希望国家经济管理体制和经济政策有利于本企业的生存和发展,但如果体制不顺,政策对企业发展不利,那么企业就可能在经营活动中遭遇巨大风险,出现严重问题,甚至陷入一种欲进不能、欲退不忍、欲止不利的困境。

④ 科技负影响。人类社会的科技进步,既能给组织带来创新发展的机遇,也会导致组织原有技术落后与贬值而出现危机。因此,科技进步的规律对企业公关危机的发生往往具有突发性的促进作用。

⑤ 社会公众误解。公众对组织的了解并不是全面的,有的公众会因获得信息的缺乏或专听一面之词对组织形成误解。尤其是当组织在产品质量、原料配方、生产工艺、营销方式、竞争策略等方面有了新的进步、新的发展、新的探索,但公众一时还不能适应,或认识一时跟不上,而用老观念、老眼光进行主观判断,草率下结论,更易引发危机事件。

总之,除了以上列举的危机发生的原因之外,还有很多其他原因,企业只有在广泛收集有关信息的基础上,对造成危机的原因进行深入分析,才能拿出充分的依据,为公共关系危机的管理奠定坚实的基础。"把握症结,对症下药"应成为企业牢记的信条。

三、公共关系危机管理

公共关系危机管理有广义和狭义之分。广义的公共关系危机管理是指专业管理人员在危机意识或危机观念的指导下,依据危机管理计划,对可能发生或已经发生的危机事件进行预测、监督、控制、协调处理的全过程。而狭义的公共关系危机管理则通常与危机处理的概念一致,指对已经发生的危机事件的处理过程。

广义的公共关系危机管理不同于危机处理,除了危机处理外,它要求注重平时的沟通,并在未发生危机时先制订危机管理计划,考虑各方面利益来作出决策以预防危机,危机过后应开展善后工作使一切重回正常轨道。公共关系危机管理是个有始无终的、全面系统的管理过程。如果只以危机处理为主,那么,危机仍然可能发生。有效的危机管理应做到如下两个方面:

1. 公共关系危机的预防

虽然社会组织不可避免地要遭遇公共关系危机,但是,如能提前发现可能会出现的危机苗头,采取一系列有效的手段,就有可能把危机扼杀在萌芽状态中,或是减轻危机带来的危害程度。

① 树立全员公关意识。公共关系危机预防的前提,是树立全员公关意识,并且要树立居安思危、未雨绸缪、防患于未然的思想。

② 建立漏洞审查制度。建立漏洞审查制度即在组织经营管理中,加强问题管理,及时解决小问题,堵住漏洞,让危机没有可乘之机,防患于未然。

③ 保持良好媒介关系。在现代信息社会,各种新闻媒介的传播速度如闪电般迅捷。危机发生,最容易引起各方面公众特别是新闻界的关注。无论在平时,在危机中,还是危机解决后,组织都应该尽量争取主要媒体记者和编辑的支持与信任,获得新闻媒介公正对待的机会,这将有利于引导舆论并弱化负面舆论的不利影响。

④ 建立危机预警系统。事后处理不如事中控制,事中控制不如事前预防。可惜不少组织未能认识到这一点,等到危机造成了重大的损失,才想到用公关去弥补,很多时候,为时已晚。

2. 公共关系危机的处理

危机的突发性、严重性、急迫性、关注性表明,社会组织处理危机事件必须通过一个反应迅速、正确有效的危机公关程序,尽最大的努力控制局势,迅速查明原因,尽力挽回影响,避免紧急过程中的盲目性和随意性,防止公关危机中的重复和空位现象。

(1) 公共关系危机处理的基本原则

① 及时性原则。处理公共关系危机的目的在于,尽最大的努力控制事态的恶化和蔓延,把因危机事件造成的损失降到最低,在最短的时间内重塑或挽回企业原有的良好形象和声誉,赢得了时间就等于赢得了形象。

② 冷静性原则。公共关系危机发生后,处理人员应冷静、沉稳和镇定,只有积极的心理,才能在处理危机事件的过程中应对自如。

③ 准确性原则。危机事件发生后,特别是在事件初期,由于种种原因,传播的信息容易失真。为了防止公众的猜测、误解和有关危机事件的谣言,公共关系危机管理小组选出的发言人不仅要及时传递有关信息,而且还要使传递的信息十分准确,不隐瞒或省略某些关键细节。

④ 公正性原则。在处理危机事件的过程中,要排除主观、情感的因素,公正、公平而正确、坦诚地对待受损害的公众。

⑤ 客观性原则。处理公共关系危机事件的客观性原则,包含了很多方面的内容,如事件的真实性、评估的客观性、传递信息的准确性等。

⑥ 灵活性原则。由于公共关系危机事件随着事态的发展会不断地发生变化,可能原定的预防措施或抢救方案考虑不太周全,因此,为使企业的形象和声誉不再继续受到损害,处理工作必须视具体情况灵活进行,要随客观环境的变化而有针对性地提出有效的措施和方法。

⑦ 全面性原则。在处理具体的公共关系危机时,应遵循全面性原则,既要考虑到内部公众,又要考虑到外部公众;既要注意对公众现在的影响,又要注意对公众未来的潜在的影响等。

⑧ 公众至上原则。这是公共关系的核心原则,也是危机处理的核心原则。没有这条原则,即使小危机也会转化成大危机。

⑨ 维护声誉原则。这是危机处理的出发点和归宿点。企业的声誉是企业的生命,而危机的发生必然会给企业的声誉带来影响,有时甚至是致命的。因此,在处理危机时,一切都应围绕维护企业的声誉进行。

(2) 公共关系危机处理的基本程序

① 深入现场,了解事实。危机发生之后,危机处理小组应在高层领导人的带领下,亲临危机事故现场,指挥抢救工作,并委派专业人员调查事故,确实弄清危机事件发生的时间、地点、原因、人员伤亡、财产损失等情况。

② 分析情况,确定对策。掌握了危机事故的第一手资料后,在高层人员的直接参与下,深入研究和确定应采取的对策、措施,即制订危机处理方案。对策既要考虑如何对待投诉公众、对待媒体,如何联络有关公众,如何具体行动,更要考虑如何抓住其中蕴含的机遇,恢复声誉、重返市场。

③ 联络媒体,引导舆论。危机事件发生后,各种传闻、猜测都会发生,媒体也会纷纷报道。这时组织应委派"发言人"主动与媒体联络,特别是首先报道事件的记者,尽可能以最快的速度来召开新闻发布会或记者招待会,以"填补信息真空",掌握舆论主导权。如开多次召开新闻发布会,就要使信息传递口径统一。

④ 组织力量，有效行动。这是危机处理的中心环节之一。公共媒体和舆论不仅要看企业在新闻发布会上的宣言，更要看企业的行动。第一，组织力量亲临一线，安抚受害公众，解决公众的当务之急；第二，争取其他公众、社团、权威机构的合作，协助解决危机；第三，寻找、创造机遇，重塑组织形象。

⑤ 总结调查，吸取教训。危机管理小组应对危机处理情况作全面调查评估。主要包括对客户和消费者的善后工作，如赔偿、安慰、关怀等；对危机事件整体进行跟踪和分析，如搜集、整理、分析媒体对危机事件的报道等；进行危机处理的效果调查，同时将危机处理的评估结果向董事会和股东报告，向公众和媒体公布。通过总结检查，改进企业或组织在危机管理方面存在的具体薄弱环节，并将一些经验教训写成书面教材，教育企业或组织的员工，修正危机管理计划，唤起全体人员对危机的重视。

【案例分析】

2005年，禽流感再一次肆虐全球，肯德基又一次经受了考验。当时经常可以在许多电视台上看到肯德基的广告宣传片，告诉消费者肯德基是安全的，肯德基的每一个产品都是经过层层严格把关才提供给消费者的，消费者可以放心食用。当禽流感的危"鸡"再次到来时，肯德基已不是被动接受，而是主动积极地去应对，与消费者积极沟通，解除其对"鸡肉"的恐慌，告诉消费者正确的食用方法。与此同时，肯德基还积极推出鱼肉汉堡等新产品，不仅起到对原鸡腿汉堡的替代作用，同时也迎合了当时消费者"慎食鸡类食品"的消费心理，不仅减少了危"鸡"的损失，而且获得了丰厚的利润。

肯德基对"天绿香"事件的反应快得令人咋舌。2006年2月26日上午，广东肯德基对外食物部诚恳向外界公布相关信息，话音刚落广东肯德基立刻主动将问题产品送检。最令人惊讶的是肯德基虽然说送检结果可能需要一两天才会出来，可是到了当天晚上，上海百胜餐饮已经向有关媒体宣布了上海药品检验所的验证结果："芙蓉天绿香汤"中的镉含量符合国家标准，对人体健康不会造成伤害，可以继续销售。从宣布送检到检验结果出来短短的十来个小时内就圆满完成了这一事件的处理，广州、上海两地肯德基的配合可谓行云流水。事后专家从时间上推测出，问题产品从广州必然是走空运的路线到上海，到了上海后又第一时间被送进上海药品检验所。而在上海药品检验所内，所有的相关检测人员已经各就各位在等待问题产品的到来。可想而知，相关类似事件的快速处理无疑是被肯德基又刷新了一次。

思考： 请分析肯德基为什么能够迅速化解公共关系危机？

【同步测试】

一、选择题

1. 下列哪一项不是基于顾客内心对企业及其产品和服务的积极情感的态度忠诚以及顾客对企业的产品和服务不断重复购买的行为忠诚这两个维度进行划分的？（　　）

　　A. 情感忠诚　　　B. 潜在忠诚　　　C. 惯性忠诚　　　D. 绝对忠诚

2. 实行会员制营销的主要目标有( )。
   A. 留住顾客,与顾客建立长期稳定的关系,使他们转变为忠诚顾客
   B. 吸引新的顾客
   C. 建立强大的顾客数据库
   D. 提高企业的效益和利润
3. 下列说法不正确的选项是?( )
   A. 与顾客面对面处理投诉时,必须掌握机会适时结束,以免拖延过久
   B. 顾客投诉意见一旦处理完毕,必须立即以书面方式及时通知投诉人
   C. 顾客存包柜内寄存的物品丢失,责任自负
   D. 所有的投诉处理都要规定结束的期限
4. 下列哪项不符合顾客投诉处理的原则?( )
   A. 迅速   B. 高效
   C. 类似的投诉不必都存档   D. 认真对待
5. 在处理公共关系危机时,首先要做的是( )。
   A. 深入现场,了解事实   B. 分析情况,确定对策
   C. 联络媒介,引导舆论   D. 组织力量,有效行动

二、多选题

1. 下列选项哪些是顾客忠诚给企业带来的经济效益?( )
   A. 增加收入   B. 降低成本   C. 口碑效应   D. 良好信誉
2. 会员制实施过程中的费用有( )。
   A. 会员注册和沟通费用   B. 管理和行政费用
   C. 维持计划持续性的费用   D. 售后服务费用
3. 下面哪些不属于价格欺诈?( )
   A. 虚标价格   B. 超市价格高于其他卖场
   C. 结算价格高于标示价格   D. 散装商品分量不足
4. 客服人员在处理顾客当面投诉时,不应该( )。
   A. 让顾客发泄   B. 充分倾听
   C. 尽快为自己辩解   D. 道歉
5. 公共关系危机的成因主要有( )。
   A. 法制观念淡薄   B. 经营决策失误
   C. 企业恶性竞争   D. 政策体制不利

三、判断题

1. 顾客对公司产品、服务态度的倾向性或行为重复性的程度就是顾客忠诚度。 ( )
2. 顾客忠诚是企业盈利的源泉和企业成长的基石,是企业巨大的无形资产。 ( )
3. 应向任何一位投诉的顾客道歉并表示感谢。 ( )

4. 不可在处理投诉过程中中途离席,让顾客在会客室等候。　　　　　　　　　（　　）
5. 有行业标准的,在发布实施相应的国家标准后,该标准即行废止。　　　　　（　　）

四、简答题

1. 请简述会员制营销实施的步骤。
2. 请简述顾客退换货的基本原则。
3. 请简述预防公共关系危机的主要方法。

五、综合技能强化训练

实训目标：综合掌握会员制营销规划和实施的内容和流程。

实训环境：实训室或教室。

实训组织：学生每5~6人一组。

实训任务：10月29日,国美推出的老顾客免费办理彩虹会员卡的活动,将于长宁旗舰店正式揭幕。消费者只要凭身份证和一张老发票,就能免费办理一张会员卡。会员制营销模式被国外许多家电零售企业证实为最能培养顾客忠诚度的有效营销手段之一,会员制营销几乎已经覆盖了国外所有行业。国内的会员制营销还处在发展初期,家电会员制在推行初期也并不理想,由于商家提供服务内容单一,消费者并不买账。但国内的家电零售业并未就此灰心,而是继续保持着对会员制的浓厚兴趣。

在上海的家电卖场产品同质化、大打价格战的背景下,国美此次推出的会员制,坚持"薄利多销,服务为先"的理念,会员只要凭卡购物,就能享受积分增值、上门服务、闭店服务、贵宾交易厅、新品优先购买、"一对一全程陪同"B2C服务、积分换服务、积分换商品等一系列超值服务,还有会员特卖专区和会员特惠商品。国美坚持在服务上做文章,以多样化服务来应对家电产品的同质化,旨在为国美会员打造一个价格更低、服务更好、品类更全的购物环境。

请分析：家电零售企业国美在会员制营销中做了哪些工作？存在哪些不足？应如何改进？

实训要求：

(1) 仔细阅读材料,并浏览相关网站；

(2) 运用相关知识系统分析国美会员制营销,并提出改进意见；

(3) 以小组为单位提交实习报告。

实训指导：

(1) 为学生提示资料搜寻方法与路径；

(2) 引导学生熟练掌握会员制营销的规划与实施；

(3) 引导学生讨论案例中会员制营销模式的运用以及存在的不足。

第七章　实体门店管理

【学习目标】

1. 了解店长的角色、工作职责和要求,熟悉门店店长的作业流程和工作重点要求。
2. 了解收银员的工作职责和工作流程,掌握收银作业管理的重点内容。
3. 了解导致门店损耗的原因,掌握门店防损管理的要点。
4. 了解导致门店安全问题的原因,掌握门店消防安全管理的要点。

【关键概念】

店长;流程;收银;损耗;门店防损;门店安全;消防安全管理

【内容体系】

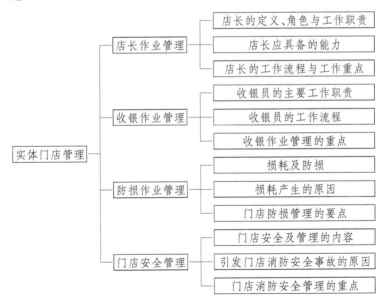

图 7-1　实体门店管理

【导入案例】

靠"0元营销"开店30多家：餐厅做好这5点，顾客主动往里进！

在成都，如果你说哪家火锅或川菜做得很好，这很正常；但如果是一家日式拉面店，在这个"重口味"市场不仅打开了局面，还铺向了全国，就令人刮目相看了。

它就是卡米拉雷门拉面，以现场熬汤的模式，在全国开出33家直营门店，并且在多地都有高满座率的好口碑。

一个小品类如何做出知名度，开启连锁模式？创始人李翔说，好产品自己会说话，好门店自己会揽客，好营销也不需花钱："产品、门头、菜单、氛围、声音等细节里都暗藏玄机。"

李翔最早是做高级中餐，多次到日本学习拉面技术，学成后就想在朋友面前"炫技"，"把好东西分享给身边人"，所以，就有了卡米拉雷门拉面在成都九眼桥的第一间店（2011年）。谁知，本是无心插柳的事，慢慢越做越大了。至今在全国开了33家直营门店。

干过餐饮的人都抱怨这个行业的残酷和辛苦，但李翔却说自己很幸运，玩着玩着就把事做成了。实际上，这背后是他异于常人的热爱和付出，因为喜欢，别人品出的苦，对他反而是一种享受和满足。直到现在，他的幸福感仍然来源于顾客喝第一口拉面汤点头称赞的表情，来源于顾客捧起碗大口喝汤的满足，来源于点评网上的一条条好评。

李翔身边的人，都知道他喜欢哈雷、摩托艇、皮卡，如果你提这些，他也只是跟你简单聊一聊，但如果你跟他探讨（拉面）汤怎么油水乳化，鲜味怎么保持更久，面怎么更好吃，或者哪个产地的盐效果更好，他可能会跟你聊一个通宵……因为，这才是他真正的兴趣所在。

所以，当我们现在挖掘他成功的秘笈时，这一点毋庸置疑需要排在第一位，创始人把自己当成最大的产品经理，并且坚守自己对好吃的理解。

拉面的汤头选取了多个部位的猪骨现场熬制，一斤骨出一斤汤；面条含水量9%，面条爽口而富有弹性；李翔还是个技术流派，研发出了独特的熬汤工序。

可是，拉面只是做到好吃就够了？答案当然是否定的，在当下的消费环境下，没有一些聪明的招式，哪怕你的面做得再好吃，可能也只是一家小店。产品是根基，但如何让大家知道你好，愿意走近你，愿意分享你？

雷门拉面不花钱的"营销秘笈"，就是让自己的产品和店面去"吆喝"。

1. 选址：坚持100 m²左右，既省钱，看着又热闹

再有情怀的人，干餐饮首先也要保证自己能活下去。一次性投入多少？多久能收回成本？这是第一个考验。

李翔想得很清楚，自己就卖个面，能有多高的利润？一个月卖十几万，最后赚不赚钱，跟装修折旧和房租关系很大。如果一次性投资60万元，租房合同3年，每年就是20万元的折旧，一个月差不多2万元。商场寸土寸金，80 m²和120 m²房租的差距不是一星半点，有可能生意再好都是给房东打工。所以，要控制折旧，装修成本必须得低。要想赚钱，前期投入能少则少。从整体氛围上考虑，他们发现80 m²正好能装出满满当当、看起来很热闹的效果。"店小一点，精致一点,吆喝好点,一直有客人进来,这样才能活下来。"

2. 好门店会揽客——三个小心机让客人主动进店

这么多年,李翔说,他们的广告预算几乎为零,基本都是靠店面来拉客。

这源于一个很细致的观察,下面还原他请朋友吃饭的场景:他曾调查身边几十个朋友,请客吃饭时,开场从来不会说:"你想吃面还是吃饭?"

"大家出门前就把我们抛弃了,那店里的人从哪来的?"多想这一步后,他发现,很多人是路过随机进店了,因为看起来有食欲。

李翔说,其实最好的广告就是自己的门店,把钱投到商场和写字楼,不如把门口弄漂亮、菜品摆漂亮,让顾客有进来的欲望。

他用了3个小心机:

(1) 在店门口放电视——免费的声音广告

商场的广告位价格不菲,顾客没看到错过的话,就没效果。但如果是声音,就算不想听,它也会传到你耳朵里。

(2) 用人或动画呈现——更吸引人

餐厅放电视机的很多,但播什么内容?李翔发现,有人物或者动画更加吸引人。比如西贝牛大骨的海报,最开始只有牛大骨,后来加上了帅气的蒙古壮汉,显然后者更吸引人。不仅是帅哥吸睛,还传递给顾客一种情景假设:吃了牛大骨就能长这么壮。"放产品广告,一定给这个广告找一匹马,这样它才能跑得更远更快,让更多人看见。"

(3) 门店分3级呈现——看起来更饱满

门店结构他们会保持横着的长方形,这样可以设计出3层视觉效果,从门口望进去,依次是门头—客座区—生产区,目光所及的地方,所有位置都会叠加在一起,使整个空间变得饱满。"让顾客感觉是个专业吃饭的地儿。"

3. 好产品自己会传播

当初卡米拉雷门拉面的第一家店,开业3月即"火",就是因为这个招数。

当时一个菜叫肥牛炒板烧,是李翔推着塔吉锅的小车子到餐桌边操作。先在锅里放一块黄油、倒葱进去炒好,再把肥牛一卷一卷摆上去,盖上高高的红色尖盖,上面放沙漏,3分钟计时结束,整锅端到顾客面前,翻转盖子,一股"蘑菇云"瞬间冲出来。然后再煎会跳舞的鲣鱼花,淋上S形浇汁,给顾客一碗米饭,吃完可以再加一个面。这一套操作当时在微博上传疯了,李翔也是因此才下载了微博APP。

他说,这其实是自己曾在大酒店做的一些菜品,把它拿到一间小有格调的街边店后,大家觉得新颖、有记忆点,就形成了传播。"即便是现在,如果菜品足够有创意,也会获得这样的效果。好产品一定是营销的前提。"

4. 利用顾客停留,把"匠心好面"钉入心智

雷门拉面能有今天这样的知名度,除了产品好,还源于一个深入人心的消费定位。但李翔并没有借助任何营销定位公司,而全靠门店来实现。

比如,无处不在的重复广告。每一家店里都有这样一个招牌:八年熬汤,汤比面贵。门口电视机里也天天放这句。李翔说,很多成都人吃面实际是不喝汤的,但你告诉他,汤比面贵,他的认知就不一样了,肯定会去喝的。服务员端面上桌后也会说这句话,然后提醒他先品原汤。无时不刻在强调"汤"的重要性。

其次,在菜单上继续强化"现熬"。顾客选面的时候都要勾选一张单子,上面有面条的软硬度,熬汤时长专门设置三个选项:10 h、15 h、20 h,无形中传递现熬骨汤的认知。

最后,用细节去影响顾客。有些店专门把熬汤的大桶放在门口,因为骨头太多了,操作人员那种搅不动的用力感,棒子不断碰到骨头那种叮咚咣当的声音,让顾客不用特意去看,就知道里面有不少骨头。有时候汤卖完了,可能是中午高峰期,店员会专门挂出来一块牌子:今天熬的汤已经用完了,实在不好意思。告知致歉的同时不忘强化骨汤现熬的概念。这些细节的力量都能传递、影响到顾客。

5. 保持高效率,控制出品线,厨房模块化

雷门拉面的菜单上有叉烧拉面、冬阴功拉面等多种口味的拉面,但全部采用同一个汤底,一是保持稳定的基底,二是保证出品效率。

另外,厨房模块化,基本上分为沙拉、拉面、定食(米饭)、洗涤区这四个版块,根据门店情况,不要哪个模块就直接去掉。基本上每个版块由一人负责,但整体人员通岗作业。

看完这些,你有没有发现,雷门所有的营销心机都是基于对消费市场的洞察。李翔说,做特色餐饮,坚守的同时,一定得有创新,连锁发展更得如此。比如日本最有名的是叉烧拉面,但在他们店里,社长原汤拉面卖得最好,这就是前几年小龙虾疯狂的时候,结合小龙虾做的产品。现在,他发现烤肉这个品类比较热,就研发了日式烤肉拉面,而且用现烤上桌的呈现形式,极大增强了产品的价值感。如果被框在原有的认知里,不和市场保持及时互动,一定会被淘汰。

(资料来源: https://new.qq.com/omn/20191017/20191017A0JV6G00.html)

思考: 对于卡米拉雷门拉面的经营秘笈你有何感想?

零售企业门店运营管理需要按照零售企业总部的目标计划和具体要求,体现到日常的作业化管理中,实现零售经营的统一化。它是一个作业化管理过程。管理标准和管理活动是维系零售经营统一运作的根本,确立明确的管理目标和制订严格的科学管理标准是驱动零售企业规模发展的核心。具体来说,门店管理的内容主要包括商品布局与陈列的控制、商品缺货率控制、单据控制、盘点控制、缺损率控制、服务质量的控制、经营业绩的控制等等,以达到销售最大化和损耗最小化的营运管理目标。本章将重点关注店长作业管理、收银作业管理、防损作业管理以及门店安全管理。

第一节　店长作业管理

有人说："零售开店看老板，门店运营看店长。"还有人说："一个优秀的店长可以带活一个店，三个优秀的店长可以带动一个城市。"确实，店长运营管理能力的强与弱，直接关系到门店盈利的高与低。

一、店长的定义

店长，是指零售企业下属直营门店的最高负责人，是门店经营管理的核心力量，担负着公司各项指标达成及门店运营管理的职责，起着领导、协调、组织及落实的作用。

店长不是法人代表。因为零售企业门店不是一家单体店，而是零售店体系中的一分子，它是一个非独立核算单位，不具有独立的法人资格，即使是加盟店，在店长之上可能还有一个"店主"，店主是门店的所有者，而店长是门店的管理者。店长对门店的管理，是依据公司总部制订的店长手册来进行的，这样能保证零售企业下属的各门店管理的统一性以及作业上的标准化。店长应该顺应当时的时间、场合、状况，有效利用总部授予使用的资源，控制成本，维护设备，热情接待顾客，以提升门店经营绩效。

二、店长的角色

一家门店就像是一个家，店长就是这个家的"家长"。店长这个家长可不是那么容易当的，为了保证门店工作的正常有序进行，店长扮演着多方面的角色。

1. 门店的代表者

在顾客眼里，店长就是门店的代表者，有问题找店长，是许多顾客的第一反应。在下属眼里，店长代表着零售企业或老板，传达和执行零售企业的经营理念和管理制度。在零售企业总部和老板眼里，店长代表着整个门店团队。同时，店长代表着连锁企业，处理与门店相关的顾客、社会有关部门的人际关系。

2. 门店的责任者

不管门店各部门、各类人员的表现如何，最终的责任者都是店长。店长对店铺的经营绩效以及店铺的形象负有全责。

3. 总部目标的执行者

对于总部的一系列政策、经营标准、管理规范、经营目标,店长必须忠实地执行。店长必须懂得运用所有资源,以达成兼顾顾客需求及企业需要的经营目标。

4. 经营活动的规划者

为了实现总部布置的经营目标,店长应对店里的经营活动进行规划,制订目标和计划,如月度经营计划、营业总目标、部门营业目标、部门个别毛利目标、促销计划、具体的行动计划、每周业务管理重点等。

5. 门店作业的指挥者

店长要负责安排好各部门、各班次服务人员的工作,指挥店内员工,严格依照总部下达的门店运营计划,运用合适的销售技巧,使门店商品能够得到最佳地展现,以刺激顾客的购买欲望,提升销售业绩,实现门店销售的既定目标。

6. 员工士气的激励者

店长作为门店的领导,应时时激励全店员工保持高昂的工作热情,形成良好的工作状态,让全店员工人人都具有强烈的使命感、责任心和进取心。

7. 门店问题的协调者

面对矛盾与问题,店长需要与总部沟通、与顾客沟通、与员工沟通,以协调好各种关系。店长在上情下达、下情上达、内外沟通过程中,应尽量注意运用技巧和方法,以协调好各种关系。

8. 门店营运管理的控制者

为了保证门店的实际作业与零售企业总部的规范、标准以及门店营运和外部环境的统一,店长必须对门店日常运营与管理业务进行有力的、实质性的控制,对于相关业务或突发事件果断地作出决定。其重点是人员控制、商品控制、现金控制、信息控制以及地域环境的控制等。

9. 门店员工的教导者

店长工作繁忙,并且经常有外出活动,当其不在店内时,各部门的主管及全体店员就应及时独立处理店内事务,以免工作延误。为此,店长也应适当授权,并培养下属的独立工作能力,包括教育下属树立责任感、使命感和进取心,以及训练下属的工作技能,并在工作现场及时给予指正、指导与帮助。全店员工的素质提高了,店铺的管理就能得心应手。

10. 门店经营情况的分析者

店长应永远保持着理性,善于观察和收集资料,进行有效分析,并对可能发生的情况有所预见。

三、店长的工作职责

店长这个特殊的"家长"扮演着门店运营中的多个角色,这些角色体现在工作实践中,就是店长的工作职责。一般地讲,连锁门店店长的工作职责主要包括以下内容:

1. 目标管理

店长应该全面了解和掌握总部的经营理念和经营目标,如营业目标、毛利目标、费用目标、利益目标等,并制订计划,领导全体员工实现目标。目标管理是店长的根本职责,门店的所有运营活动都是围绕着目标的实现来进行的。

2. 上传下达

店长既是门店的总负责人,也是总部经营和管理目标的执行者。因此,店长应在门店与总部之间起上传下达的作用。店长首先要正确理解企业的文化以及发展目标,有效传达、执行总部的各项指令和规定,并指导、跟踪和反馈门店相关人员的执行状况,反馈门店信息和需求,发挥桥梁和纽带作用。

3. 卖场经营管理

店长必须负责门店的日常经营工作,包括分析每日的营业状况,并评价员工的表现,监督和审核收银,负责账簿制作与保管等工作,合理制订销售目标、分析销售任务到个人等等。与此同时,店长还应对卖场的商品进货、库存、陈列、销售、损耗,对卖场的布置、卫生、秩序和气氛等进行管理,执行总部促销计划,安排促销工作,反馈促销效果。

4. 人员管理

门店的管理首先是人员的管理。对门店人员的管理主要包括人员的考勤与岗位合理安排、团队凝聚力建设、员工的培训与辅导、工作程序标准制订、员工销售技能提升、员工的绩效考评与激励等方面的工作。同时,店长应该负责开展为顾客和员工服务的各项活动,并进行总结、反馈和改善。

5. 资产和财务管理

店长应该保证公司财产和设备的安全以及规范使用各类设备。严格管理门店收入和营业款,严格核准进场商品的数量、价格和质量,严格控制门店各项费用支出和各项可控费用,对门店盈亏负责。

6. 保密管理

店长应该保证公司文件、数据和资料等安全。

四、店长应具备的能力

作为一店之长,必须要具备良好的综合素质和专业能力,才能带领全体员工创造出优秀的业绩。

1. 强烈的责任心和进取心

店长作为门店的代表者和总负责人,必须勇于承担责任,同时也要有胆识去接受任务和挑战,带领员工不断开创新业绩。

2. 良好的工作态度

态度决定一切,店长应有良好的心态和工作态度,对上值得企业信任,对下以身作则,用行动赢得员工的尊敬和依赖。

3. 广泛的业务知识能力

门店事务是全方位的,门店店长的素质也应是全面的。许多店长都是从一线的优秀员工成长起来的。店长应该善于学习,对内熟悉门店各个岗位和事务,能指导员工的工作;对外要善于做好顾客服务和处理厂家关系、社会公共关系等。

4. 良好的执行能力

店长既是门店的最高领导者,也是连锁企业的基层管理干部,起到承上启下的作用,因此必须要有良好的执行力,确保把公司的各项规章制度、企业文化、销售任务目标、各项活动细节等落到实处。

5. 良好的经营管理能力

门店是零售企业直接创造利润的部门,门店店长必须要有良好的经营管理能力,能从各方面创造收入和控制成本。

6. 良好的沟通组织能力

店长需带领全体员工同心协力共同工作,要统筹安排,合理分工,正确指导下属工作,既要保持与公司上级部门密切联系、步调一致,也要与下属员工进行有效沟通,组织培训、考核,宣传落实,通过良好的沟通协调才能有效地开展工作,达到工作目标。

五、店长的工作流程

为了更好地提高门店的管理绩效,在有限的时间内把握门店营运的管理重点,一般来说,零售企业总部会对门店店长的作业流程进行控制。

1. 店长的作业时间

不同的零售企业,因其经营业态形式的不同,其门店的营业时间也有所差异。

例如：一般超级市场的营业时间为早上8点至晚上10点,总计14个小时。店长一般为早班出勤,即上班时间为早上7点半至下午6点半。这种作业时间的规定可使店长充分掌握门店销售过程中中午及下午的两个营业高峰,对掌握门店每日的营业状况、确保开店的状况良好极有好处。而店长下班后,店内的管理工作通常由副店长(或值班长)代理。

2. 店长的作业流程时段表(表7-1)

表7-1　门店店长作业流程时段表

时　段	作业项目	内　容
7:30—9:30	晨会	各项工作要项的宣达(通常是每天)
	人员	出勤、休假、人力配置、员工仪容及精神状况
	卖场外	门店入口处卫生状况、室外海报、宣传栏、休闲椅和进货区状况
	卖场	果蔬、鲜活商品到货及上货情况
		日用、食品商品陈列、补货
		卫生状况、排水排烟
		价格是否准确、到位
		卖场促销活动、堆头
		背景音乐音量及广播宣传情况
		卖场灯光、空调
		卖场通道是否畅通、购物车准备等
	后场库存	仓库、冷库、库存品种数量及管理状况的了解及指导
		进货/退货抽查
9:30—10:30	营业管理	检查昨日的营业报表、工作分析,列出本日工作重点
	高峰期前的准备	督促补货、理货
		检查电子秤、打包机、包装袋等用具用品
		人员的调整
		零钱的准备
10:30—12:00	高峰期营业	促销活动的展开
		到各区域巡查、指导,重点在收银台
		及时疏导人流
		解决临时发生的事故

(续表)

时　段	作业项目	内　容
14:30—15:30	卖场巡视	检查各区域交接班情况
		员工的仪容仪表
	处理行政事务	填写报表、报告、编写计划
	培训	新员工的在职训练
		定期在职训练
		配合节庆的训练
15:30—16:30	高峰前的准备	重复上午高峰期前准备作业
		检查鲜活商品的库存情况
16:30—18:30	高峰期营业	重复上午高峰期作业
18:30	下班前	写好工作日志
		交待值班经理未完成事项及晚间应注意事项

六、店长的工作重点

店长是一家门店的灵魂,是门店的总指挥,需要对门店的大小事务进行管理和负责。面对多重角色和职责,店长看起来有忙不完的工作,那么,在有限的工作时间内店长的工作重点应该放在哪里呢?

【寓言启示】

驴和马的故事启示

从前,有一户人家,养了一头驴和一头马。驴每天在家里负责拉磨,马每天到外面驮货物,一年365天,几乎天天如此。可到了年底,主人给马换了新的马厩,对驴却一点表示也没有。驴看到主人对马特别地关照,心里很不服气,便抱怨主人:"我每天也是在拼命地干活,不曾懈怠,也不敢偷懒,每天拉磨转的圈数加起来,也不比马在外面跑一天的路程短。你说马驮货物吃力,可我拉磨也不轻松啊!为什么你对马那么好,而对我却一点表示也没有?"

主人听了驴的抱怨,说:"没错,论付出多少,你和马的确差不多,也都很卖力。但是你知道吗?马每天在外面跑,都是有一个明确目标的,每次都能把我想要的货物驮回来。马驮着货物在路上跑的过程中,一要注意天气变化,防止天气突变,雨水淋坏货物;二要注意脚下的路是否平坦,还要时不时地调整背上驮着的货物,以防弄丢或弄坏。马每天的付出不只是体力,还有更重要的脑力。而你呢?你的确也很勤奋,可你总是低着头拉你的磨,一圈一圈漫无目的地转着、重复着,我在你身上看不到一点干活的激情。"驴听了主人的话,很懊恼地低下头不说话了。

在这个故事中，我们可以把驴和马看成是两个不同类型的店长。一种是像驴一样勤奋，整天只知道围绕着自己的店面置身其中低头默默做事，对老板下达的业绩指标很少发表意见，仅满足于完成常规管理工作的"苦干型"店长；另一种是像马一样有目标有想法，并不断奔跑的"经营型"店长，他可能表面上看似疏于店面管理，但其实他大部分时间都在观察和分析，并不断提出自己新的想法并有效实施。这两种类型的店长在现实当中都是存在的，同时，他们的优点和品格对于门店管理来说也都是必要的。

虽然店长的角色定位基础就是"管理"，店长必须按照总部的规范和要求，通过对门店人、货、场的全面管理，带领全体店员完成经营目标。但是，一个满足于常规管理工作的"苦干型"店长，很容易被日常的琐碎小事羁绊，每天有忙不完的事情。因此，要成为一名优秀的店长，还应该合理安排有限的时间和精力，把握好工作重点，在理顺门店管理的基础上，做好目标管理，把工作重心放在门店销售和业绩的提升上。

1. 店长应该重视目标和计划的制订

目标和计划是门店工作重要的"路线图"。提前制订目标是为了让店长知道接下来一段时间"该做什么"，而提前制订计划则是要求店长必须清楚接下来的工作"该怎样去做"。明确了目标和计划，才能有条不紊地将工作顺利开展下去。

对门店店长来说，无论是日常工作，还是节假日活动，都要对目标工作提前做好规划。一般来说，门店的很多日常的、重复性的常规工作没必要写进目标计划中，相反，需要提前制订目标计划的工作应该与以下3个方面有关：销售业绩指标、门店的管理提升、团队成员的能力提升。比如，分析经营绩效并做下一步的行动计划、产品调整计划、促销计划，管理工作和流程的改善，团队建设及员工培训计划等等。

店长在制订这些目标和计划的时候，要注意与上下级的沟通，不仅需要得到上级的认可和支持，还要让所有店员都参与进来；同时，目标计划要切实可行，符合SMART原则，即明确性（Specific）、可衡量性（Measurable）、可达到性（Attainable）、相关性（Relevant）和期限性（Time-based）。店长制订的每项工作计划，一定要严格按照相关时间节点要求，将每一项工作都分配到具体的人，并提出明确的要求。

2. 店长应该重视标准和流程的改进与完善

许多连锁企业都会制订一套规范化的管理标准和流程来保证工作的正常进行。作为店长，应该活用这些标准和流程模板。一方面，管理标准和流程的制订是为了统一品牌形象，是门店精细化管理的基础；另一方面，固化的统一流程也可能存在一些不符合门店实际情况的地方,甚至可能为门店的发展带来阻碍。因此,店长应该根据门店商圈特点、顾客需求、门店规模等实际情况,在与总部沟通的基础上,活用流程模板。

同时,店长也应注重提升管理流程的执行力。因为,制订的流程如果不能及时地推进下去,再好的流程也等于无流程。这就要求店长要带头实践相关流程,努力给下属员工树好榜样。在流程的推进上,努力做到三个"一",即统一性、一致性和一贯性。统一性是指各项工作流程在内在指导思想和外在规格上应该尽量做到统一,其目的是为了便于管理和操作。一致性则是要求店长在执行过程中,对人对事一视同仁。一贯性要求店长处理门店人与事要有原则性,保持一贯的工作作风,才能受到员工的尊敬,把管理工作做好。

3. 店长要做到有效率地检查

店长每天都会进行巡店检查。巡店是每个店长日常工作的重要环节,也是对门店运营管理自我诊断的重要渠道。店长应该站在顾客和提升销售业绩的两个视角,学会带着问题去检查门店的日常经营,做到有效率地巡店。

营业前,重点检查人员、商品、清洁以及门店其他准备情况;营业中,重点检查商品以及销售态势、卖场整理、服务、清洁、设备、后场等各项经营情况;营业后,检查卖场和作业场清洁整理、现金、安保等工作是否妥当。店长应注意从这些每日重复的常规工作中发现问题并加以解决。

4. 店长应该重视团队建设与激励

今天的终端市场,仅靠店长单打独斗无法赢得市场的决胜权。一家门店,只有通过团队协作才能提升整体的竞争力。首先,店长要重视"骨干员工"的培养,让他们来分担店内工作,培养后备力量。其次,店长应重视员工培训。门店员工并非个个都是优秀的,通过有针对性的培训和指导以及"传帮带"的机制,帮助员工提升做事能力。再次,店长应重视沟通的有效性。很多人都理解沟通的重要性,但是,如果沟通方法和方向不正确,沟通就很难取得期望的效果。最后,店长要重视激励员工。激励是店长每天必做项目。激励并不完全是物质奖励、口头表扬或者蓝图规划,也可以是一个鼓励的眼神,一个信任的微笑,一次有保障的授权。

5. 店长要注重观察、总结和改进

店长要通过观察来获取员工工作时的状态、客户进店后的总体反应、未成交的问题点是共性还是个性,并结合其他管理工作中发现的问题,做好当日店内工作总结,通过总结发现问题,寻求解决方法,制订下一步工作目标。只有这样,店长才能不断成长。

【案例】

某服装专卖店今年实现年销售额 230 万元,明年的年销售目标为 300 万元。在今年的 230 万元销售业绩里,国庆节的一周大促就赚了 80 多万元,"五一"前的一次促销活动,五天也赚了差不多 50 万元,该店日常的销售额每月也基本能保持在 5 万~10 万元。在分析了目前的市场状况后,对 300 万元的销售目标,店长该如何来规划管理目标工作和时间?重点工作又是什么?增加的 70 万元销售目标应该分解到哪里?怎样分解才是合理又比较可行的?

【分析】

在一切都没有变化的情况下,分析明年的经营状况。门店的日常销售额基本上不会有太大的变化,保持在 5 万~10 万元。因为门店面积、地段、周边消费环境等因素不变,门店要想提升日常营业额就很困难。那么,要达成额外增加的 70 万元销售,重点计划最好放在像"五一"和"十一"这样的节日促销活动上。分析今年做的两次促销活动取得的业绩是不是已经足够理想了?如果还有上升的空间,那么在活动过程中,有哪些环节做得不够好?是产品质量影响了销售,还是货品准备不足影响了销售,或者是活动的规模限制了销售?如果这两次活动已经很难有上升空间,那么是否可以考虑多做一两次促销活动?比如在门店的周年庆,也可以进行一次大促销。

所以,在分析清楚影响门店销售的原因之后,再考虑如何将店面促销活动做得再好一点,或者再增加一两次促销活动,以达成新的销售目标。提前做好促销活动方案策划、货品准备以及人员配备等方面的细节性工作,才是重点中的重点。

第二节 收银作业管理*

收银台是门店商品和现金的闸门,商品的流出、货款的流入都要经过收银台,所以,它直接关系到门店的经济效益。同时,收银作业不只是单纯地为顾客提供结账服务,事实上,越来越多的零售企业,收银员在其整个收银作业的过程中,除了结算货款外,还要向顾客提供各种商品和服务的信息、解答顾客的提问、做好商品损耗的预防,以及现金作业的管理、促销活动的推广、卖场安全管理等各项管理工作。可以说,收银作业是门店销售服务的一个关键环节,收银员的工作要求,相比门店内其他岗位来说要高得多,这是由其岗位的固定性和责任的重大性所决定的。

一、收银员的主要工作职责

收银员的主要工作职责如表 7-2 所示。

表7-2 收银员的主要工作职责

职责	职责要求
为顾客提供结账服务	1. 做好收银前的准备工作,备好零钞、检查设备等; 2. 结账服务时不仅快捷、唱收唱付,而且必须准确; 3. 按银行培训的使用规定和操作程序办理信用卡结账
为顾客提供咨询服务	1. 全面了解整个卖场商品的布局; 2. 准确回答顾客的问题,热情礼貌待客,做好导向服务
做好现金管理	1. 专人保管备用周转金,不得私自挪用或借给任何部门与个人; 2. 按照"长缴短补"原则,管理每日收入现金; 3. 确保每天收入的现款、票据与单据相符,当班营业结束后,检查当班营业收入单、卡数量与现金签单及信用卡结算等是否相符,同时根据当天票、款、账单做出营业报表上交财务审查
卖场防损	1. 准确结账,确保商品规格、价格、数量对应无误; 2. 及时将顾客不需要的商品登记,然后归位到货架上,避免不必要的损耗
推广促销活动	做好门店商品促销宣传和告知工作,根据顾客选购商品的情况,提醒顾客有关促销活动的截止日期、参与条件、活动类型等相关信息,使顾客获得某种意义上的满足并感受到被尊重

二、收银员的工作流程

收银员的作业流程可分为营业前、营业中和营业后三个阶段。

1. 营业前作业

门店营业前收银员必须进行一系列的准备工作。包括:

① 检查服饰仪容,佩戴好工号牌。

② 领取收银用品。包括领取机号、各种面值的纸钞和硬币作为备用金、收银小票纸带、银行信用卡纸带、购物袋等办公用品。

③ 整理收银台,对收银台作业区进行简单的清洁和整理。整理、补充必备的物品,如购物袋、打印纸、暂停结算牌、复写纸、笔、干净的抹布、装钱的布袋、剪刀等;整理、补充收银台前货架上的商品,核对价目牌等。

④ 检查收银机等设备。认真检查收银机、扫描器、消磁板、打印装置是否正常,检查确认收银机的工号、日期、各项统计数值是否正确。

⑤ 了解当日促销商品。分类整理和阅读当日的促销商品和特价商品名目表,为正确的收银作业做好准备。

2. 营业中作业

门店营业中收银作业的主要内容是为顾客提供正确的结账服务，在整个结账过程中，必须做到三点：正确、礼貌和迅速。

基本的结账步骤如表 7-3 所示。

表 7-3　某零售企业门店具体结账步骤

步骤	收银标准用语	配合的动作
欢迎顾客	"您好，欢迎光临！" "请问您有会员卡吗？"	1. 面带笑容，与顾客的目光接触； 2. 等待顾客将购物篮里或手上的商品放置收银台上； 3. 使收银机的活动荧幕面向顾客
登录商品	"请问这些是您需要结账的商品吗？"	1. 以左（右）手拿取商品，并确定该商品的售价及类别代号是否无误； 2. 以右（左）手按键，将商品的售价及类别代号正确地登录在收银机； 3. 登录完的商品必须与未登录的商品分开放置，避免混淆； 4. 检查购物篮底部是否还留有商品尚未结账
结算商品总金额，并告之顾客	"您好，总共是××元"	1. 将空的购物篮从收银台上拿开，叠放在一旁； 2. 趁顾客拿钱时，先行将商品入袋，但是在顾客拿现金付账时，应立即停止手边的工作
收取顾客支付的金额	"收您××元" "收您××卡一张，请您输入密码"	1. 确认顾客支付的金额，并检查是否为伪钞； 2. 若顾客未付账，应礼貌性地重复一次，不可表现出不耐烦的态度
找钱给顾客	"找您××元" "请您在银行结算单上签字" "请拿好您的卡"	1. 找出正确零钱； 2. 将大钞放下面，零钱放上面，双手将现金连同收银小票交给顾客； 3. 待顾客无疑问时，立刻将现金放入收银机的抽屉内并关上抽屉
商品入袋	"请您拿好"	根据入袋原则，将商品依序放入购物袋内
感谢顾客	"谢谢！再见！"	1. 手提着购物袋交给顾客，另一手托着购物袋的底部，确定顾客拿稳后，才可将双手放开； 2. 确定顾客没有遗忘购物袋； 3. 面带笑容，目送顾客离开

在收银过程中，如果发生顾客抱怨或由于收银结算有误给顾客造成困扰时，应立即与当班组长联系，由组长将顾客带至其他区域接待，以免影响正常的收银工作。在非营业高峰期间，等待顾客时可进行收银区域的清扫、整理工作，或店内安排的其他工作。

3. 营业后作业

一日或一班的营业工作结束后,收银员要做好一系列的收尾工作。具体包括:

① 暂停收银。交接班时,放置"暂停收银"牌,向走近的顾客说:"对不起,先生/女士,这台收银机即将关闭,请到附近收银台付款。"如果临近闭店时间,还有顾客未结账,收银员应继续为其服务。

② 执行班结程序,打印班结清单。

③ 退出收银机收款系统。

④ 整理作废与更改的发票与各种抵扣券,清点现金、信用卡单/银行卡单、计算机小票以及各种抵价券等。

⑤ 将现金袋及相关单据等提交现金室,并予以登记。

⑥ 整理收银台及周围环境。

三、收银作业管理的重点

由于收银工作对门店的经济效益和形象具有直接影响,因此,对收银作业的管理要求做到科学、规范而细致。下面,我们将重点了解收银排班、收银员礼仪规范、收银作业纪律、顾客付款作业、现金管理等5个方面的管理要求。

1. 收银排班管理

收银的快慢,是门店顾客服务质量高低最直接的体现。收银排班不足将直接影响顾客消费体验和服务水平,而排班过多又将增加公司的人力成本。因此,做好收银排班管理非常重要。

收银排班不仅需要有丰富的经验,同时,还要根据系统的报告,进行有效数据分析,使预计的排班能最大限度地与实际销售额相匹配。

(1) 影响收银排班的因素

① 卖场的营业时间。营业时间的长短是决定班次的主要因素之一。若营业时间为11小时左右,可安排两个班次;超过者,则可安排三班制。

② 各时段的来客数。虽然门店的营业时间较长,并且随时都可能有顾客光临,但是根据门店类型与位置的不同,一天中大都会出现几个高峰营业时段。因此,在高峰时段必须安排较多的人手,以舒缓顾客等待收银结账的压力。

③ 正式及兼职收银员的人数。在安排班次及各班次的值班人数时,除了必须考虑上述因素外,还要考虑到现有的正式和兼职收银员的人数。兼职收银员的启用主要涉及对人事成本的考虑。与正式收银员相比,兼职人员只担负了部分的工作(如结账及入袋服务),时数也相对较短,且大部分是由现场人员随机指导。因

此,在排班时,每一班次都必须有正式收银员值班,负责执行其他收银作业、现金管理和特殊情况的处理等。在高峰时段或节假日,则可弹性安排兼职人员,以配合营业需要。

④ 假期、节令和促销期。每到节假日或卖场实施促销计划的期间,营业状况往往会比平日好,不仅顾客人数较多,而且每个顾客的平均购买金额也会比较高。尤其在促销期间,由于要配合赠送点券、印花或摸彩等活动,因此,必须在排班上作一些变更,或设法将收银员的休假调开。

在考虑上述因素之后,收银作业主管人员即可以一周或者一个月为基准排定"收银人员排班表",并张贴在公布栏,以便收银员查阅。

(2) 收银排班的原则

一般来说,收银排班须遵循以下 4 项原则。

① 收银三人原则。任何时候,保证每一台收银机前排队等候结账的顾客不超过三人。

② 匹配营业交易原则。与不同时间段的营业额、结账顾客数相匹配,营业高峰期间开机数量多,低峰期间开机数量少。

③ 排班简单原则。尽量使收银员每周的班次简单易记,如每周上同一班次,而不是一周内两三个班次轮换。

④ 成本原则。将总工时控制在公司要求的范围内,避免收银员闲置状况。同时,在假期、节令和促销期,配合营业需要,可弹性安排兼职人员,有效减少人力开支。

2. 收银员礼仪服务规范化管理

收银员是直接为顾客提供一对一服务的工作人员,其一举一动都代表着企业的对外形象。收银员只有提供高效、热情的服务,才能使顾客再度惠顾。

(1) 收银员的仪表

收银员的仪表应以整洁、简便、大方、富有朝气为原则。以下是收银员在仪表方面应注意的事项:

① 整洁的制服。每位收银员的制服,主要包括衣服、鞋袜、领结等,必须保持一致、整洁、不起皱。上岗时必须按规定在统一的位置上佩戴好工号牌。

② 清爽的发型。收银员无论是长发还是短发都应梳理整齐。

③ 适度的化妆。女性收银员适度的淡妆可以让自己显得更有朝气,但切勿浓妆艳抹,造成与顾客的距离感。

④ 干净的双手。收银员双手尤其是指甲要确保干净,若收银员的指甲藏污纳

垢或者涂上过于鲜艳的指甲油,都会使顾客感觉不舒服;同时过长的指甲,也会造成收银员工作上的不便。

(2) 收银员的举止态度

收银员在工作时应随时保持亲切的笑容,以礼貌和主动的态度来接待和协助顾客。当顾客发生错误时,不能当面指责,应以委婉有礼的言语提醒顾客。总之,在任何情况下,收银员都应保持冷静和清醒,控制好自己的情绪,不能与顾客发生口角。

(3) 正确的待客用语

顾客需求具有多样性和复杂性,难免会有顾客产生抱怨的情况出现,而这种抱怨又经常会在付账时对收银员发出,因此,收银员应掌握一些正确的待客用语。例如,当顾客买不到商品时,应向顾客致歉,并给予建议,其用语为:"对不起,现在刚好缺货,让您白跑一趟,您要不要先买别的牌子试一试?"或"您要不要留下您的电话和姓名,等新货到时立刻通知您?"当本收银台收银空闲,而顾客又不知道要到何处结账时,应该说:"欢迎光临,请您到这里来结账好吗?(以手势指向收银台,并轻轻点头示意)"。

【知识拓展】
收银员的待客用语

1. 暂时离开收银台时应说:"抱歉,请您稍等!"
2. 重新回到收银台时应说:"真对不起,让您久等了!"
3. 自己疏忽或没有解决办法时应说:"真抱歉!""对不起!"……
4. 提供意见让顾客决定时应说:"若是您喜欢的话,请您……"
5. 希望顾客接受自己的意见时应说:"实在是很抱歉,请问您……"
6. 当提出几种意见供顾客参考时应说:"您的意见怎么样呢?"
7. 遇到顾客抱怨时,应仔细聆听顾客的意见并予以记录,如果问题严重,不要立即下结论,而应请上级出面向顾客解释。其用语应为:"我明白您的意思,我会将您的建议汇报给店长并尽快改善。"
8. 当顾客买不到商品时,应向顾客致歉,并给予建议。其用语为:"对不起!现在正好缺货,让您白跑一趟,您要不要先买别的牌子试一试?""请您留下您的电话和姓名,等新货到时我们马上通知您。"
9. 不知如何回答顾客询问时,决不能说"不知道",而应回答:"对不起,请您等一下,我会请主管、店长来为您解答。"
10. 顾客询问商品是否新鲜时,应以肯定、确认的语气告诉顾客:"一定新鲜。如果您买回去不满意,欢迎您拿来退钱或换货。"

11. 顾客要求包装礼品时,应微笑着告诉顾客:"请您先在收银台结账,再麻烦您到前面的服务总台(同时应打手势,手心朝上),会有专人为您服务。"

12. 收银空闲遇有顾客不知要到何处结账时应说:"欢迎光临！请您到这里结账好吗?"并以手指向收银台,轻轻点头示意。

13. 有多位顾客等待结账,而最后一位表示只买一样东西,有急事待办时,收银员应对第一位顾客说:"对不起,能不能先让这位只买一件商品的先生(小姐)先结账? 他(她)好像很着急。"当第一位顾客答应时,应对他说声"谢谢"。当第一位顾客不答应时,应对提出要求的顾客说:"很抱歉,大家好像都很急。"

3. 收银员的作业纪律管理

由于现金的收受与处理是收银员的重要工作之一,为了保护收银员,确保门店现金管理的安全性,要求收银员必须严格遵守收银作业纪律。当收银员在进行收银作业时,要做到"五不"和"五要"。

(1)"五不"

① 收银员工作时身上不可携带现金,以免引起不必要的误解和可能产生的公款私挪现象。也不可为自己的亲朋好友结算收款,以免引起不必要的误会和可能产生的收银员利用收银职务方便,以低于原价的收款登录至收银机,用企业利益图利于他人私利,或可能产生的内外勾结实施"偷盗"。

② 不可擅离收银台,以免引发等待结算客人的不满。同时因为收银台内现金、礼券、单据等重要物品较多,如果擅自离开,会使坏人有机可乘,造成店内钱物损失。

③ 收银机周边不可放置任何私人物品。因为收银台上随时都可能会有顾客退换或临时决定不购买的商品,如果有私人物品放在收银台上,容易与这些物品混淆,引起他人误会。

④ 不可随意打开收银机抽屉查看和清点现金。随意打开收银机查看和清点现金既会引人注意而造成潜在的不安因素,又容易使人产生对收银员营私舞弊的怀疑。

⑤ 不可做与工作无关的事情。要随时留意收银台前和视线所见卖场内的情况,以防止和避免不利于企业的异常现象的发生。如发现异常,应及时通知门店保安或店长。

(2)"五要"

① 要保持仪表干净整洁,使用规范的服务用语文明接待顾客。

② 要熟悉门店商品及有关的经营状况,尤其是当前的变价商品、特价商品、重

要商品等,在顾客询问时作出正确的回答。

③ 要适当地主动告知顾客店内的促销商品,这样既能让顾客有宾至如归的感觉,还可以增加门店的销售业绩。

④ 顾客将商品拿到收银台面进行结算时,要检查购物车内有没有遗漏商品,以免顾客未结账而将其带出收银区。

⑤ 离开收银台时,要及时放置"暂停收款"牌;将全部现金锁入收银机的抽屉里,钥匙必须随身带走或交值班班长保管;不启用的收银通道必须用链条拦住,以免个别顾客不结账就将商品带出门店。

4. 顾客付款作业管理

收银员在顾客付款时,须遵循以下原则,以确保钱款清晰、准确:

(1) 唱收原则

收银员接受顾客付款时,必须大声说"收您多少元",此为唱收原则。事实上,在收银工作中,有所谓"三唱",即唱总、唱收、唱找。通过"三唱",既有明确和确认金额的作用,同时,也有助于记忆。

(2) 正确输入原则

收银员点清所收的钱款时,必须将金额正确地输入收银机。

(3) 选择付款方式原则

对于现金、银行卡、支票等各种形式的付款,收银员都必须在收银机上选择正确的付款方式键。

(4) 辨别假币原则

收银员接受现金付款时,必须对现金进行假币的识别。

同时,收银员还应做好银箱维护工作:即不同面值的现金必须放入银箱规定的格中,不能混放或放错位置;银行卡单及有价证券也不能与现金混放。

5. 现金管理

现金管理直接关系到门店的经济效益,同时,根据长缴短补的原则,也是收银员工作风险性所在。现金管理主要包括零用金管理、大钞管理、非现金支付管理、交接班现金管理等。

(1) 零用金管理

零用金为应付找零及零星兑换之需,须准备妥当,对此应注意如下几点:

① 每天开始营业前,必须将各收银机开机前的零用金准备妥当,并铺在收银机的现金盘内。零用金应包括除100元面额以外各种面值的纸钞及硬币,其数额可根据营业状况来决定。每台收银机每日的零用金应相同。

② 除每日开机前的零用金外,各门店还应备有足够数额的存量金,以便在营业时间内,随时为各台收银机提供兑换零钱的额外需要。因而,收银员应随时检查零用金是否足够,以便及时兑换。

③ 欲补充零用金时,收银员不可大声喊叫,可以利用广播等方式请相关的收银主管进行兑换。兑换时,必须经收银员与兑换人员双方当面点清,领取并填写兑零单,方便日后查核。

(2) 大钞管理

收银台不仅人员出入频繁,也是门店唯一放现金的地方,其安全值得格外重视。为了安全起见,最大面值的钞票可放在现金盘的下面,用现金盘遮盖住。当抽屉内的大钞累计到一定数额时,应立即请收银主管或店长收回至店内的保险箱存放,此作业称为大钞预收。大钞预收可避免收银台的现金累积太多,保证资金安全,也可以空出银箱以便于收银员操作。

每次预收大钞时,经过点数后,必须将收取的现金数额、时间登录在该收银台的中间收款记录本内,由收银员及收银主管分别签名确认;每台收银机都要有中间收款记录本;大钞送到保险箱,也必须登录在保险箱收支本内,将时间、收银机号、金额等填写清楚。

(3) 非现金支付管理

在购买商品时,顾客常常用礼券、提货券、现金抵用券、购物卡或银行卡结账。对于这些和现金具有同样效力的支付工具,其管理作业必须和现金一致。当顾客使用这些支付工具结账时,必须注意以下事项:

① 首先应该确认支付工具的有效性。

② 收银员必须清楚各种支付工具的使用方式和使用细则,如可否找零等。

③ 各种支付工具的额度用完后,应立即进行作废处理。

④ 支付工具收受后,应集中存放在固定位置,下班时和现金一起上缴。

(4) 交接班现金管理

为了分清各班次收银员现金管理的责任,交班收银员在交班前应将预留的额定零用金备妥,门店应准备一本现金移交簿,用于营业现金的交接签收。

收银台作为人员、商品和现金流动频繁的地方,安全性和规范性是该工作岗位的基本要求,只有在细致入微的管理规范下,收银员才能充当好门店的经济大使和形象大使。

第三节 防损作业管理

【导入案例】

数字化时代全球零售未减反增,亟须先进技术解决方案降耗止损

2018年5月,由中国连锁经营协会主办的"2018中国零售业资产保护(防损)研讨会"在云南昆明成功举办。作为全球领先的零售业防损专家,泰科零售解决方案于参会期间发布了《先讯美资全球零售业损耗指数》的报告。结果显示,数字化时代零售业损耗未减反增,严重影响全球零售业利润水平,零售商已经考虑增加商品电子防盗系统(EAS)、视频监控和门禁系统的预算积极防损,再次印证了零售商通过技术和数据降耗止损从而提升利润的紧迫现实需求。值得关注的是,中国零售业2017年度损耗金额为135.2亿美元,仅次于美国。

作为全球从防损角度针对零售业高管开展的规模最大、涉及国家地区最广的调研,该报告对全球14个国家、不同零售垂直市场、共计1120名主要零售决策者的调研数据进行分析。参与调研的零售商所在的14个国家代表了全球主要经济体,占全球GDP的73%,全球零售总额的80%。

报告显示,2017—2018年,全球零售损耗率高于以往,占年零售总额的1.82%。零售业因损耗造成的年零售损失总额接近1000亿美元大关。其中,美国的损耗率最高,达1.85%,欧洲紧随其后为1.82%,亚太地区位列第三,损耗率为1.75%。中国的损耗率在全球14个受访国家中排名第七。

从细分市场来看,中国在药妆店(或药房)以及百货店领域的损耗率全球最高,分别为3.15%(全球平均2.12%)和2.57%(全球平均为1.83%)。在超市大卖场、社区店的损耗率方面,中国分别为1.74%和1.95%,略高于全球平均水平1.73%和1.79%。而中国在便利店领域的损耗率则表现较好,为1.01%,低于全球平均损耗率1.86%。

从损耗原因来看,入店行窃和退货欺诈、供应商损失、员工内盗和管理损失是造成全球零售损耗的常见原因,其中入店行窃和欺诈行为等造成的损耗占总额三分之一(图7-2)。中国市场的数据也与全球总体情况基本一致。

这些数据突显了损耗对全球零售业务的影响。然而,相较于零售商强劲的经济实力和高额的损耗,分配到防损部门的预算在大多数情况下却低于销售额的2%。此次调研中69.2%的受访者表示,会以损耗率为依据提高自身防损能力,因为他们注意到,想要在零售业快速变革的当下拔得头筹,已不能再忽视损耗而盲目追求增长。其中大部分受访者表示,其年度防损预算正在增加,特别是对于EAS、视频监控和门禁系统的投入。

(资料来源:https://www.johnsoncontrols.com/zh_cn/insights/2018/buildings/feature/shrink-index-report)

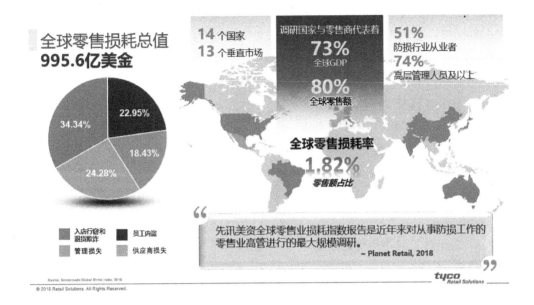

图 7-2　全球零售损耗概况

一、损耗及防损

"损耗"是一个在零售企业经营过程中可以经常听到或论及的词语。广义的损耗是指,所有会对门店净利产生负面作用的因素。狭义的损耗则单指商品的损耗,即门店经营商品的账面金额与实际盘存金额的差异。

损耗对门店的经营有严重的危害。例如,损耗直接危害经营的业绩和利润;损耗的控制直接反映超市的管理水平,损耗会破坏营运流程,降低员工对企业的忠诚度,使人心涣散,企业失去竞争力;除了可以直接看到的商品失窃等有形损耗外,还有很多无形的损耗会吞噬大量的经营成果,如商业贿赂、供应商欺诈、安全事故损失等。

对于零售企业而言,控制损耗并将其维持在最低水平,可以防止其对利润的蚕食。减少和控制损耗因素是大卖场上至管理高层、下至每个员工永远的责任。

防损就是根据本单位的人流、物流、信息流的活动规律和特点,通过合理的人员安排、流程规定、管理制度对可能产生损耗的不安全因素的每一个环节进行监督和控制,从而达到全面控制损耗和保障安全的目的。

防损的意义主要体现在两个方面:一是通过防损可探查与开发大卖场利润的源泉,防损是门店利润的基本保证,保证损耗最小化是实现门店利润最大化的前提条件。业内人士普遍认为,若能将门店在2%以上的商品损耗率降低到1%,则其经营利润可以增长100%。二是通过防损可搭建提升门店管理的平台。

二、损耗产生的原因

要进行防损管理,首先要了解门店商品常见的损耗源自何处。具体来说,门店商品损耗主要有4个来源,即分别来自员工、供应商、顾客和意外,具体见图7-3。

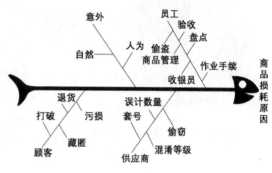

图7-3 商品损耗鱼骨图

1. 由于员工的不当行为所造成的损耗

① 收银员的不当行为所造成的损耗,如收银员漏扫商品、错打价格、与顾客联合偷盗甚至于制造并私吞账款。

② 由于员工验收不当所造成的损耗,如验收时点错数量;仅仅验收数量,但未作品质检查所产生的错误;进货的发票金额与验收金额不符;进货商品未入库等等。

③ 由于员工作业手续上的不当所造成的损耗,如商品调拨漏记;商品领用未登记或使用无节制;商品进货或退货的重复登记;漏记进货的账款;坏品未及时办理退货;商品有效期检查不及时;商品条码标签贴错;POP或价格卡与标签的价格不一致;商品加工技术不当产生损耗;等等。

④ 由于员工对商品管理不当所造成的损耗,如未妥善保管商品而使商品价值减损;进货过剩或未及时处理卖剩的商品导致过期等等。

⑤ 由于员工盘点不当所造成的损耗,如数错数量,看错或计错售价、货号或单位,计算错误等等。

⑥ 由于员工内盗造成的损耗,如夹带、偷吃或使用商品;私自占有顾客奖品、赠品;与他人串通,购物不结账或金额少打等等。

2. 由供应商的不当行为所导致的损耗

比如误计数量、数量不足;混淆等级,以次充好;套号,以低价商品冒充高价商品;擅自夹带商品;分批交货而造成混乱;与员工私下交易;实施偷窃;等等。

3. 由于顾客的不当行为所造成的损耗

如顾客不当的退货;使商品污损;将商品打碎;偷窃;等等。

4. 由于意外事件所造成的损耗

自然意外事件,如水灾、火灾、台风和停电等。

人为意外事件,如抢劫、夜间偷窃和诈骗等。

【典型案例】

某大型超市在监控录像里发现这样一件事情:一位顾客拎着购物篮在超市中闲逛,购物篮里装着两包薯片、几把青菜及单价15.8元的巧克力6块,他走到角落里,悄悄将巧克力藏在篮子里的青菜内,然后拎着购物篮去收银处交钱。

几把青菜提起来明显重了不少,但收银员却毫无察觉。一把青菜价值一两元钱,几把青菜的总价钱也就六七块,而里面的巧克力总价值却将近一百元。幸亏防损员及时发现,为超市追回了损失。

可见,当事的收银员责任心不强,工作中不仔细、不认真,给别有用心之人创造了可乘之机。青菜的重量明显异常,如果收银员稍加注意,一定能发觉其中的猫腻。

生活中,大多数收银员都存在着一种心理:收银员的职责就是收银,至于防损,那是防损员的工作。事实上防损不只是某个部门或某些人的责任,而是卖场所有人的责任,尤其是容易出现漏洞的收银处,防损的力度更应加强。

(资料来源:http://www.linkshop.com.cn/CLUB/archives/2015/680891.shtml)

三、门店防损管理的要点

1. 根据门店经营特点有效使用防损设备

为了节省人力和提高防损效率,目前大型零售行业广泛采用的商品安全措施之一就是使用商品电子防窃系统(EAS系统),又称电子商品防窃(盗)系统。EAS系统基本上都由三大部分组成,即电子感应牌(或标签)、解码器(或拔除器)和探测器。电子感应牌被预先附加于商品上,解码器是用来使附在商品上的电子感应牌失效的装置,而探测器则是安装在门店各出口通道处的电子传感装置。假如窃贼将未付款的商品隐藏在身体的某些部位,企图蒙混过关,由于被窃商品上的电子感应牌未经正常解码,当其通过出口处的探测器探测区域时,探测器便会立即发出报警信号。

一般来说,门店防盗系统的构成包括:①电子防盗板,一般是专业用于超市、商场等场所的电子防盗门,主要用来防止盗窃,保护财物。它由一个发射器和一个接收器构成,宽度为0.9~1.5 m,见图7-4。②防盗标签。防盗标签是声磁系统中保护商品的材料,主要有纸质标签(图7-5)和硬标签(图7-6)。纸质标签贴在各类影视盘片、超市货品上,标签上印有条形码。硬标签体积较大,难以破坏和重复使用,依靠专业取钉器才能打开,多用于服装、鞋帽等的保护。商品保护器也与之类似。③电子消磁板。与前述标签配套使用,安置在收款处,当顾客付款后,店员把货物贴近电子消磁板,即可使标签失效。电子消磁板可配合各种台式激光扫描器使用,消磁扫描同步,提高收银员工作效率。④监控器材。监控器材是监控系统安装施工、技术实现中所用器材的统称。监控系统主要由摄像部分、传输部分、控制与记录部分和显示部分组成。摄像部分是电视监控系统的前沿部分,是整个系统的"眼睛",而显示部分一般由多台监视器组成。

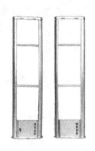

图7-4 电子防盗板

图7-5 纸质标签

图7-6 硬标签

2. 树立和强化全员防损意识

防损工作涵盖门店经营与管理的全过程,所有员工都应将防损视作自己的本职工作之一,积极配合并遵守防损管理规定,积极参与防损监督和举报。

门店尤其是大卖场人员众多,流程复杂,运营环节繁琐,要彻底控制各方面的损耗,需要全体员工在工作中规范操作,提高素养,全体员工应该树立"全员防损、全过程防损、防损等于纯利润、防损工作以防为主"的理念。

(1) 全员防损

防损,不仅是个别部门的工作,也是全体员工的责任。防损是员工工作中不可缺少的重要工作,员工应该积极配合,并遵守防损管理规定,积极参与防损监督和举报,及时为防损部门提供损耗线索。

(2) 全过程防损

任何一项工作流程中的错误,都会直接或者间接导致损耗,因此,门店应该对每一个可能出现损耗的环节进行有效监控。它的关键在于流程应该合理高效,员工都能按质按量完成工作。

(3) 防损等于纯利润

商品损耗,不仅会损失商品的价值,还会损失运输成本、包装成本、人工成本等等,因此,损耗损失的不仅是利润,更是纯利润。

（4）以防为主

防损工作的重点在于"防"字，防患于未然。控制损耗在发生之前，才是成功的防损。事后的防损主要在于尽量弥补损失，目的是防范和避免类似损耗。

3. 加强制度建设和流程管理

通过完善制度和科学流程，将损耗控制于经营的每一个环节。要加强门店收银、库存、理货、防损等重要岗位工作的制度建设、员工管理和业务流程的设计；严格商品防损的作业标准管理，减少因对商品的保管和陈列方法不当，商品鲜度管理疏忽等原因造成的商品损耗；加强商品标价的管理，避免因价格错误导致的损耗；明确收银员的作业纪律和要求，并制定相关的处罚条例，严格执行，提高收银作业的质量；做好商品的验收工作，规范盘点作业；加强员工日常作业管理，贯彻会计处理制度，从制度和流程上避免因为员工操作不当导致的损耗或牟取私利的可能性。同时，要加强商品核查与检查，了解损耗情况，查找损耗原因，并不断改进和完善相关制度和流程。

4. 加强商品防盗管理

近年来，商品被盗的比例逐渐升高，成为商品损耗的主要原因之一。商品被盗主要有顾客偷盗、员工内盗和供应商偷窃三种类型。

（1）针对顾客偷盗

应加强员工防盗意识的教育，在企业中形成人人都是安全员的风气，使小偷成功的机会大大减少。设置便衣安全员，加强巡视管理。对有条件的商品进行防盗处理，合理地投放防盗标签。卖场前部的陈列，不应该挡住收银员投向卖场及顾客流动区域的视线。体积小、价值高且吸引人的商品应该放在收银员看得到或者偷窃者不便于隐藏的地方。妥善处理顾客偷盗事件。对有偷盗嫌疑的顾客讲话要冷静、自然，尽可能往顾客"弄错"的角度去引导其"购买"。对于确定的偷盗顾客，则应按照法律程序对其进行处理。

（2）针对员工内盗

首先要进行严格有效的管理以防范内盗。如多方式、不间断在各种场合对员工进行预防教育，建立内部举报制度，严格内部防盗检查和监控。对所有做出内盗行为的人员，无论其盗窃的金额大小、商品多少、理由为何，一旦发现属实，一律立即解聘，并酌情进行后续相关处理。

（3）供应商偷窃

其防范首要有严格的管理制度，如由收货人员进行全过程的收货操作，将已经收货与未收货的商品按区域严格分开；由操作人员和收货人员共同配合，做好每日商品的退换货工作;安全员严格对供应商的进出进行控制管理,对进出携带物品进行检查核实;不允许供应商人员进入仓库等等。

总的来说,门店防损管理的路径就是"技防+人防"。门店每位员工应该树立"防损就是另一种利润"的意识,并构筑起"设备防盗+制度流程防损+人员防损"的防损体系,有针对性地采取措施,加强管理,堵塞漏洞,才能尽量将各类损失减到最少。

第四节 门店安全管理

【导入案例】

门店作为商品集中、货架林立、顾客密集的公共场所,一方面,容易出现安全隐患;另一方面,又有义务为顾客提供安全的购物环境。但是,近年来,零售行业的安全管理一直有令人遗憾的重大事件发生。

2010年11月,吉林商业大厦特大火灾,造成19人死亡和重大财产损失。2015年10月,南昌某华联超市发生火灾,导致超市整体坍塌。2018年6月,四川达州"好一新"商贸城发生火灾,大火连烧3天,商户损失惨重。

据国家应急管理部消防局火灾数据显示:2018年上半年,全国已发生商场、市场、超市等人员密集场所火灾9 000多起,造成45人死亡。这些事故不仅给当事人带来了痛苦和灾难,而且还导致企业形象受损,员工士气低落,其直接损失和间接损失是难以估量的。因此,加强门店安全管理对于零售企业具有特别重要的意义。

一、门店安全及管理的内容

一家良好的门店,除了满足消费者的购物需求之外,还必须为消费者提供一个安全舒适的购物环境。《消费者权益保护法》第7条规定:"消费者在购买、使用商品和接受服务时,享有人身、财产安全不受侵害的权利。"这是对消费者安全权明确的法律保障表达。现在,越来越多的零售商店需要长时间营业和现金交易,而且主要采用开放式销售方式,因此,绝对不能放松安全管理。做好门店安全管理,不仅能够确保消费者购物的安全,为员工提供安全的工作环境,同时,还能减少门店的财务损失,维持良好的社区关系,维护零售企业的良好形象。

所谓门店安全,是指门店及其顾客、员工的人身和财物在门店所控制的范围内没有危险,也没有其他因素导致危险的事情发生。它不仅指门店及其人员的人身和财产不受侵害,而且指不存在其他因素导致这种侵害的发生,门店安全是一种既没有危险因素也没有发生危险的状态。所以,零售企业门店安全是要把门店各个方面的安全因素作为一个整体加以反映,而不是单指门店某一个方面的安全。

门店安全管理所包含的项目相当广泛。以地点而言,除了卖场购物区外,还包括购物区域以外的公共场地以及员工的工作场所;在对象上,除了人之外,还有财物的安全;在事件上,除了突发的意外事件之外,还有日常的例行作业;至于时间,则更是随时都可能发生,因而门店必须进行经常性的安全作业管理。门店安全管理的重点项目包括消防、防抢、防偷、防骗以及防意外事件发生等。

火灾是威胁人类的重大灾害,往往会给企业带来重大经济损失和人员伤亡。对于从事商业活动的零售企业来说,门店的消防安全管理是安全管理的重中之重。本节将集中介绍消防安全管理。

二、引发门店消防安全事故的原因

常言道"水火无情",门店消防安全的重要性更是不言而喻。火灾给门店造成的损失到底有多大？大的可以毁灭整个建筑,甚至若干人的生命,小的也要损失价值成千上万的资产。无数的惨痛教训,时时刻刻为消防管理敲响着警钟。

消防安全管理是指防止火灾、水灾,灭火及处理其他灾情的专门工作。在现实当中,消防安全管理的重点是抓好防火和灭火工作。统计资料显示,门店发生的消防安全事故中,较多的意外突发事件其实质是缘于门店人员人为的疏忽,概括起来,主要包括以下 3 个方面:

1. 门店设备老化

一些零售企业门店的设备因为长期使用或闲置,很少甚至从未进行过定期检查、保养或更新,导致在使用时发生意外,或在急需时,因为老化或过期而不能使用。

2. 员工基本常识不足

一些门店的员工对于安全方面的常识了解不够充分,如超负荷用电或电源使用不当,不知如何操作消防设施、设备和器材,工作方面存在不良的作业习惯等等。

3. 员工缺乏警觉性

一些门店的安全事故在演变成重大伤害之前,经常是由于门店员工缺乏警觉性而导致的小问题。比如,使用各项器材设施,发现不良或故障时未及时处理;对于导致火灾的隐患掉以轻心,而演变成一场大火灾。

三、门店消防安全管理的重点

在实践工作中,人们总结出门店消防安全管理的方针是"预防为主,防消结合""以防为主,以消为辅",重点抓好防火及灭火工作。具体来说,要求门店要重点做好事前预防,杜绝安全事故的发生;当不幸发生安全事故时,要有效进行事中处理;同时,做好事后检查整改。

1. 重点做好事前预防

消防安全工作要做到"防患于未然",要求门店要从多个方面构建起全面系统的消防安全体系。

(1)建立消防管理组织

建立消防安全管理组织,是实施消防安全管理的必要条件。门店应该成立由店长担任总指挥,副店长担任副总指挥,同时包括救灾组、人员疏散组、财物抢救组、通信报案组和医疗组等责任清晰、分工明确的安全管理小组。一旦发生火灾,便可各司其职,快速行动。

(2)制定消防安全管理制度

门店的消防安全管理,除了明确防火安全责任和组织体系外,更重要的是要根据门店自身的实际情况,制定出符合本门店特点的各种消防安全管理制度,如:消防值班制度、消防安全教育制度、消防巡查制度、消防设施和器材管理制度、用火用电管理制度、易燃易爆危险物品和场所防火防爆管理制度等等。

(3)完善消防设施系统

包括消防标识、消防通道、紧急出口、消防设施、疏散指引图。具体来说,应该张贴统一标识,如"禁止吸烟""危险品""紧急出口"等等;在设计布局时,应该预留消防逃生的专用通道,并保持通道和紧急出口通畅干净;定期检查消防设施可用情况;在门店指定位置张贴疏散指引图。

(4)定期开展全员消防教育与消防演习

要做好防火工作,必须依靠全体员工。门店应结合业务特点和季节变化,把防火教育作为重点,宣传消防知识和防火基本常识,教员工学会报警和使用灭火器、室内消火栓以及扑灭初期火灾的本领。同时,门店应该结合自身的实际情况,制订切实可行的灭火疏散预案,定期安排专门时间,有计划、有步骤地按预案要求开展训练并组织演习。

(5)消除日常工作当中的安全隐患

包括:加强明火管理,店内禁止吸烟,店内装饰应选用耐火材料;加强易燃品管理,店内商品如有属于易燃危险品的,应该进行销售量控制,同时防止日光直射,妥善保管;随时检查插座插头的绝缘体是否脱落损坏,电器插座、马达附近应该经常清扫,不留杂物等等。

2. 有效做好事中处理

一旦发现火情,全体店员应该根据安全管理小组的安排执行任务,听从总指挥或消防人员的指挥,保持镇定,按平时消防演习疏散顾客、抢救财物,使门店生命财产损失降至最小。其基本要求是:

① 除电灯外,关掉所有电器设备。尽量避免开电器设备,不要用手或身体触碰电器设备。

② 立刻拨打119火警电话,并报告值班领导。

③ 以疏散所有人员为第一优先,立即疏散门店内顾客并迅速离开现场;不要使用电梯,尽量由楼梯疏散;如有浓烟出现时,应匍匐在地上爬行,迅速离开现场;如有顾客及员工受伤应立即送往医院。

④ 在"人身安全第一重要,不要因收集现金或救火而危及自身安全"的原则下,听从指挥,按平时消防演习抢救财物和重要资料等,并迅速将现金及贵重财物转移到安全位置,并设专人负责看管,以防有人趁火打劫。

3. 做好事后检查改善

火灾抢险后,门店应配合公安、消防单位,调查火灾发生的原因,作责任分析及回顾应变处理过程。

店长应及时向上级主管提出报告,清点财物的损失,并编列清单;进行事件损失评估,尤其应重点检讨、提出整改措施,并切实地执行,防止类似事故的发生。

总之,消防安全无小事,门店经营过程中,所有员工务必要树立安全意识,遵守消防安全规则,预防为主,防消结合,守住"不起火""烧不大""跑得掉"三道防线,才能确保门店人财物的安全。

【同步测试】

一、单项选择题

1. 店长的日常工作不包括(　　)。
   A. 制订营业目标和管理目标　　B. 商品管理、库存管理及促销管理
   C. 营运控制　　　　　　　　　D. 连锁总部的市场开发

2. 收银具体的流程一般是(　　)。
   A. 输入顾客积分卡号——欢迎顾客——扫描商品——确认金额总计——收款确认——唱付找零——感谢顾客

B. 欢迎顾客——输入顾客积分卡号——扫描商品——确认金额总计——收款确认——唱付找零——感谢顾客

C. 欢迎顾客——扫描商品——确认金额总计——收款确认——输入顾客积分卡号——唱付找零——感谢顾客

3. 防止和发现顾客盗窃的有效手段是（　　）。
   A. 不许顾客携带任何物品进入卖场　　B. 限定购物数量
   C. 顾客出门需安检　　D. 以上都不对

4. 下面不属于"员工基本常识不足导致的安全事故"的是（　　）。
   A. 超负荷用电引发大火
   B. 电源使用不当引发火灾
   C. 不知如何操作消防设施灭火
   D. 看到小火苗觉得无所谓最后引发大火

二、多项选择题

1. 店长应具备的能力有（　　）。
   A. 强烈的责任心　　B. "全能手"
   C. 良好的执行能力　　D. 广泛的业务知识能力

2. 连锁企业门店商品损耗的原因主要包括（　　）。
   A. 员工的不当行为所造成的损耗
   B. 顾客的不当行为所造成的损耗
   C. 偷窃造成的损耗
   D. 供应商的不当行为所造成的损耗
   E. 意外事件所造成的损耗

3. 门店的防损工作应涵盖门店经营与管理的全过程，其防损理念主要包括（　　）。
   A. 全员防损　　B. 全过程防损
   C. 以防为主　　D. 损耗猛如虎

4. 导致消防安全事故的原因有（　　）。
   A. 门店设备老化　　B. 员工基本常识不足
   C. 员工缺乏警觉性　　D. 员工操作不当

三、判断题

1. 收到大钞时，为避免收到假币，收银员应当着顾客的面仔细检查钱币。（　　）

2. 在收银过程中，如发现商品有多重条形码，收银员可以选择价款最低的条形码为顾客结账。（　　）

3. 门店发生火灾等事故主要导致的是重大的直接损失，间接损失一般可以忽略不计。（　　）

4. 门店消防安全管理的方针应该是"预防为主，防消结合""以防为主，以消为辅"，重点抓好防火及灭火工作。（　　）

四、案例分析

　　10月10日是星期天,南坪西路长江村十字路口的沃尔玛超市涌入了众多市民前来购物。上午10点43分,一个电话打到了超市前台总机,服务员刘小姐接线后发现,打来电话的陌生男子操着外地口音。

　　男子在电话中自称"方云芝",他要求沃尔玛总裁陈耀昌在当天下午3点前,将3万元现金汇到他账户上,否则他将引爆藏在超市内的炸弹,炸掉沃尔玛,说完就挂断了电话。听到超市内藏有炸弹,刘小姐吓出一身冷汗,她一边向领导上报此事,一边拨打报警电话。接到报警后,南岸公安分局民警迅速赶到现场,与此同时,特警、刑警、交巡警等也赶到支援。为了不引起超市内上千顾客的恐慌,警方和超市方决定,通过用超市内的喇叭播放消防疏导演习的方式来疏散顾客。

　　很快,超市喇叭响起了"超市开始实施消防疏导演习,请顾客们听从附近售货员安排,尽快疏散"的不间断喊话。仅半小时,上千名顾客秩序井然,全部安全转移出超市。随后,警方对超市展开地毯式搜索,经过3小时排查,现场并没有找到爆炸物或疑似爆炸物。当天下午2点半,超市恢复正常营业。

　　思考:沃尔玛超市在发生突发状况时举措得当吗?为什么?

第八章 零售运营绩效管理

【学习目标】
1. 认识零售企业 IT 系统与 ERP 管理。
2. 理解运营成本的含义及管控内容。
3. 掌握毛利管控内容与毛利额提升措施。
4. 熟悉影响客单价、客流量的因素。
5. 掌握提升销售额的方法。

【关键概念】
IT 系统;ERP;运营成本;毛利;客流量;客单价;销售额

【内容体系】

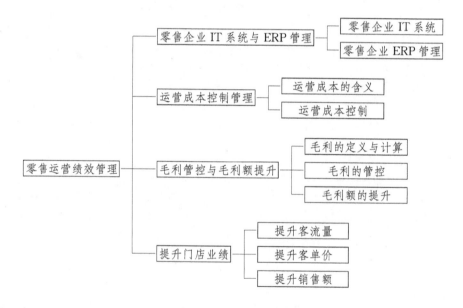

图 8-1 零售运营绩效管理

第一节 零售企业 IT 系统与 ERP 管理

【导入案例】

新零售背景下餐饮行业的 IT 踪迹

你是一个普通的消费者,从你走进商场开始,你就受到了大型商场摄像头的注意(人流量监测);你打开手机,通过点评软件,获取餐饮店的信息(获取手机号、用户兴趣);你走进了这家店,被人工智能摄像头人脸识别(会员侦测);服务员拿出了点餐器(POS 机),为你点餐并完成支付;在点餐完成后的瞬间,后厨的屏幕上出现了你的点单,厨师们根据点单完成了你的菜品,供应材料系统自动扣减了库存(ERP);通过外卖网络平台的操作,把制作出的商品配送出去;当总部透过总部数据中心,获知分店缺少原材料,通知物流中心自动补货等等。

通过上述场景可知,在新零售背景下,不论前端的销售还是后端的营运管理等众多环节,都有 IT 系统以及互联网技术参与其中。特别是,当餐饮企业连锁式地在全球各地开出数量巨大的门店以后,地域的差异导致人员管理的边际成本递增,这自然需要通过互联网 IT 技术来赋能。大型连锁餐饮企业经营管理的比拼,其本质是透过 IT 系统精细化管理的较量。

思考:应该如何挑选到称心的 IT 系统,更好地支撑自己门店的经营管理和销售?如何为自己作出利益最大化的选择?

随着信息技术的迅速发展,信息化工作现在已经成为各大零售企业实现企业跨越发展、提质增效、扩大领先优势的重要手段。零售企业正逐步从原有经营管理模式向以信息化、智能化为特点的现代营销及管理模式转变,这个过程需要大量信息技术、数字技术、现代管理技术和线上新零售理念的相互融合。

一、零售企业 IT 系统

1. 信息化

信息化是以现代计算机技术为基础,将所研究对象各要素汇总或自动传输,供特定人群或特定组织生活、生产等和人类息息相关的各种行为的一种技术。

企业信息化,就是以业务流程优化和重构为基础,在一定深度和广度上利用信息技术,实现企业内部信息的共享和有效利用,从而提升企业的经济利益和竞争能力。从动态的角度来看,企业信息化就是企业使用信息技术及其产品的过程,就是信息技术在企业中从无到有、从局部到全局、从战术层到战略层的全面渗透。最终的目的是挖掘业务隐含信息,优化业务流程,增强企业管理能力。

2. 新零售发展对 IT 系统的影响

新零售的发展对零售企业信息化建设提出了新的要求。新零售的实现需要全面提升管理和技术。将管理和信息化高度融合才是提升企业新零售战略的利器。信息化手段加上制度手段,可以帮助企业固化管理流程,帮助企业监控管理的漏洞,不断提升管理的效率。

新零售线上、线下高度密切协调的经营模式对企业各核心业务信息系统、业务流程整合、信息化整体架构都提出很高的要求。因此,企业必须重视信息化并优先解决好信息化规划方案的编制工作和第三方软件开发公司的资质审查工作。

3. 零售企业门店信息流

零售企业门店计算机管理系统的功能是支持门店经理快速响应环境的变化和业务的需要,提高对客户的服务水平,降低成本,提高利润,提高数据的集成性和一致性,从而使公司更具竞争力。它包括支持供应业务、需求业务、管理业务、经营业务的应用程序和支持经理工作的平台门店信息流,具体情况如图 8-2 所示。

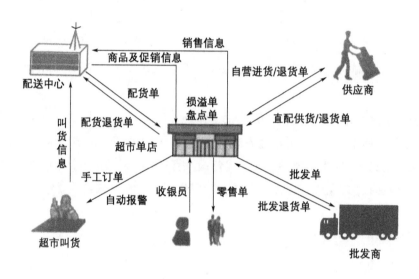

图 8-2 门店信息流

4. 零售企业门店的系统结构

根据门店的功能,零售企业门店信息系统应包括供应系统、销售系统、人员管理系统和经营管理系统。

(1) 供应系统

供应业务和支持供应业务的应用程序控制进入门店的物流,主要有收货验货应用程序、库存管理应用程序、商品规划应用程序。

① 收货验货应用程序。收货验货应用程序可以提高门店收货验货的效率,具体包括电子标签程序、无线射频扫箱、提前运输通知(ASN)、直接送货(DSD)。

② 库存管理应用程序。用于支持自动补货时确定订货量的应用程序,对进货商品、商品损耗限度和库存水平等可进行严格的控制。它包括以下系统:计算机辅助订货(CAO)系统、单品档案管理系统、损耗跟踪系统、账面库存管理系统、实际库存管理系统。

③ 商品规划应用程序。这是将综合反映特定单品的门店销售状况的POS数据进行规划的应用程序。例如集成关于特定食品以及为准备这些食品所需的材料并进行食品加工的规划,以保证顾客采购特定食品时有现货并且是新鲜的。

(2) 销售系统

零售商期望能够为顾客提供增值服务,使顾客愿意在商店购物;同时也希望了解每个顾客的类型和采购行为。编制销售业务和支持需求业务的应用程序的目的就是使零售商能够向顾客提供服务,并能很好地了解顾客的需求。

① POS系统。POS系统用于跟踪顾客采购数据,包括采购商品的种类、数量和采购时间。这是最精确的也是最及时的顾客需求数据。POS系统所提供的数据使门店经理与总部营销部门能够了解顾客的需求和所期望的商品。利用POS数据可以加强对顾客的分析,从而取得竞争优势。

② 店内布局。总部的营销部门可以确定各门店的店内商品布局,门店经理可以此为依据安排商品的货位。

③ 数据自动收集(ADC)系统。该系统从各种带有数据磁条或芯片的卡上收集顾客数据。门店只完成数据收集工作,而数据处理工作则会由总部或地区分部来处理。POS系统和ADC系统的结合使用使得顾客在结账时更为迅速,降低了顾客因失去耐心而放弃交易的可能,同时也提高了对顾客的服务水平。

(3) 人员管理系统

人员管理业务主要是人力资源管理。人员管理系统主要包括以下内容:

① 考勤报告。收集各店员工考勤数据(上下班时间)并发送给总部,供员工工资系统使用;考勤报告也可供门店经理使用。

② 人员调度。集成了员工个人能力、特定工种所需的技能及特定工种需要人力的时间等数据,完成每个员工的优化调度。还可以根据POS系统所提供门店的高峰期数据决定特定时间内所需的售货员和收款员数量。人员调度程序所完成的工作虽然可以用手工操作,但使用自动化软件包可以节省大量

的时间。

③招聘和培训。招聘和培训为员工招聘、面试和培训提供了正规的、机械化的支持。其中包括计算机辅助培训（CBT）系统、集中式应用处理、电子邮件。

（4）经营管理系统

经营管理系统主要包括两部分。

①门店轮询。门店轮询用来支持各店向总部传送数据。轮询是一种线性控制的方法，由计算机询问各个终端是否有消息要发送并协调消息的传输。

②现金管理。支持门店的现金管理，并合并现金管理数据，通过门店轮询将这些数据发送给总部以生成财务报表。

门店计算机系统与总部计算机系统应集成使用，目前我国有相当一部分商业企业还没有做到这一点。如果整个自动化过程没有集成的话，POS 技术的作用仅仅就是精确计算价格并节省一部分人力成本，所有先进技术都只是"技术孤岛"。未集成的门店计算机管理系统不能实现其真正的优点，无法为门店业务提供其应有的支持。

【知识拓展】

对于盒马鲜生而言 2018 年 12 月 12 日这一天有着特殊的意义，因为在这天盒马鲜生的第 100 家店武汉帝斯曼广场店开业。从第 1 家店到第 100 家店，盒马鲜生用了近 3 年的时间，这成为盒马鲜生的第一个里程碑。

此时，中国的电商市场已经是巨头林立。随着移动互联网的兴起、智能手机的普及，大家都想利用智能手机再次挖出一个大商机，比如生鲜 O2O。在电商平台的所有商品中最苛刻就是生鲜类的产品，因为生鲜类的产品保质期非常短，有些生鲜类的产品保质期可能只有几个小时而已，如果短时间内卖不掉就坏掉了；而且这些生鲜产品对冷链条件和运输时效的要求极高，所以当时的生鲜 O2O 只是在卖一些冷冻产品。尽管如此生鲜产品的线上渗透率也只有 1%。

在盒马鲜生之前，国内市场上从来没有人建立过线上线下一体化超市，而建立这种模式所要面临的困难有很多。物流、财务、配送、APP、营销等一系列和零售相关的问题，都需要一个一体化的平台来处理。盒马鲜生要做这个零售业新模式的探路人，就要自己来突破技术上的问题，而且没有任何的模板可供参考。而摆在刚刚成立的盒马鲜生技术团队面前的第一个问题就是，这套一体化平台的系统该怎么建立，于是盒马鲜生借助了阿里中台里的产品技术模块，快速构建了基本应用。最终，这套打通了线上线下服务的商超系统，包括会员、交易、营销、资金等等一系列的功能，实现了统一会员、库存、价格、营销、结算的强大功能。基于阿里智能中台能力的出色表现，盒马鲜生的系统用 9 个月时间就完成了。

二、零售企业 ERP 管理

1. ERP 的概念

ERP 英文全称为 Enterprise Resource Planning，即企业资源计划。ERP 是由美国 Gartner Group 咨询公司在 1993 年首先提出的，是当今国际上最先进的企业管理模式之一。从最初的定义上讲，ERP 只是一个企业服务的管理软件，而从企业的管理角度看，主要包括 3 方面的内容：财务管理（会计核算、财务管理）、生产计划与控制（计划、制造、控制）和物流管理（分销、采购、库存管理），这三大系统通过相互间的接口集成在一起。

【知识拓展】

ERP 的形成与发展大致经历了 5 个阶段：

第一阶段：订货点方法（Order Point Method）。

第二阶段：基本 MRP，即物料需求计划（Material Requirement Planning）。

第三阶段：闭环 MRP，即闭环物料需求。

第四阶段：MRP II，即制造资源计划（Manufacturing Resources Planning）。

第五阶段：ERP，即企业资源计划（Enterprise Resource Planning）。

2. 零售企业 ERP 管理系统的作用

（1）监控全套供应链资源的落实

在信息产业不断发展的今天，资源是发展的源动力，企业纷纷转型参与到信息化的浪潮中来。企业不仅意识到在这个时代中知识的获取更便捷，更体验到了资源共享、合作共赢的发展理念。作为零售企业，单纯地依靠自身的发展资源是远远不够的，还必须把经营环节中的上游企业以及产品共赢者纳入进来，即将商品供应商、外协厂商、产品分销网络、终端客户等全部纳入关系紧密的供应链中，对采购、销售活动进行有效地分配，力求将一切可利用的社会资源快捷便利地投入商品的经营活动中。

当代社会的合作与竞争实际上是各个公司供应链之间的比拼，显而易见这并不是对等的，涉及的范围也更加广泛。ERP 系统是对全套供应系统的实时监控，这不仅有利于公司的管理建设，更有利于市场经济条件下信息技术的稳步提升。

（2）体现事前计划与事中控制的思想

在 ERP 系统中，计划体系主要包括主生产计划、物料需求计划、能力计划、采购计划、销售执行计划、利润计划、财务预算和人力资源计划等，这些计划功能与价值控制功能已完全集成到整个供应链系统中。ERP 系统通过定义事务处理相关的会计核算科目与核算方式,以便在事务处理发生的同时自动生成会计核算分录,保证资金流与物流的同步记录和数据一致性,从而实现了根据财务资金现状,可以追溯资金的来龙去脉,并进一步追溯所发生的相关业务活动,改变了资金信息滞后于物料信息的状况,便于实现事中控制和实时作出决策。计划、事务处理、控制与决策功能都在整个供应链的业务处理流程中实现,要求在每个流程业务处理过程中最大限度地发挥每个人的工作潜能与责任心;流程与流程之间则强调人与人之间的合作精神,以便在有机组织中充分发挥每个人的主观能动性与潜能,实现企业管理从"高耸式"组织结构向"扁平式"组织机构的转变,提高企业对市场动态变化的响应速度。

3. 零售企业 ERP 系统介绍

可供零售企业使用的 ERP 软件有很多,目前的主流主要有国外的 SAP、Oracle 和国内的用友、金蝶等,它们所提供的软件功能各有特点,对 ERP 系统功能的描述各有不同。撇开实际的产品,从连锁零售企业的角度看 ERP 系统的功能结构,各 ERP 系统为连锁零售企业提供的功能其实是大同小异的。

(1) 财务管理模块

零售企业 ERP 系统的财务模块一般分为会计核算与财务管理两部分。会计核算由总账、应收账、应付账、现金、固定资产、多币制等部分构成。财务管理的功能主要是基于会计核算的数据再加以分析,从而进行相应的预测、管理和控制活动。它侧重于财务预测、计划、控制和分析。

(2) 销售管理模块

大多数的零售企业目前都是用不同的 POS 系统在门店实现销售的收银活动,再通过 POS 和 ERP 系统之间的数据接口传输销售数据。ERP 系统可以对销售数据进行区分,如按不同门店、不同销售地区或是商品类别来分析销售情况。同时 ERP 系统还引入了商品管理功能,涉及商品销售价格的波动乃至促销活动的管理。对于一些连锁零售企业还有其他各种各样的销售形式,如大客户销售、团购、定制销售、网上销售等,现在的 ERP 系统也可以支持此类客户管理与销售及发货活动。

(3) 物料管理模块

物料管理模块覆盖了一个集成的供应链中所有的有关物料管理的任务。物料管理是连锁零售企业 ERP 系统的重点,它有许多本行业特有的功能,如配送中心等。物料的含义极广,任何看得见、看不见的东西几乎都可以称为物料。在 ERP 系统中,将重点关注用来直接或间接为企业增值的物品,如耐用品、低值易耗品等。

同时，也可以把用于销售的、非物质形态的"服务"作为物料来管理。

ERP 系统将这些实物或者非实物的东西纳入物料管理，其主要功能包括物料编码、物料分类、供应商管理和配额分配、采购管理和库存管理等。连锁零售企业 ERP 系统见图 8-3。

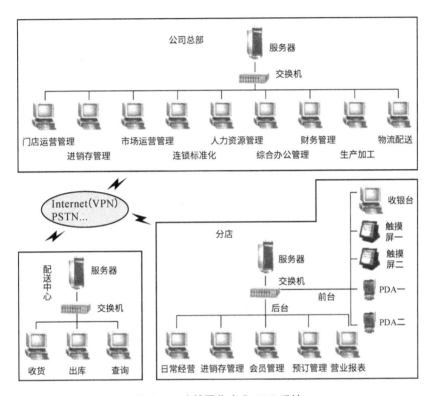

图 8-3　连锁零售企业 ERP 系统

【案例分析】

目前 G 公司所有门店共计 200 家，基本都是开设在中高端百货公司或者综合型商业体里面。公司能掌握的门店的信息只有每天 POS 系统自动对接回来的销售数据和店长例会上的问题报告，而根本不知道这些门店每天的客流、客单、脱岗等信息。公司的促销信息基本是根据节假日和主题活动来设置，没有门店和客户数据作为分析依据。门店店长的例会报告虽然能反应一定的情况，但是由于文字报告的局限性，还是无法精准地分析门店的整体销售情况和客户的消费信息。这需要一套智能的监测设备，能 24 小时无间断地对门店的所有行为进行可视化管理，并提供智能分析服务。

G 公司为了实现这一目标，开始寻求零售业内领先的视频监控产品。层层筛选后，确定 U 公司来为 G 公司提供智能视频监控服务。在前期的产品演示和需求调研中，G 公司发现该产品的增值功能远比预期要高。U 公司智能视频监控产品有以下功能。

(1) 人脸识别导购。当 VIP 会员出现在监控点时,设备通过人脸识别技术确定其身份,调出该 VIP 会员的资料,并主动通知监控点的人员进行接待。

(2) 回头客分析。通过人脸识别记录顾客到店次数,分析多次到店及二次消费顾客的购买频率、消费能力等相关信息,对比顾客数据变化趋势,为经营决策提供可靠依据。

(3) 定时巡店。系统代替员工定时定点巡查各个门店的日常情况,截图上传至云端。发现异常自动标记,生成事件推送给指定负责人,帮助管理者快速发现问题、解决问题。

(4) 收银防损。系统将收银小票信息同步叠加到实时和录像回放的视频画面上,使收银信息透明化,防止收银损耗;输入订单号即可快速定位交易时的视频画面,方便管理者对问题单据溯源追查。

(5) 脱岗查询。通过系统设定,对人员擅自离岗的,系统触发报警消息给指定负责人。

(6) 精准客流。统计当日进店人数,提供成交率、客单价、连带率等多维度数据呈现,让管理者一目了然。

(7) 在线考评。管理者可按照既定的考评项目,对每个门店进行远程考评,形成考评报告,针对不规范情况进行截图并标记文字,发送给指定负责人。

以位于上海某大型综合体中的品牌专营店为例,店铺面积为 180 m², 初步需要安装 3 个摄像头,两个在入门的地方,另一个在门框上方,店内还会配有一台交换机。供应商 U 公司可以负责全国门店的安装和维修服务。一期的客流统计实施范围内,单店的软硬件设备比较简单,如表 8-1 所罗列的,硬件只有摄像头和交换机,单店实施费用约 4 500 元,对门店的正常运营工作没有太大影响。

表 8-1　视频监控系统设备清单

	序号	设备名称	型号与参数	数量	单位
门店硬件设备	1	K1001（客流统计专用）	1. 适合大门比较规则的场景,只传输数据,不传输视频,占用带宽小 2. 2.4 mm 镜头：视频分析客流统计,准确率 90%以上;吸顶装；覆盖地面宽度为 2 m,安装高度为 2.8～3.5 m 3. 3.6 mm 镜头：视频分析客流统计,准确率 90%以上;吸顶装；覆盖地面宽度为 2 m,安装高度为 3.5～4.35 m 4. 工作环境：-10℃～50℃	3	台
	2	五口百兆交换机	型号：DES-105　5 口百兆交换机	1	台

(续表)

序号	设备名称	型号与参数	数量	单位
3 安装 调试	安装调试费	1. 线材（平均每个摄像机提供 15 m 配套线材）＋布线施工＋全国安装调试 2. 网线规格：标准超五类网线 3. 电源线规格：RVV2＊1.0	3	路
4 云平台	精准客流	统计当日进店、过店人数，提供过店率、成交率、客单价、连带率等多维度数据呈现	3	

思考：请整理、归纳案例中涉及的 IT 系统以及 ERP 管理环节。

第二节　运营成本控制管理

【导入案例】

运营成本高给门店发展带来困难。如何提升零售门店的利润水平？面对这个问题，门店管理者的目光总是不约而同地转向市场、商圈等外部因素。但合理地利用门店有限的各种资源，减少浪费，强化内部管理，降低门店运营成本，也是门店获取利润的重要手段之一。

思考：运营成本的含义是什么？运营成本的控制可从哪些方面着手？

一、运营成本的含义

运营成本也称经营成本，是指门店所销售商品或者提供劳务的成本，主要是指直接成本。运营成本应当与所销售商品或者所提供劳务而取得的收入进行配比。运营成本是与营业收入直接相关的，是已经确定了归属期和归属对象的各种直接费用。

运营成本＝外购原材料、燃料和动力费＋工资及福利费＋修理费＋其他费用

式中，其他费用是指从制造费用、管理费用和销售费用中扣除了折旧费、摊销费、修理费、工资及福利费以后的其余部分。

销售产品、商品和提供劳务的运营成本，是由生产经营成本构成的。参照工业企业产品生产成本（也称制造成本）的构成，运营成本主要包括：

1. 直接材料

直接材料包括企业生产经营过程中实际消耗的直接用于产品的生产，构成产

品实体的原材料、辅助材料、备品备件、外购半成品、燃料、动力、包装物以及其他直接材料,对应于零售门店的商品及包装物的成本。

2. 直接工资

直接工资包括企业直接从事产品生产人员的工资、奖金、津贴和补贴。

3. 其他直接支出

其他直接支出包括直接从事产品生产人员的职工福利费等。

4. 制造费用

制造费用是指企业各个生产单位(分厂、车间)为组织和管理生产所发生的各项费用。企业可以根据自身需要,对成本构成项目进行适当调整。

二、运营成本控制

1. 人力成本控制

什么是人力成本?

人力价格÷人力效率=人力成本

人力价格越高,人力效率越低,则人力成本越高;人力价格越低,人力效率越高,则人力成本越低。因此,一切能够降低人力价格、提升人力效率的工作或措施,都有利于降低人力成本。

零售企业应建立符合门店实际情况和特点的培训体系,加大人才培训方度,提升员工工作效率,如:制订有针对性的培训计划,使之快速成长、形成生产力;合理利用监视器的监督作用,对于人力效率的提高有所帮助;及时地招聘综合素质高的员工,以利于培训,提升其工作效率和工作品质单位产出;降低过高的员工流失率带来的品质不稳定、工作效率低下、招聘成本和培训成本增加等问题;优化组织结构,重新核定编制,精兵简政;调整薪酬制度,使工资的杠杆倾向有能力的员工(增加浮动工资比例,降低固定工资比例,对月度绩效考核优秀者,尤其是销售、研发人员,给予高绩效工资比例——需要简便、科学并具有可操作性的绩效考核方案支撑);制定合理的晋升和退出(淘汰)机制,优化人才结构,有效地激励员工,淘汰工作效率低下的员工,培养员工忧患意识;规范员工入、离职管理工作,有效降低门店用工风险成本。

2. 采购成本控制

(1) 制度和程序

建立、完善严格的采购制度和程序,做好采购成本控制的基础工作,使采购工作有章可依。例如,可在采购制度中规定采购的物品要向供应商询价、列表比较、议价,然后选择供应商,并把所选的供应商及其报价填在申请表上,以供财务部门或内部审计部门核查。

对门店的正式供应商要建立档案,供应商档案除了要有编号、详细联系方式和地址外,还应有付款条款、交货条款、交货期限、品质评级、银行账号等,每一个供应商档案应经严格的审核才能归档,并定期或不定期地更新,由专人管理。

要建立供应商准入制度。重点商品的供应商必须经质检、物流、财务等部门联合考核后才能进入,如有可能要实地到供应商生产地考核。门店要制定严格的考核程序和指标,达到标准者才能成为归档供应商。

(2) 降低商品成本的方法和手段

价格谈判是降低采购成本的首要方法。谈判是买卖双方为了各自目标,达成彼此认同的协定过程,这也是采购人员应具备的最基本能力。通常所能期望达到价格降低的幅度为 3%～5%,如果希望达成更大的降幅,则需运用价格/成本分析、价值分析与价值工程等手法。要选择信誉好的供应商并与其签订长期合同。与诚实、讲信誉的供应商合作不仅能保证供货的质量、及时的交货,还可得到其付款方式及价格的关照,特别是与其签订长期的合同,往往能得到更多的优惠。集中采购也是很重要地降低成本的方法,可以避免各自采购,平白丧失节约采购成本的机会。

还可通过付款条款的选择来降低采购成本。如果门店资金充裕,可采用现金交易或货到付款的方式,这样往往能带来较大的价格折扣。还应很好地把握价格变动的时机。价格会经常随着季节、市场供求情况而变动,因此,采购人员应注意价格变动的规律,把握好采购时机。

3. 物流成本控制

物流是零售、连锁企业生存的第三大命脉,现代物流具有影响零售企业总体生存发展的战略意义,作用主要体现在成本、利润和服务三个方面,可以推动零售企业经营成本的大幅降低。

物流成本控制可以采用物流成本管理系统,在进行物流成本核算的基础上,运用专业的预测、计划、核算、分析和考核等经济管理方法来进行物流成本的管理。分成 3 个层次,即物流成本核算层、物流成本管理层以及物流成本效益评估层。以物流成本的形成阶段、物流服务的不同功能、物流成本的不同项目作为成本控制对象。

4. 办公成本控制

(1) 减少办公用品浪费

越来越多的企业实行了办公用品申请预算和领用登记。此举的目的并不在于限制员工使用办公用品,而是强调使用的合理性。每月月末根据现有的办公用品库存以及员工的需要制订预算,行政人员有针对性地进行购买。这样既避免了购买的办公用品不适合员工的工作需要,也避免了门店流动资金的占用。

(2) 自己维修

很多公司设有专门的维修部门,有专人负责修理企业内部的计算机、打印机、扫描仪等设备。修理费的多少可以衡量,但由于机器故障而导致的停工和运输费却要花费更多。因此自设维修部门比较合算。

(3) 旧机新用

计算机的使用寿命有限,但许多公司未等这些旧的设备寿终正寝,就把它们直接淘汰了,因此浪费了大量资金。其实有不少办法能让这些机器再多服役几年。例如,多装内存条或硬盘可以扩大存储容量、请电脑供应商给计算机升级等。

第三节 毛利管控与毛利额提升

【导入案例】

如今,各大城市的马路边和社区里,都能看到便利店的身影,而在北京,真正盈利的便利店却少之又少。

小王在北京开了一家便利店,他发现自己门店的毛利额太少,毛利率太低,但是自己又不会计算和衡量门店的毛利,到底怎样提高门店的毛利这一问题困扰着小王。

思考:门店的毛利怎么计算?毛利额的提升措施有哪些?

越来越多的门店不仅关心销售额,更关心毛利,销售团队的考核也逐渐地从以考核销售额为主转向以考核毛利为主。从目前的零售企业的利润来源看,大概有5大来源:商品利润、商业利润(渠道费用)、财务利润(现金流)、商业地产利润、其他(如储值卡沉淀)。

一、毛利的定义与计算

1. 毛利的定义

销售毛利,即销售收入减去成本后所获得的毛利总和。

其他业务毛利,即与主要业务相关,但不是由商品销售而获得的毛利额,主要以来自于厂商的收入为主,如进货奖励、赞助金等。

2. 毛利的计算方法

毛利率是毛利额与营业额之比,反映的是零售企业门店的基本获利能力。其计算公式为:

$$毛利率 = \frac{毛利额}{营业额} \times 100\% = \frac{(销售收入 - 销售成本)}{销售收入} \times 100\%$$

说明:比率越高,表示获利空间越大;比率越低,表示获利空间越小。

毛利率一般分为综合毛利率、分类毛利率和单项商品毛利率。由于管理的商品不止一个,所以很多时候要关注综合毛利率。综合毛利率是指各个经营类别的毛利率,是各个品种分类毛利率的加权平均数,或者说综合毛利率是单个商品贡献度之和。

二、毛利的管控

门店毛利的管控内容如下:

1. 加强对负毛利的控制

这一点适用于竞争性相对较小的门店。这些门店外部的竞争相对较小,适当地用一两个负毛利商品销售来带动整体客流量是可行的,但没有必要一味地用负毛利商品来带动销售,销售过多的负毛利商品只会影响卖场的整体毛利率和利润,有限地提升销售但使毛利率过低是得不偿失的。对于竞争性较大的门店也不提倡一味追求用负毛利商品来提升销售,只能是根据实际情况做少许真正有影响力的负毛利商品,没有影响力的负毛利商品坚决不做——负毛利商品销售如不能吸引消费者,不如不做的好。

2. 促销期间零毛利、低毛利商品的控制

促销是最容易损失毛利率的,但不做促销也是不可能的,如何在促销时把握住毛利率的降幅是很重要的。采购人员在促销前就要明确本次促销的目的,谈判时就要根据促销主题确定好商品。对于食品来说,建议促销期毛利率不要低于10%,非食品类商品毛利率建议不低于15%,甚至可以更高。低毛利率的促销品要多查看同期及上期的销售数据,要确认有没有必要低价销售,如果发现确实畅销,就不要舍不得毛利,应该将价格调整到能吸引消费者大量购买的水平,这样的促销才能既保证销售又保证利润。

3. 降低损耗

损耗每个门店都会有。从采购方面而言,要明白退换有保障的商品才能真正

杜绝超市的绝大部分损耗。很多损耗不是被顾客偷了,弄坏了,而是没有及时退货,没有及时处理,造成最后只能报损。对于不能退换货的商品在进货时要慎之又慎,不要盲目进货造成库存积压,应该以数据说话,合理进货、勤进快销才是上策。

4. 不要对竞争店的商品价格盲目跟进

有竞争就会有应对措施,总是力争使卖场内所有商品的价格不高于对手,而竞争对手也有这种想法,结果可能会造成恶性竞争,应注意把握尺度。

毛利控制的方法并不仅限于以上几条,部门管理层要非常清楚商品的毛利状况、销售状况,并以此来合理调整陈列位,合理计划经营,确保毛利稳中有升。

三、毛利额的提升

提升毛利额的途径很多,下面着重从定价策略、商品组合、陈列和促销4个方面进行分析。

1. 定价策略

(1) 商品生命周期定价法

商品生命周期是指商品在市场上的销售历程和持续时间,即商品在市场上经历试销、增销饱和、减销直至退出市场的全过程。根据商品在生命周期不同阶段的表现,对其采取不同的定价策略。

① 商品导入期的定价。导入期始于新产品在市场上首次正式销售之时,市场特点是:产品销售量少,"锻造"成本高,销售利润常常很低甚至为负值。这一时期可采取以下两种定价方法。

撇脂定价法。取其精华,所以称为撇脂定价法。这种方法特别适用于有专利保护的新产品的定价。又可分为快速撇脂和缓慢撇脂两种。

渗透定价法。这是一种低价格策略。这种方法适用于没有显著特色的产品。又可分为快速渗透和缓慢渗透两种。

② 商品成长期的定价。商品成长期的特点:商品基本定型,大批量经营现有产品,大多数潜在消费者已了解、熟悉商品,销售迅速增加,利润稳定上升;但竞争者相继进入市场,商品模仿现象出现,替代品增加。

商品成长期可采用目标收益定价法、总成本加成定价法或零售价格定价法,以维持相对较高的价格和利润,而且这种目标利润比较有把握实现。

③ 商品成熟期的定价。商品成熟期的特点:市场需求的增长速度开始降低,零售店的经营成本下降潜力也不大,竞争者大量充斥市场,市场竞争强度大大提高。在这种市场环境中应该选用的定价措施主要是竞争型价格策略。根据商品成

熟期的特点、竞争形势和经营者价格决策的中心任务来看,在这一时期对任何种类商品的价格都不能上调。不论原有的店铺形象或商品品牌形象有多高(大牌奢侈品除外),经营者都应该采用竞争型价格策略。

④ 商品衰退期的定价。一旦商品面临着性能更优商品出现的挑战,或季节性消费商品已经过时,或流行性商品已不再时兴,商品便进入市场衰退期。此时的经销成本已经不再有下降空间,商品的技术性能已经落后,市场需求量锐减。经营者在此时期的主要任务是实施新旧商品交替,价格决策的目的是配合老商品退出市场,尽量减少库存积压损失。此时可以根据商品特点选择以下价格策略:名牌商品的维持价格策略、一般商品的驱逐价格策略。

(2) 心理定价法

① 尾数定价策略。尾数定价,也称零头定价或缺额定价,即给商品定一个零头数结尾的非整数价格。如0.99元、9.98元等,价格虽离整数仅相差几分或几角钱,但给人一种低一位数的感觉,符合消费者求廉的心理愿望。这种策略通常适用于基本生活用品。

② 巧用数字定价。心理学研究表明,不同的数字会对消费者产生不同的心理影响。奇数尾数定价已为广大厂商所运用,如果价格再包括小数位数,则消费者会认为这是厂商经过精确测量的"合理"价格,并且消费者往往认为奇数结尾的价格比实际上仅高出一点的整数价格低廉很多。比如,消费者认为99元要比100元便宜许多。

③ 声望定价策略。声望定价即针对消费者"便宜无好货、价高质必优"的心理,对在消费者心目中享有一定声望、具有较高信誉的商品制订高价。不少高级名牌商品和稀缺商品,如豪华轿车、高档手表、名牌时装、名人字画、珠宝古董等,在消费者心目中享有极高的声望价值,购买这些商品的人,往往不在乎商品价格,而最关心的是商品能否显示其身份和地位,价格越高,其心理满足的程度也就越大。

④ 习惯定价策略。有些商品在长期的市场交换过程中已经形成了为消费者所适应的价格,成为习惯价格。企业对这类商品定价时要充分考虑消费者的习惯倾向,采用"习惯成自然"的定价策略。

⑤ 招徕定价策略。这是适应消费者"求廉"的心理,将商品价格定得低于一般市价,个别的甚至低于成本,以吸引顾客、扩大销售的一种定价策略。采用这种策略,虽然几种低价商品不赚钱,甚至亏本,但从总的经济效益看,由于低价商品带动了其他商品的销售,企业还是有利可图的。

2. 商品组合

(1) 80/20集中度分析

门店里经营的单品成千上万，这里有一个规律：20%的单品贡献了80%的生意价值(销售量、销售额、利润)。也就是说，大部分的商品(80%)只带来了少部分的生意价值(20%)，甚至有些商品是在浪费商店宝贵的货架空间、库存资源、现金流、人力资源乃至品牌形象。随着现代商业零售业的发展，80/20原则也在不断进行演变。

(2) ABC分析法

ABC分析法来源于80/20分析，但是比80/20分析更为细化。它是按照一定标准对管理对象进行排序分类，区别重点与一般，从而确定投入不同管理力量的一种科学方法。它一般把管理对象分成A、B、C三类，所以被称为ABC分析法。ABC分析法可以应用在从库存单位到部门的任何一级商品分级上，其在正常情况下的比例如表8-2所示。

表8-2　商品ABC结构表

类别	单品数比例	销售业绩比例	商品特性
A	10%	50%	促销商品、应季商品以及一线品牌的主流商品
B	30%	40%	销售比较平稳的商品
C	60%	10%	结构性商品、新品、等待淘汰的商品

但并不是所有的零售企业都有这种科学合理的商品结构，当运用ABC分析的时候，零售门店的销售业绩可能呈现如下分析结果：同等数量的商品产生同等数量的销售业绩；品种最少的商品产生了最大的销售业绩；C类商品过多，占到了70%，说明滞销品较多，麻烦较大；A类商品过少，门店的商品结构非常不合理。这时，零售门店要提高毛利额，就需要调整自己的商品组合，吸引消费者，抵御竞争。

3. 合理的商品陈列

① 对非食品品类要设法提高进店顾客的"入眼率"，在陈列布局上要下足工夫。

② 对公司已明文通知的首推商品、买断商品、战略合作商品陈列要按相关具体要求执行落实，毫不含糊。

③ 对其他未涉及首推陈列等特殊陈列要求的商品品类，门店要有意识地安排毛利较高商品的展示优先位置和顺序。对自有品牌商品给予较好的摆放位置，适

当的时候可以放在端架或醒目的位置上。

4. 有效促销

为了提升毛利额,门店促销活动的安排要有所侧重,例如:着重于对高利润份额的商品进行促销,选取那些高于平均利润的项目、对于高利润的单品利用交叉陈列的促销手段、采用不依赖于价格折扣的促销工具。具体可采用以下方法:

(1) 快讯优惠价法

卖场快讯的"进价有效期"是"快讯促销期"的"前十后四"。通常供应商对快讯商品的进价能下调 10%~35%。因此,在快讯促销期快结束且库存量不多的时候,利用"后四"的优惠期补进一批货,销量大约是平常日均销量的 30 倍,在快讯结束商品调回原价后,可确保未来 30 天获得较高的毛利。

(2) 团购优惠价法

大量团购的商品可以与供应商谈判更优惠的进价,以确保团购的毛利率高于 4%。各门店不可为了争取团购机会,而擅自降低售价及毛利率,在降低售价前应先与供应商争取较优惠的进价。这在实务上完全可行,因为供应商给卖场的供货价格是以正常进货量为基础,而团购订货量较大,通常供货价格还可下调 3%~15%。卖场不必牺牲自己的毛利即可完成团购销售任务。

【知识拓展】

门店绩效评估指标主要有以下四类:收益性指标、安全性指标、效率性指标和发展性指标。

1. 收益性指标

收益性指标反映经营的获利能力,主要有营业额达成率、毛利率、营业费用率、净利额达成率、净利率、总资产报酬率以及股本收益率等。收益性指标的计算数据大多来自利润表。

2. 安全性指标

经营的安全性主要是通过财务结构来反映的,其评估的主要指标有流动比率、速动比率、负债比率、固定比率、自有资本率以及人员流动率。安全性指标的数据主要来自资产负债表。

3. 效率性指标

效率性指标主要反映企业的生产水平,其评估的主要指标有来客数、客单价、盈亏平衡点、商品周转率、交叉比率、卖场面积效率、人均营业收入、劳动分配率、总资产周转率、固定资产周转率等。

4. 发展性指标

发展性指标主要反映企业成长速度,其评估的主要指标有营业额增长率、开店速度、营业利润增长率、卖场面积增长率。

第四节　提升门店业绩

【导入案例】

国美转型启示：四招提升线下门店业绩

联商网特约评论：苏宁高调宣布向互联网零售转型时，各路专家学者各种评论喝彩声一片，在为苏宁叫好的同时，人们也不忘看衰国美，有人甚至认为国美已经"跟不上趟"了。那时，人们有理由为国美担忧：2012年，国美销售仅478.67亿元，亏损却高达5.97亿元。但仅仅在1年之后，形势发生逆转：2013年，国美销售收入564.01亿元，增长10.38%，净利8.92亿元，剧增222.53%；而苏宁总收入1 053.4亿元，微增7.19%，净利3.66亿元，猛跌86.32%。这时，有评论认为，苏宁是在转型的阵痛期，国美虽靠线下赢得一时，却会输掉未来。

但形势的发展继续出乎人们的意料，2014年上半年，国美收入291.2亿元，增长7.4%，利润6.9亿元，增长115.2%；线上交易额同比提升53.7%；而苏宁总收入为511.6亿元，下降7.9%，亏损7.49亿元，线上收入下降22%。于是有人改口称，国美是"零售业转型的另一范本"。

实体零售应从国美转型中得到哪些启示和借鉴？其中深耕门店是必不可少的重要举措。国美是如何提升线下门店的销售和盈利的呢？

第一，包销定制，突出低价与特色

国美通过介入上游产业链的方式掌握定价权和主动权，突出差异性和高性价比。如15个型号的电视机，有3个是热销型号，国美就通过包销定制或大规模采购等方式，让这3个型号保持价格竞争力，这3个热销型号的电视机便宜，顾客就会以为国美的电视机都便宜。同样的策略应用到空调、洗衣机、微波炉等类别，给人的感觉就是国美所有的类别都比竞争对手便宜。

第二，精细管理，控制成本，提升效率

在发展最困难、亏损最严重的时期，国美通过与SAP、HP合作，重新上线了一套据说是当前零售业最先进的ERP系统，实现了门店单品管理，不仅将财务人员从8 000人锐减到2 000人，还将国美变成了一个真正的"实时性"企业。据称整合后的ERP系统相当于一个数据库，可以适时看到全国范围内的任何一家门店卖出了什么产品、谁卖的、谁给了谁、卖了多少钱等信息，仓储、物流、库存、财务等各个环节的数据都可以适时调取。

第三，扬长避短，优化体验

实体店与电商相比，最大的优势在于体验。网上的东西，照片拍得再好，不能触摸，更不能试用，根本无从体验。所以实体店要在这方面下足工夫，扬长避短。国美在这方面做了很多的努力与尝试。如对一些大店进行改造，打造体验店，在店内入口显眼的地方摆放比价机器，默认页面就是京东主页。"与其让顾客自己回去比价，不如我来帮你比价！"

第四,激励员工,满足顾客

任何转型、变革都必须落实到一线,只有一线员工不折不扣甚至创造性地执行转型、变革方案,才能收到最好的效果。国美深谙此道,既重视掌握顾客心理,也重视掌握员工心理,提出"让每一个营业员都成为老板",采取了一系列的激励措施,收到了非常好的效果。据说在国美,很多营业员为了多销售高端机型,把说明书复印了带回家学习,因为高端产品销售提成更高。

思考:如果你是一位门店店长,你会如何提升门店业绩?影响门店业绩的因素有哪些呢?

企业经营必须有目的地进行。零售企业要永续经营与发展,必须建立经营理念与经营目标,并获得全体员工的共识,然后团结全员向着目标努力,最终使各个门店达成良好的经营业绩。门店的经营业绩通常可以从客流量、客单价、销售额这3个方面来衡量,因此,零售企业可尝试从提升客流量、提升客单价、提升销售额这3个方面来提升门店业绩。

一、提升客流量

1. 客流量的定义

客流量是指经过门店各个入口而进入店内顾客的数量,是到店里面来的顾客总量。客流量的多少与门店的声誉、宣传、品牌组合等市场竞争力强弱相关,是宏观意义上的概念。一般零售企业的销售报表系统里常常把客流量、来客数与交易客数作为同一个概念,都是指到店已购物顾客(产生交易的顾客)的数量,即销售小票的数量。但一般来讲客流量和来客数是一个概念,交易客数与前两者是有所区别的。

交易客数是指所有到店的顾客中那些购物顾客的数量,反映到零售企业的报表系统中,这是一个销售发票的数量,是通过收银系统导入的。它与门店员工服务销售水平、店内环境、促销、商品展示等内容息息相关,是个微观意义上的概念。

通过客流量(来客数)与交易客数两个数据,可分析到店里来的顾客有多少人购物,有多少人没有购物。然后,再进一步对没有购物的顾客进行跟踪调查,分析这部分到店的顾客没有购物的原因,顾客是对购物环境不满意,还是对服务不满意;是因为没有喜欢的品牌,还是没有适合的商品;等等。通过调查分析发现问题,再逐一调整解决,以便不断满足来店顾客的购买需求。

2. 影响客流量的因素

简单来说,门店客流量=商圈覆盖面×商圈渗透率×商圈内人口密度。所以要寻找影响门店客流量的因素,从这3个方面入手分析即可。

(1) 门店商圈覆盖面

商圈,是指以商店所在地点为中心,沿着一定的方向和距离扩展,吸引顾客的辐射范围,简单地说,也就是来店顾客所居住的区域范围。根据门店辐射力度的大小,商圈可分为核心商圈、次级商圈、边缘商圈,其中主要关注的是核心商圈和次级商圈的顾客。

【知识拓展】

不同商圈距离和顾客所占的比重

核心商圈的顾客占来店顾客的比率为55%~70%,是距离商店最近、顾客密度最高的区域;次级商圈的顾客占到店顾客的15%~25%,位于核心商圈的外围,顾客较为分散;边缘商圈的顾客占到店顾客的5%~10%,顾客最为分散。

在影响门店辐射面积大小的诸因素中,不仅有门店的业态、经营面积大小、品类分布、周围交通设施的便捷程度等相对客观的因素,还有门店的服务质量、经营管理水平、商品的性价比等主观因素。

(2) 门店商圈渗透率

门店商圈渗透率是指门店所覆盖的核心商圈和次级商圈中,稳定顾客数量占全部目标顾客数量的比率。其实在某种意义上就相当于门店的市场份额比率。

影响门店商圈渗透率的主要因素是门店的竞争力,如果能够提供比竞争对手性价比更高的商品,为顾客提供更温馨的服务,那么在门店面积大小相当的情况下,门店的商圈渗透率一定更高。

(3) 门店商圈人口密度

门店商圈人口密度是指在门店所覆盖的商圈范围内单位面积土地上所居住的总人口数量。一般来说,在门店进行选址时,这是一个非常重要的指标,一旦门店位置确定以后,这就成为一个"沉淀"指标,是一个门店自身所无法改变的外部环境。

3. 提升客流量的技巧

(1) 提高商圈覆盖面

从"顾客知晓—购物体验—满意—忠诚"这样一个购物体验过程来看,门店商圈覆盖面首先要提升顾客的知晓度,其次是顾客的购物体验。可以通过以下几个途径来解决:

① 门店商品组合的选择和调整。在门店规模和业态确定以后,商品的深度和广度其实也就基本确定了,但是门店的商品组合还是有一定的选择和调整空间的,

可以根据周围商圈消费者的层次以及商圈内竞争者的状况,突出自己的经营优势,只要有独特的卖点,就可以避免偏远地区的目标客户被周边的竞争对手所拦截。

② 改善顾客抵达门店的便利性和便捷性。顾客抵达门店的便捷性和便利性也是门店商圈覆盖面的一个重要影响因素,可以通过增设免费购物班车、改善门店的停车环境、与公共交通部门协调以增加到本门店的公交路线或站点等方法提升顾客到达门店的便捷性。

③ 利用促销广告和服务口碑的扩散性扩大商圈。要提高商圈内居民对门店的知晓度,通过有效利用促销广告和服务质量带来口碑的传播,这种扩散性对于扩大商圈就是一种很不错的选择,比如可以有意识地到那些薄弱地带的小区去重点组织公关活动、散发促销广告,以提高这些地区居民对本门店的知晓度。

④ 强化在边缘商圈的精细化营销。边缘商圈的客户是最容易流失的,因为最容易受到竞争对手的攻击。因此对于边缘商圈的营销一定要深耕细作,主要可通过对这些地区的客户拜访、促销广告的传播到位等方法来进行。

(2) 提高商圈渗透率

提高门店商圈渗透率主要解决的是顾客的满意度和忠诚度,重点工作就是让顾客购物愉快、高度满意,并形成重复购买。

① 提升门店的服务质量。门店的服务质量其实存在于每一个环节,从顾客踏入门店到离开的一整个过程都构成了门店服务质量监控点,而且服务质量不是由各个点的服务质量简单相加的结果,而是一种连乘的结果。

比如,顾客去一家门店,进店的感觉很好,满意度可以打 90 分;商品的陈列看上去也很美观,也可以打 90 分;选中了自己满意的商品,还可以打 90 分;结算的时候收银员笑得很灿烂,打 95 分;但是最后去开发票时很不开心,与总台服务员吵了一架,给她一个 0 分。最后得分不是 $(90+90+90+95+0 \text{ 分}) \div 5 = 73$ 分,而是 $90 \times 90 \times 90 \times 95 \times 0 = 0$ 分,这就是服务质量评估的残酷性,前面四项优质服务可能就因为最后一个环节工作的不到位而全毁了。

所以要提升门店整体的服务质量,就需要关注每一个环节的服务质量,要力求营造一个整体的令顾客满意的服务体验。

② 给顾客提供高性价比的商品。为顾客提供高性价比的商品是一切门店寻求提高顾客满意度的最终目标和核心目标,如果这一点顾客不满意,其他的工作做得再好,也不可能取得想要的结果。

但高性价比在每个品类上都实现有一定的难度,那就需要集中优势资源在门店优势品类上,为顾客营造独特的高性价比的品类,这样就凸显了门店的特色和独特的优势,避免与其他商家进行恶性价格竞争,同时也更容易被顾客认可。这样顾客的口碑传播才会比较快、比较有针对性,也容易保持持久的传播效果。

二、提升客单价

1. 客单价定义

客单价是指商场(超市)每一个顾客平均购买商品的金额,也即平均交易金额。

$$客单价 = 商品平均单价 \times 每一顾客平均购买商品数量$$
$$客单价 = 销售总额 \div 顾客总数$$
$$客单价 = 销售总金额 \div 成交总笔数$$

客单价的本质:在一定时期内,每位顾客消费的平均价格。离开了"一定时期"这个范围,客单价这个指标就没有任何意义。

2. 影响门店客单价的因素

简单来看,客单价其实就是顾客来到门店往他的购物篮里添加的商品的数量所累计的总金额,所以顾客添加进他的购物篮的商品越多,客单价越高;顾客购买的商品平均单价越高,那么客单价也越高。因此在分析影响客单价的因素时,要从影响其数量和价格的因素入手。

(1) 门店品类的广度与深度

通过对大卖场、超市、便利店等不同的业态中的品类进行对比,大卖场品类的广度与深度高于超市,超市又高于便利店。大卖场的客单价一般在50~80元,节日期间一般都会超过100元;而超市一般只有20~40元,少数高端超市可能达到50元甚至100元以上;便利店一般则在8~15元。由此可见,门店品类的广度与深度对于客单价的影响是根本性的,是主要影响因素。

(2) 门店商品定位

商品定位是指零售企业根据目标消费者和生产商的实际情况动态地确定商品的经营结构,实现商品配置的最优化。其中门店商品定位更倾向消费者的利益,零售企业决策者通过对市场的判断分析,对商品品种、档次、价格、服务等方面进行定位。商品定位准确,符合目标顾客的需求,就会吸引顾客,增加客单价。

(3) 门店促销活动

合适的门店促销活动可以促成顾客购买非计划商品,也可以增加计划性商品的购买数量,所以门店的促销对于提升客单价有非常明显的作用,是保证客单价稳定的一个方法。

（4）商品的关联组合

商品的关联组合，既可以包含在商品品类的广度和深度及商品档次中，也可以单独考虑。因为商品的关联组合若是在同品类和相近品类考虑时，与前面所讲一致；但若是跨品类，甚至跨部类和跨大类考虑时，与上面所述的差异就比较大了。比如说婴儿用品，当围绕婴儿的食品、穿着、玩具来考虑商品组合时，其实就横跨了两个部类、三个大类，但是这样的组合对于顾客的购物习惯来说却是很自然的，可以"触景生情"产生许多冲动性消费。

3. 提升门店客单价的方法

（1）促成顾客同类商品多买

促成顾客同类商品多买，是提升客单价的最基本的途径，也是营业员最常看到或用到的途径。一般来说有 3 种：

① 降价促销。通过降价方式刺激顾客多买。由于存在商品的价格弹性，对于那些价格弹性大的商品，比如价格弹性达到 5，那么每降价 1 个百分点，则可以提升销量 5 个百分点。因此通过降价促销的方式可以有效提升顾客的购买量。

② 捆绑销售。这种方式其实是降价促销的变形，比如超市里常见到的两捆蔬菜按单捆的价格出售，洗衣皂 3 块捆在一起只卖 2 元的价钱等，这些都可以增加同类商品的销量，大部分还可以增加客单价。

③ 买赠活动。与捆绑销售类似，这种促销方式常见于新品的搭赠促销，或者是用于一些即将过期商品、待处理商品的处理上，同样也能够刺激同类商品的销售。

（2）促成顾客不同类商品多买

在促成顾客不同类商品的多买过程中，要考虑关联性商品和非关联性商品。

关联性商品是指顾客在购物或消费时经常一起购买的非同一品类的商品，比如面包和牛奶、休闲食品和饮料、烟和打火机等。这些商品有一个共同特征就是互补性非常强，有效地利用这种互补性显然可以拉动顾客购买异类商品。

非关联性商品，是指这些商品在消费中没有多大的互补性和相关性，不过却有可能刺激顾客增加异类商品的购买量。比如经常提到的例子，在美国，啤酒和尿布放在一起陈列可以同时提升啤酒和尿布的销量。

（3）促成顾客购买价值更高的商品

如果顾客消费的量是固定的，比如一个人一次只能喝一瓶饮料，如果能够让顾客买价值高的饮料，显然客单价就增加了。在这些方面，采用一些看似无心却有意的引导方式引导顾客进行消费升级，显然是一种很好的策略。

【案例分析】

在 2013 年,××集团华商店的营业额已经累计突破 7 亿元。让华商店营业额突飞猛进的功臣是客单价的提高。"客单价的增长速度远远大于客流量。"店长说,华商店的消费客单价在节假日能高达 500 元,这高于杭州其他区域的超市客单价。而和温州、无锡等城市的超市相比,"差距不止一点点",其他城市的普通卖场正常情况下平时客单价仅四五十元,节假日也只不过 100 多元。

2013 年 7 月,华商店进行了一次迎合城西消费需求的结构调整,变动最大的是招商区,整个清空进行了重新装修和招商,从耐克、阿迪达斯到百丽、天美意等,引进的全是商场品牌。在生鲜区,包装菜全面取代了散装蔬菜,有机蔬菜的比例高达 40%。而因为引进了夏普、索尼等品牌的液晶电视,苹果的 iPad 和笔记本电脑,同仁堂、双立人等品牌专柜,华商店开始出现一次花上万元的消费者。"双立人的一只锅要 3 000 元,同仁堂最贵的虫草礼盒要 3 万多元,所以在华商店要花掉几万块钱并不难。"店长说。

"对城西的主流消费群来说,鸡蛋、大米的超低价促销意义不大。"业内人士说,现在城西的超市已经很少用这一招来促销了。在华商店最近组织的一次顾客访谈调研中,几乎没有人提到价格,而是不断地对品牌、品质提要求。

想一想:在学校的所在城市,将本地品牌超市与家乐福、沃尔玛作比较,找出它们客单价的区别,并提出建议。

三、提升销售额

1. 销售额的定义

销售额是指纳税人销售货物或者应税劳务而向购买方收取的全部价款和价外费用,但是不包括收取的销项税额。

销售额＝客单价×来客数
来客数＝客流量×进店量×停留率×接触率×试用率×成交率
客单价＝购买件数×平均单价

2. 影响销售额的主要因素

(1) 客流量

客流量是指以某地点为准,在一定时段内经过店前的目标消费者人数,即从店铺门前经过、符合品牌目标消费者要求的人数(注意不是人流量,人流量包含非目标消费者)。实际的客流量是有需求的消费者的数量。

客流量主要受店址、天气和大型活动的影响而变化。街铺碰到下雨天,客流量就会减少;商场店碰到商场做大型促销活动,客流量就会剧增。

【知识拓展】

客流的三种类型

自身客流,指那些专门为购买某商品而来门店的顾客所形成的客流。这是门店客流的基础,是销售收入的主要来源。

分享客流,指一家门店从邻近门店形成的客流中获得的客流。这种分享客流往往产生于经营相互补充商品种类的门店之间,或大店与小店之间。

派生客流,指那些顺路进店的顾客所形成的客流,这些顾客并非专门来门店购物。在一些旅游点、交通枢纽、公共场所附近设立的门店主要利用的就是派生客流。

(2)进店量

进店量是指在一段时间内,进入所经过的门店并走进门店的消费者数量。进店量主要受品牌影响力、促销和推广、店面形象、氛围、橱窗和流水台陈列的影响而变化。从企业或单店的角度来看进店数据有不同的意义,企业通常是从品牌、促销、推广、店面形象的角度分析进店量;单店则从氛围布置、橱窗和流水台陈列来分析进店量。

(3)停留率

主要是指进入门店的消费者中能够驻足观察商品的消费者数量占进店消费者的比例。停留率主要和门店的动线设计、商品陈列有很大的关系。

(4)接触率

主要指进店接触产品和服务,与销售人员产生沟通的顾客的数量占进店顾客的比例。接触率主要与门店布局、商品陈列以及销售人员的销售技巧有很大关系。

(5)试用率

在店内驻留超过一定时间,用手触摸产品,并进行试用体验或产品咨询的顾客人数占进店消费者的比例。试用率反映的是专业和技巧问题,主要包含产品设计、陈列、搭配和服务流程等范畴。

(6)成交率

成交率指成交人数占来店人数的比例。成交率反映人员素质、团队协作、销售流程和技巧等问题。

3. 提升来客数的方法

(1)新顾客进店率提升

① 醒目的招牌。门店的招牌要醒目,让顾客第一时间被招牌所吸引。招牌文字内容必须与销售产品相吻合,尽量精简、顺口,容易被顾客记住。字体要简洁大

气,并且招牌的材质和颜色要与店面的规模、风格、产品特色相一致。

② 时尚新潮的橱窗陈列。橱窗首先要做到的就是容易被看到,感官上要大气,采用刺激力度强的色彩(诱目性)、暖色调或对比性色调。要经常更换橱窗展示内容,展示当季产品设计主题或当下主推产品。

③ 精美醒目的促销信息。可以制作精美、醒目的宣传促销板块在门店入口处进行展示,让消费者路过店门外就可以看到醒目的促销信息,吸引他们的眼球,使其进入门店进行购物。

④ 广告、传播媒介的宣传力度。顾客在进行购买行为之前都会有一个信息搜集的过程,这些信息的来源很多,一方面来源于生活中的常识、周边人群的介绍,所以良好的口碑很重要;另一方面来源于电视、报纸、杂志、网络等媒体。

⑤ 店铺形象。店面形象一定要与产品档次匹配。店面形象的作用有两个:一是令消费者在没有购买欲望的情况下,记住门店并了解门店所销售的商品,甚至是所销售商品的品牌;二是令消费者在有购买欲望的时候想起门店,并在决定购买的时候直接来到门店挑选商品。

(2) 老顾客进店率提升

① 商品定位准确。门店商品定位准确,符合忠实顾客的需求,会提升老顾客的进店率和回头率。商品定位的主要依据:按消费者的消费收入定位;按不同区域零售商店的商品定位;按不同地区经济发展水平对商品定位。门店商品定位准确,对提升销售额会起到非常大的作用。

② 会员卡效果。会员制顾客管理的模式是商家为了维系与客户的长期交易关系而发展出的一种较为成功的关系营销模式。消费者对商店有3个期望,即:能够获得满意的商品、能够得到良好的服务、有舒适的购物环境。要想使会员卡能够起到很好的效果,零售商要最大限度地满足顾客的需求、周到地为消费者服务、提供舒适的购物环境,让消费者真正从价格、时间和服务等方面受益。

③ 价格定位合理。价格定位就是依据产品的价格特征,把产品价格确定在某一区域,在顾客心中建立一种价格类别的形象。通过顾客对价格所留下的深刻印象,使产品在顾客的心目中占据一个较显著的位置。定位要从顾客的角度出发,要获得顾客的认同。定位时不能单独考虑价格因素,还要和产品的质量形象、服务形象、广告诉求形象、公关形象等相互配合一致。

(3) 提升停留率

① 门店布局合理。合理的门店布局主要从以下几个方面考虑:设置理想的卖场入口;科学设计卖场通道;规划卖场与后场的补给线路;合理进行商品布局。在

商品布局上可根据磁石点理论,在不同的位置布置磁石,以吸引顾客,增加顾客在门店中的停留时间。

② 门店动线合理。在动线设计时应注意顾客的行走习惯,包括喜欢右侧行走、不愿走到店内的角落里、喜欢曲折弯路、不愿走回头路、有出口可能会出去、不愿到光线幽暗的区域等。实际上,一个门店好的动线要考虑到顾客的习惯,让顾客很自然地走完卖场,不留死角。

【知识拓展】

顾客动线设计的注意事项

1. 收银台设置在通道尽头,增加用户接触商品的机会。
2. 中央陈列位置不宜过高,尺寸配合过道,使顾客行动流畅方便。
3. 入口处不要有太多岔路可行。
4. 应加强后部照明。
5. 动线应由右向左环绕卖场,顾客流动线与营业流动线避免交叉。
6. 商品分类的习惯性摆置应让顾客可以在第一时间清楚地发现想要的商品。

（4）提升接触率

在有效时间内增加进店顾客与商品和销售人员的接触率,才有可能增加顾客的成交率。在商品陈列上可以采取壁面陈列的方法,增加商品的丰富度;在堆头陈列上则注意商品陈列高度低于人身体高度,并使顾客能很自然地在店内环游移动;商品陈列应易取易放;在零售氛围上要重视对店内商品、POP、饰物等的色彩搭配,通过"色"的利用,有效营造卖场气氛,延长顾客店内滞留时间。

当顾客与商品产生接触后,店员应主动地与顾客产生接触,通过顾客进店后对产品的关注度来判断顾客的需要,根据顾客的需求为顾客传递专业的购买建议,以增加顾客购买产品的概率。

（5）提升试用率

顾客会进行商品的试用,一是商品本身有一定的吸引力,顾客对其有新奇的感觉;二是促销员能够亲切地、恰如其分地进行商品介绍,增加顾客对商品的兴趣;三是商品陈列新颖,能够突出商品的特点。增加了试用率就增加了顾客购买的机会。

（6）提升成交率

成交率的高低取决于店铺销售人员服务销售技巧和货品存量的丰富程度。店铺销售人员销售技巧高、货品充足、产品类型符合目标顾客的需求、售后服务好,则成交率高。商品销售时一定要本着双赢的原则,既要考虑门店的利益,也要考虑顾客的利益,将双方的利益结合,才能持续盈利。

(7) 提高回头率

提高回头率最重要的是要将新顾客发展成老顾客,因此建立客户档案,制订相应的 VIP 客户政策和老客户政策,推出新品或者有促销活动时及时通知客户,促销时 VIP 客户和老客户可以享受比较好的政策等都是提高回头率的技巧。

4. 提升客单价

提升客单价,在提高顾客购买商品数量方面,可以通过有吸引力的商品价格和促销活动,良好的动线设计、商品布局、商品陈列,以及舒适的购物道具、卖场环境和服务等来提升。同时,也可以有意识地推介同一商品的大包装规格,同一商品的捆绑销售,不同商品的关联销售,贵重、高价值商品的专业化营销,超前或是完善的售后服务等来促使顾客购买高价格的商品。

每位顾客都有潜在的消费需求,在成交之后还应该重视顾客的续销率,也就是指达成购买事实或意向的客人在原有购买计划基础上继续增加购买的量,通过附加推销增加顾客的客单价。

【案例分析】

在欧洲市场上,麦当劳的销售额遥遥领先于肯德基;但是在中国大陆市场上,肯德基的销售远远超过麦当劳。

截至 2012 年底,肯德基在中国拥有 4 000 多家分店,分店数量是麦当劳的 3 倍。肯德基是凭借什么在中国战胜了麦当劳?主要有以下几个方面的原因:

(1) 醒目的店面。独具一格的餐厅装潢、崭新的点菜方式、一尘不染的卫生间、醒目的红白蓝商标、轻快的音乐等都吸引着中国的消费者,为肯德基品牌的建设奠定了良好的基础。

(2) 把握消费者的偏好。肯德基抓住了重点,那就是中国人偏好猪肉和鸡肉,而且大部分中国人喜欢吃辣,肯德基就锁定了产品本土化的宗旨,努力开发更适合中国人口味的产品,于是辣鸡翅、辣鸡腿汉堡、辣子鸡等开始广泛流行。

(3) 规模经济效益。进入 21 世纪以来,在中国,肯德基的年销量一直是麦当劳的数倍,二者每年新开的餐厅总数的规模差距也在加大。这些差别使肯德基的竞争力大大增强。

思考:肯德基取胜的方法是什么?麦当劳应采取哪些对策?

【同步测试】

一、单选题

1. 根据门店的功能,连锁企业门店信息系统应包括供应系统、(　　)、人员管理系统和经营管理系统。

A. 采购系统　　　　　B. 销售系统　　　　　C. 晋升系统　　　　　D. 数据库系统
2. (　　)，则人力成本越高。
　　A. 人力价格越高，人力效率越低
　　B. 人力价格越高，人力效率越高
　　C. 人力价格越低，人力效率越低
　　D. 人力价格越低，人力效率越高
3. 下列选项，不是心理定价法的是(　　)。
　　A. 尾数定价策略　　　　　　　　　B. 巧用数字定价
　　C. 声望定价策略　　　　　　　　　D. 撇脂定价法
4. 进入门店的顾客数量称作(　　)。
　　A. 客流量　　　B. 交易客数　　　C. 人流量　　　D. 购买人数
5. 核心商圈顾客占总顾客人数的(　　)。
　　A. 50%～60%　　B. 20%～30%　　C. 10%～20%　　D. 80%～90%

二、多选题
1. 连锁企业门店的系统结构包括(　　)。
　　A. 供应系统　　　B. 销售系统　　　C. 人员管理系统　　　D. 经营管理
2. 直接工资包括企业直接从事产品生产人员的(　　)。
　　A. 工资　　　B. 奖金　　　C. 津贴　　　D. 补贴
3. 毛利的管控内容包括(　　)。
　　A. 加强对负毛利的控制　　　　　　B. 促销期间零毛利、低毛利商品的控制
　　C. 降低损耗　　　　　　　　　　　D. 不要对竞争店的商品价格盲目跟进
4. 促成顾客同类商品多买的促销方法有(　　)。
　　A. 降价促销　　　B. 捆绑销售　　　C. 买赠活动　　　D. 演示促销
5. 新顾客进店率提升的方法主要有(　　)。
　　A. 醒目的招牌　　　B. 时尚的橱窗　　　C. 促销信息　　　D. 店铺的形象
　　E. 广告的力度

三、判断题
1. ERP，是由美国 Gartner Group 咨询公司在 1993 年首先提出的，作为当今国际上最先进的企业管理模式之一，它在体现当今世界最先进的企业管理理论的同时，也提供了企业信息化集成的最佳解决方案。　　　　　　　　　　　　　　　　　　　　　　　　　　　　(　　)
2. 运营成本也称营运成本。　　　　　　　　　　　　　　　　　　　　　　　　(　　)
3. 综合毛利率是指各个经营类别的毛利率，是各个品种分类毛利率的加权平均数，或者说综合毛利率是单个商品贡献度之和。　　　　　　　　　　　　　　　　　　　　(　　)
4. 商品之间没有互补性和关联性的也可以采取关联性销售。　　　　　　　　　　(　　)
5. 客单价和客流量是影响销售额的主要因素。　　　　　　　　　　　　　　　　(　　)

四、简答题

1. 请简述提升毛利额的方法。
2. 请简述影响销售额的主要因素。

五、综合技能强化训练

实训目标：综合掌握提升门店业绩的不同角度和方法的运用。

实训环境：校外自选门店。

实训组织：学生每5～6人一组。

实训任务：每个小组在学校周边选择一个门店作为实践场地，进行为期一周的调查和分析，针对门店现有状况，分析门店经营业绩存在的问题，主要从提升客流量、客单价、销售额、运营审计管理等方面分析，提出可行性方案。通过沟通能够在门店按照方案进行试运行，可延迟一周完成作业，最后对方案的运行结果进行分析。

实训要求：每组学生根据调查和分析，把所设计的方案制作成幻灯片，一名同学为代表，在全班进行讲解，每组根据所讲内容打分，平均分为最终得分。

实训指导：客单价的影响因素与提升技巧，客流量的影响因素与提升技巧，销售额的提升方法以及审计和管理的关键点。

参 考 文 献

[1] 中国连锁经营协会校企合作小组.连锁门店运营管理[M].北京:高等教育出版社,2014.
[2] 沈荣耀.零售运营管理[M].上海:复旦大学出版社,2016.
[3] 尚珂,隆意,顾丽萍.连锁企业门店管理[M].北京:中国发展出版社,2010.
[4] 孙彩军.赚不赚钱靠店长:从懂管理到会经营[M].北京:中华工商联合出版社,2015.
[5] 匡仲潇.图解商场超市防损与安全管理[M].北京:化学工业出版社,2017.